Hanau und der Main-Kinzig-Kreis

Führer zu archäologischen Denkmälern in Deutschland

Herausgegeben vom
Nordwestdeutschen, vom West- und Süddeutschen
und vom Mittel- und Ostdeutschen
Verband für Altertumsforschung
in Verbindung mit den Museen der Stadt Hanau,
dem Hanauer Geschichtsverein
und dem
Landesamt für Denkmalpflege Hessen

Band 27

Theiss

Hanau und der Main-Kinzig-Kreis

Bearbeitet von
Sabine Wolfram, Peter Jüngling, Hans-Otto Schmitt

mit Beiträgen von
C. Bergmann · U. Fischer · F.-R. Herrmann · M. Jae · P. Jüngling
Chr. Krauskopf · H. Kreutzer · E. Meise · F.-M. Saltenberger
H.-O. Schmitt · G. Schwitalla · G. Seidenschwann · U. Sommer
S. Wolfram · B. Worbs · A. Zimmermann

Theiss

Gedruckt mit Unterstützung der
Gesellschaft für Archäologie in Hessen

Die Deutsche Bibliothek – CIP-Einheitsaufnahme

Hanau und der Main-Kinzig-Kreis / bearb. von Sabine Wolfram.
Mit Beitr. von C. Bergmann ... – Stuttgart : Theiss, 1994
(Führer zu archäologischen Denkmälern in Deutschland ; Bd. 27)
ISBN 3-8062-1119-1
NE: Wolfram, Sabine [Bearb.]; GT

Umschlag: Michael Kasack
Umschlagbild: Rekonstruktion eine Mithräums im Museum Schloß Steinheim mit
einem Kultbild aus Erlensee-Rückingen

Satz und Druck: Gulde-Druck GmbH, Tübingen
Printed in Germany
ISBN 3-8062-1119-1

Vorwort

»Hanau und der Main-Kinzig-Kreis« – in diesem Begriffspaar liegt viel von dem Spannungsfeld beschlossen, in dem sich Archäologie heutzutage vollzieht. Hanau, geprägt von moderner, ja hochmoderner Industrie und außerdem Sitz der Kreisverwaltung, ist samt seinem engeren Umland ein integrierender Bestandteil des Ballungsgebietes, das sich um die Metropole Frankfurt a. M. gebildet hat. In diesem hochgradig verstädterten Bereich hat die Archäologie einen schweren Stand, wenn es gilt, die Spuren der Vergangenheit aufzuspüren, für das historische Erinnern zu sichern und nach Möglichkeit auch auf Dauer sichtbar zu bewahren. Merklich anders verhält es sich im ländlich geprägten Ostteil des Kreises, der sich weit ins Kinzigtal hinein erstreckt. Hier haben sich beiderseits des Flußtales auf den bewaldeten Ausläufern von Vogelsberg und Spessart obertägig sichtbare Denkmäler der Vor- und Frühzeit vielfach in gutem Zustand erhalten und bieten lohnende Besichtigungsobjekte für den archäologisch Interessierten. Die Wege zu solchen Plätzen zu weisen, ist Aufgabe dieses Führers, gleichermaßen aber auch, in den durch die moderne Besiedlung stark überformte Regionen am Main und in der südlichen Wetterau die archäologisch nachweisbaren Strukturen aus Vorgeschichte, Römerzeit und Mittelalter nachzuzeichnen, zu verdeutlichen und so als Zeugnisse vergangener historischer Epochen erfahrbar zu machen.

Allen, die am Zustandekommen dieses Bandes mitgewirkt haben, sei herzlich gedankt. Zu nennen sind zuerst die Bearbeiterin und die beiden Bearbeiter; in der Zusammensetzung dieses Teams wird zugleich das Zusammenwirken der Stadt Hanau, des Hanauer Geschichtsvereins und des Main-Kinzig-Kreises deutlich. Wertvolle Hilfe wird dem Landesamt für Denkmalpflege Hessen, Abteilung Archäologische und Paläontologische Denkmalpflege, verdankt, namentlich seinem Leiter Dr. F.-R. Herrmann und dem Gebietsreferenten Dr. G. Schwitalla, ferner der Archäologischen Gesellschaft in Hessen. Im Konrad Theiss Verlag lag die Betreuung dieses Bandes in den bewährten Händen von Herrn Verleger Schleuning und Frau Süsskind.

Dieser archäologische Führer erscheint anläßlich der 72. Jahrestagung des West- und Süddeutschen Verbandes für Altertumsforschung. Sie findet 1994 in Hanau statt, und zwar aus Anlaß der 150-Jahr-Feier des Hanauer Geschichtsvereins. Damit kreuzen sich wieder einmal die Wege zweier alter, in den Diensten der heimischen Archäologie tätiger Vereinigungen, was einen Rückblick auf die Anfänge ihrer Beziehungen rechtfertigen mag.

Der Hanauer Geschichtsverein ist 1844 als ein Zweigverein des seit 1834 im Gebiet von Kurhessen tätigen »Vereins für hessische Geschichte und Landeskunde« gegründet worden. Ebenso wie andere Vereine seiner Art hat er von Anfang an neben der Geschichtsforschung auch die Altertumskunde als seine Aufgabe angesehen. »Altertumsforschung«, darunter verstand man damals ganz konkret eine auf gegenständliche Altertümer gerichtete Forschung. Der Begriff ist gewissermaßen eine Eindeutschung des Wortes »Archäologie« als der Lehre (logos) von altertümlichen Dingen (archaia). Auch der Hanauer Verein hat sich seit den ersten Jahrzehnten seines Bestehens durch Ausgrabungen und sonstige Fundbergungen, durch Ankäufe und durch Errichtung einer Sammlung auf archäologischem Gebiet betätigt. Der Abschnitt über die Forschungsgeschichte im Hanauer Land (S. 26ff.) schildert das im einzelnen.

Diese vornehmlich von Vereinen getragene archäologische Landesforschung geriet am Ende des 19. Jahrhunderts in eine Krise, als sie der Konkurrenz staatlicher Forschungseinrichtungen ausgesetzt wurde. Schon die seit 1892 tätige, unter der Ägide von Theodor Mommsen stehende Reichs-Limeskommission hatte die Vorzüge eines weitschauend geplanten, mit ausreichenden staatlichen Mitteln ausgestatteten und überregional organisierten Forschungsunternehmens offenkundig werden lassen. Mehr noch als dieses von vornherein zeitlich begrenzte Projekt mußte es die Geschichts- und

Altertumsvereine alarmieren, daß alsbald von verschiedener Seite die dauerhafte Einrichtung einer nach ähnlichen Prinzipien arbeitenden, also über Ländergrenzen hinweg tätigen und vom Reich finanziell getragenen Anstalt betrieben wurde. Diese Bestrebungen führten 1901 zur Gründung der »Römisch-Germanischen Kommission des Kaiserlich Deutschen Archäologischen Instituts«, die 1902 in Frankfurt a. M. ihrer Tätigkeit aufnahm. In durchaus realistischer Einschätzung ihrer Möglichkeiten fürchteten die Vereine, durch die derart organisierte staatliche Forschung auf ihrem archäologischen Tätigkeitsfeld eingeengt und an die Wand gespielt zu werden. Man versuchte, die eigenen Kräfte zusammenzufassen, und gründete am 19. April 1900 in Frankfurt a. M. den »Verband west- und süddeutscher Vereine für römisch-germanische Altertumsforschung«. Zu den Gründungsmitgliedern gehörte auch der Hanauer »Bezirksverein für hessische Geschichte und Landeskunde«. Er war auf der ersten Verbandstagung 1901 in Trier durch Prof. Küster vertreten und auf der noch im gleichen Jahr in Freiburg i. Br. abgehaltenen zweiten Verbandstagung durch den in Darmstadt wohnhaften Eduard Anthes. Dieser wurde in Freiburg zum Schriftführer im ersten Vorstand des Verbandes gewählt und folgte 1905 Wilhelm Soldan im Amt des Vorsitzenden nach.
Erfreulicherweise kam es nicht zu einer Konfrontation zwischen dem Verband der Vereine und dem neuen Reichsinstitut, vielmehr zu einer fruchtbaren Zusammenarbeit. Die führenden Köpfe des Verbandes – Felix Hettner aus Trier, Wilhelm Soldan aus Darmstadt und der auch im Hanauer Land emsig forschende Georg Wolff aus Frankfurt a. M. – wurden sogleich zu Mitgliedern der Kommission ernannt und so geschickt in deren Aufbau und erste Aktivitäten eingebunden. Die Kommission nahm sich auch eines Publikationsprojektes des Verbandes an und veröffentlichte im Jahr 1911 den Band »Xanten« der Reihe »Kataloge west- und süddeutscher Altertumssammlungen« – die erste von ihr herausgegebene Monographie überhaupt. In derselben Reihe sind denn auch 1926 zwei Bände über das Museum des Hanauer Geschichtsvereins erschienen, und zwar aus der Feder von Ferdinand Kutsch. Der wiederum war von 1931 bis 1962 Vorsitzender des West- und Süddeutschen

Verbandes für Altertumsforschung – so die inzwischen gültige Namensform.
Was den Vorsitzenden der Vereine und den Gründervätern des Verbandes um die Jahrhundertwende schwante, ist inzwischen weithin eingetreten. Die noch bestehenden der schon im 19. Jahrhundert gegründeten Geschichts- und Altertumsvereine haben sich von der aktiven archäologischen Forschung durchweg zurückgezogen und dieses Feld staatlichen und kommunalen Institutionen überlassen. Es gibt, soweit ich sehe, nur eine Ausnahme: Der Hanauer Geschichtsverein unterhält eine mit Räumen, Geräten und wissenschaftlicher Literatur vorzüglich ausgestattete archäologische Arbeitsgruppe, die im Hanauer Land durch Ausgrabungen und archäologische Prospektionen eine rege Tätigkeit entfaltet – selbstverständlich in Abstimmung mit der staatlichen Denkmalpflege. Eine gute Tradition wird in dieser Weise aufrecht erhalten.
Die wissenschaftliche Arbeit auf dem Felde der heimischen Archäologie hat die Beziehungen zwischen dem Hanauer Geschichtsverein und dem West- und Süddeutschen Verband für Altertumsforschung zu Beginn dieses Jahrhunderts begründet und soll sie an dessen Ende auch für die Zukunft gewährleisten.

Mainz, im Mai 1994

Univ.-Prof. Dr. Hermann Ament
Vorsitzender des
West- und Süddeutschen Verbandes
für Altertumsforschung

Inhalt

Objektbeschreibungen

Geologie und Geomorphologie des Main-Kinzig-Kreises – Der Naturraum und seine Entwicklung –

Einleitung

Das heutige Landschaftsbild des Main-Kinzig-Kreises erfuhr seine entscheidende Ausprägung im wesentlichen in den letzten ca. 10 Millionen Jahren ab dem jüngeren Tertiär (Obermiozän und Pliozän) und im Quartär, vor allem während der Kaltzeiten (Eiszeiten) des Pleistozäns. Ein geringerer Anteil an der Landschaftsentwicklung entfällt auf die Nacheiszeit (Holozän), in deren jüngeren Abschnitten sich zusehends auch Eingriffe des Menschen in den Naturraum bemerkbar machen. Neben den unterschiedlichen Klimaverhältnissen während dieses langen Zeitraumes spielen für die Landschaftsentwicklung sowie die naturräumliche Ausstattung als Grundlage von Besiedlung und Nutzung dieses Raumes in bedeutendem Maße gesteinsbedingte Unterschiede des Untergrundes und Erdkrustenbewegungen eine maßgebliche Rolle.
Die nachfolgende zusammenfassende Darstellung der Grundzüge des erd- und landschaftsgeschichtlichen Werdeganges lehnt sich an die naturräumliche Gliederung an. Der speziell interessierte Leser sei zur Vertiefung auf die angeführte Literatur verwiesen.

Die erd- und landschaftsgeschichtliche Entwicklung

Der Main-Kinzig-Kreis zeichnet sich in geologischer Hinsicht durch eine ausgesprochene Vielfalt des Gesteinsuntergrundes ebenso aus wie durch eine differenzierte tektonische Gliederung (Abb. 1). Die ältesten erdgeschichtlichen Zeugnisse des Kreisge-

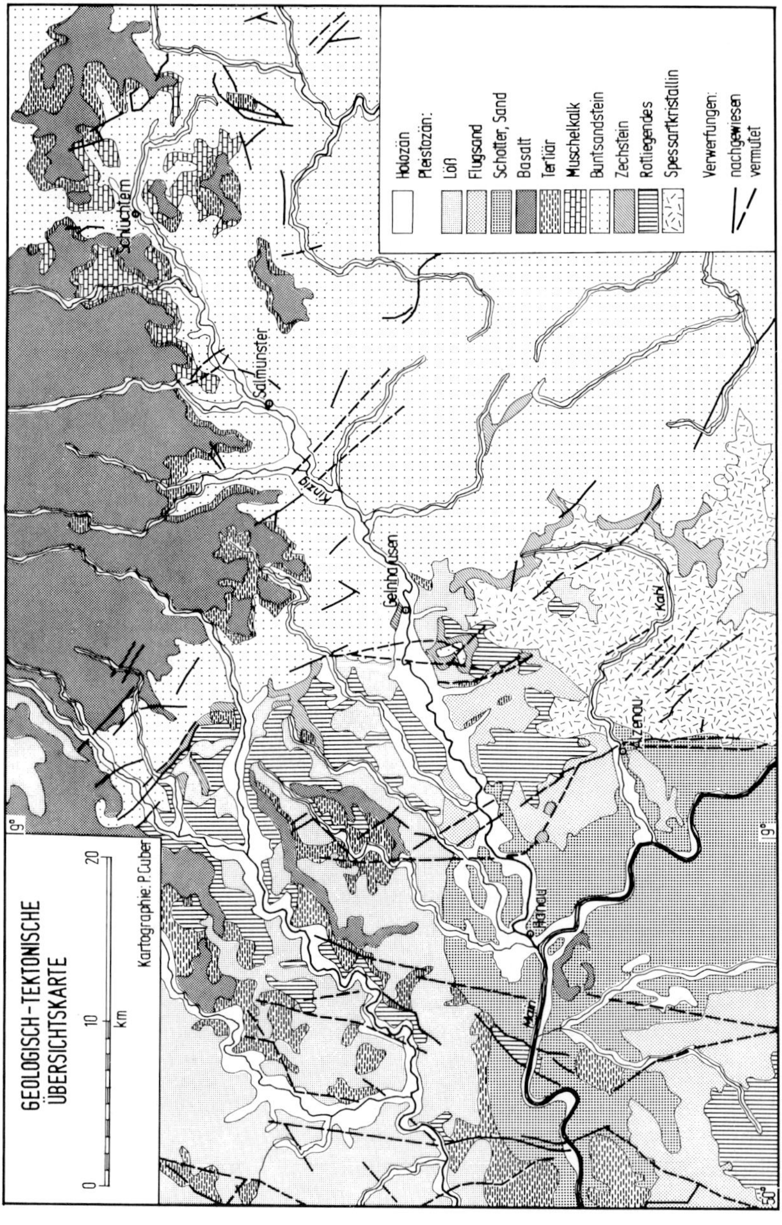
GEOLOGISCH-TEKTONISCHE ÜBERSICHTSKARTE
0
10
20
km
Kartographie: P. Culber
Holozän
Pleistozän:
Löß
Flugsand
Schotter, Sand
Basalt
Tertiär
Muschelkalk
Buntsandstein
Zechstein
Rotliegendes
Spessartkristallin
Verwerfungen:
nachgewiesen
vermutet
Schlüchtern
Salmünster
Kinzig
Gelnhausen
Kahl
Alzenau
Hanau
Main
9°
9°
50°

bietes treten auf im Grundgebirge des Kristallinen Vorspessarts, wo Quarzit- und Glimmerschiefer, Para- und Orthogneise sowie örtlich Amphibolite oberflächennah anstehen. Diese Gesteine sind im jüngeren Erdaltertum (während der variskischen Gebirgsbildung) aus Sand- und Tonsteinen und jüngeren Magmen und basaltischen Bildungen entstanden, d. h. unter hohen Temperaturen und Drucken umgewandelt und z. T. intensiv verfaltet worden.

Während der Rotliegendformation war der Vorspessart Abtragungsgebiet. Zu dieser Zeit wurden im nördlich anschließenden Wetterau-Becken mehrere hundert Meter mächtige grobe Schutte, Konglomerate, Sand-, Schluff- und Tonsteine, Mergel und Kalke sowie vulkanische Gesteine (Quarzporphyr) abgelagert. Im höheren Perm (Zechstein) gehörte das gesamte Kreisgebiet zum marinen Ablagerungsraum, d. h. es lag unter Meeresbedeckung. Im Bereich der Spessart-Schwelle wurden zunächst Konglomerate und dünne Kupferletten (Kupferschiefer), danach vornehmlich Dolomite abgelagert, im Wetterau-Becken Kalke, Mergel, Tonmergel und dolomitische Kalke. Im oberen Zechstein wurde der Schwellenbereich gehoben und unterlag der Verkarstung, mit der eine intensive Verwitterung (Rotlehmbildung) einherging. Kupferschiefer und Verkarstungsprodukte (Karsterze) bilden neben den sog. Kobaltrücken die Grundlage für den Bieberer Bergbau.

Während des Bundsandsteins (unterste Trias) wurden im wesentlichen zwischen 400 m und 660 m mächtige Felsland-Sedimente abgelagert, die mit Tonsteinen beginnen, an die sich mächtige Sandsteine sowie mehrfach wechselnde Formationen von Sand- und Tonsteinen anschließen. In der mittleren Trias (Muschelkalk) kamen unter Flachmeerbedeckung bis zu 170 m mächtige Kalke und Mergel zur Ablagerung. Keupersedimente (höhere Trias) sind aus dem Graben von Mottgers bekannt, Gesteine aus der Jurazeit im Lauterbacher Graben erhalten.

Spätestens ab dem höheren Jura setzten großräumige tektonische Bewegungen ein, die zu einer kräftigen Heraushebung führten. In der Folge dieser Aufwärtsbewegungen beginnt die eigentliche

Abb. 1 Geologisch-tektonische Übersichtskarte (nach Seidenschwann 1980).

Landschaftsgeschichte des Main-Kinzig-Kreises, denn seither gehört der überwiegende Teil unseres Raumes zum Abtragungsgebiet. Abweichend hiervon verlief die jüngere geologische Entwicklung im Bereich des Hanauer Beckens und in der Kinzigmulde. Hier wurde im mittleren Tertiär (Oligo-Miozän) die Festlandsphase unterbrochen, und infolge von Absenkungsvorgängen kam es seit dem Mitteloligozän (Rupelton) erneut zur Ablagerung von Tonen, Mergeln und Kalken sowie auch Sanden und Kiesen, vereinzelt auch von Braunkohle. Diese Ablagerungen werden verbreitet von Gesteinen des Vogelsberg-Vulkanismus überlagert, die überwiegend vor ca. 15–17 Millionen Jahren entstanden und zum großen Teil ehemals weit ausgedehnte Oberflächenergüsse von bis zu vier Lavaströmen darstellen (Abb. 1). Sandig-kiesige und tonige Gesteine des Pliozäns (jüngstes Tertiär) bilden verbreitet den Untergrund im westlichen Kreisgebiet (Hanau-Seligenstädter Senke), bei Gelnhausen und im Talboden der Kinzig.
Während der Kaltzeiten (Eiszeiten) des ca. 1,65 Millionen Jahre dauernden Quartärs werden von den Flüssen Sande, Kiese, Lehme und Tone sowie vom Wind verfrachtete Flugsande und Dünen sowie verbreitet mächtige Lößdecken gebildet. An den Talhängen entstehen während dieser Zeit flächenhaft verbreitete Schuttdekken, die die Festgesteine in bis zu mehrere Meter Mächtigkeit bedecken.

Das östliche Kreisgebiet

Die naturräumlichen Verhältnisse des Sandsteinspessarts und des Büdinger Waldes werden wesentlich durch zwei Sachverhalte bestimmt. In erster Linie ist dies der spezifische Gesteinsaufbau dieses Gebietes, der in der Bezeichnung Sandsteinspessart zum Ausdruck kommt. Neben kleineren Arealen mit Kalksteinen (Muschelkalk), Basalten sowie Tonen und Sanden aus dem Tertiär (Abb. 1) bestimmen vor allem die wechselweise auftretenden Sandstein- und Tonsteinfolgen des Buntsandsteins die landschaftlichen Gegebenheiten dieses Teils der süddeutschen Schichtstufen-Landschaft. Beispielhaft dargestellt sind diese Sachverhalte in Abb. 2, die einen

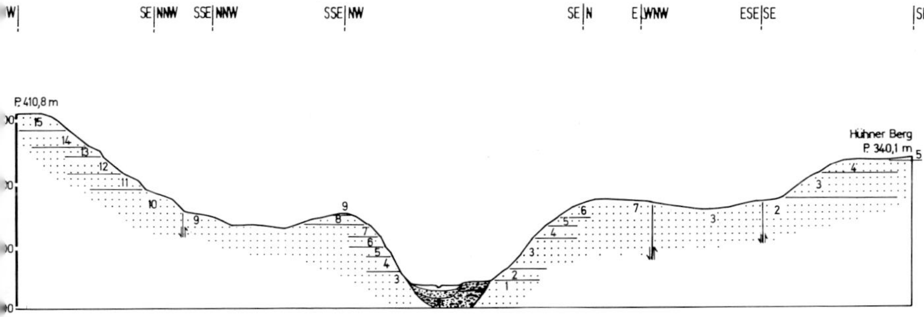

Abb. 2 Geologisch-geomorphologisches Profil durch das mittlere Kinziggebiet zwischen dem Büdinger Wald bei Wächtersbach und dem Westen von Bad Orb. 0–16 – Schichtglieder des Unteren und Mittleren Buntsandsteins. 0–4 = Gelnhausen-Folge, 0 – Heigenbrückener Sandstein, 1 – Eckscher Geröllsandstein und Dickbank-Sandstein, 2 – Sandstein- Tonstein-Schichten, 4 – Tonstein-Sandstein-Schichten, 5–8 = Salmünster-Folge, 5 – Basis-Sandstein, 6 – Tonstein-Sandstein-Schichten, 7 – Sandstein-Tonstein-Schichten, 8 – Grenzschichten, 9–10 = Volpriehausen-Folge. 9 – Volpriehausener Grobsandstein, 10 – Volpriehausener Wechselfolge, 11–12 = Dethfurt-Folge, 11 – Dethfurter Grobsandstein, 12 – Dethfurter Wechselfolge, 13–14 = Hardegsen-Folge, 13 – Hardegsener Grobsandstein, 14 – Hardegsener Wechselfolge, 15 = Solling-Folge, 15 – Dickbankige Sandstein-Schichten.

charakteristischen Querschnitt durch das mittlere Kinziggebiet zeigt. In der Darstellung ist die aktuelle Feingliederung des Buntsandsteins (siehe Legende) berücksichtigt. Deutlich zu erkennen ist das tief eingeschnittene Engtal der Kinzig mit etwa 100 m hohen, sehr steilen Talflanken. Oberhalb von ca. 240 m NN zeichnet sich das Relief beiderseits des Engtales durch breite, leicht gewellte Verebnungen aus, an die sich zwischen 250–270 m NN wieder stark ansteigendes Gelände anschließt.

Im Südostteil (Hühnerberg) tritt um 340 m NN eine weitere Ebenheit auf, ebenso im Bereich des Büdinger Waldes (P. 410,8). In diesem Wechsel von steileren zu flacheren Geländepartien zeigt sich deutlich die Anpassung an die Gesteinsstrukturen des oberflächennahen Untergrundes, vor allem in den Hangpartien. So bilden z. B. im Anstieg zur Höhe 410,8 Grobsandstein (11, 13) auffallende Hangversteilungen gegenüber den weniger harten Wechselfolgen aus Ton- un Sandstein (12, 14). Die geringer geneigten Geländeteile und ausgedehnten Verflachungen, z. B. am Hühnerberg und westlich davon am Sommerberg, lassen sich ebenso zwanglos als Strukturflächen der Wechselfolgen deuten wie die Flachform auf der gegenüberliegenden Talflanke im Westen von Wächtersbach um 240 m NN (vgl. 4, 6–8). Von Bedeutung für den Aufbau des Raumes ist weiterhin die tektonische Gliederung in eine Vielzahl von kleinen Schollen, wie die senkrecht als Linien mit Pfeilen markierten Verwerfungen (Bruchlinien) zeigen. Im Profilbereich sind jüngere Schichtglieder im Süden relativ stärker gehoben worden als im Norden.

Der geologisch-tektonische Bau erklärt allerdings nicht alleine die Reliefverhältnisse dieses Raumes. Vielmehr liegen verschiedene Zeugnisse aus früheren erdgeschichtlichen Perioden vor, die eindeutige Belege für eine klimatisch gesteuerte Reliefformung des oberen Kinziggebietes liefern.

Die ausgedehnten, stark zerschnittenen flächenhaften Ebenheiten auf den höchsten Erhebungen im Spessart und Büdinger Wald verdanken zumindest ihre ursprüngliche Anlage klimagesteuerten Vorgängen. So ist z. B. an der Höhe 410,8 (Vier Fichten, vgl. Abb. 2) und in der Umgebung dieser Ebenheit der Solling-Sandstein (15) auf einer Fläche von mehr als 2 km^2 bis ca. 15 m intensiv tiefgründig verwittert. Es handelt sich hierbei um einen Abtragungsrest eines ehemals mehrere Zehnermeter mächtigen Bodens. Die enorme Mächtigkeit und im Vergleich zu jüngeren subtropischen Verwitterungsbildungen unseres Raumes außergewöhnliche Intensität dieser alten Bodenbildung läßt sich ohne Schwierigkeiten mit der langen Zeitdauer des möglichen Bildungszeitraums (wenigstens 40–60 Mio. Jahre) und den damals in Mitteleuropa herrschenden tropischen Klimaverhältnissen erklären. Unter diesen Bedingungen wurden selbst verwitterungsstabile Sandsteine mit kieseligem Bindemittel von der intensiven chemischen Verwitterung erfaßt und vergrust. Archäologisch von Bedeutung ist hierbei, daß mit dieser Verwitterung der Gesteine Material entstand, das sich zur Herstellung von Steingeräten eignet (Tertiärquarzit). Die tiefgründige Auflösung des festen Gesteinsverbandes schuf vor allem aber die Voraussetzung für die Entstehung von über alle ursprünglich vorhandenen Gesteinsunterschiede hinweggreifenden, räumlich weitgespannten Flächen, die in der Geomorphologie als Rumpfflächen bezeichnet werden. Im Zuge der unterschiedlich starken Heraushebung von Spessart-Schwelle bzw. Büdinger Wald/Vogelsberg dürften ehemals mehrere solcher Rumpfflächen nacheinander gebildet worden sein. Von dieser Altlandschaft sind heute zwar nur noch die besprochenen Reste eindeutig nachweisbar, Teile der damals vorhandenen Verwitterungsdecke liegen als Umlagerungsprodukte in den mächtigen Pliozänsedimenten vor, die in der Hanau-Seligenstädter Senke und im Engtal der Kinzig zur Ablagerung kamen.

Welch großes Ausmaß die Abtragungsvorgänge während des etwa 1,65–5 Millionen Jahre zurückliegenden Pliozäns im Kinziggebiet erreichten, läßt sich wiederum mit Abb. 2 aufzeigen. Die tiefe Lage der fluvialen Pliozänablagerungen (Sand, Kies, Ton) im Untergrund des Talbodens zeigt an, daß sich die Kinzig bereits während dieser Zeit um mindestens 100 m eintiefte. In der Folgezeit, ebenfalls im Pliozän, kam es zu einer nicht minder bedeutenden Talverschüttung, bei der das vorher eingeschnittene Tal weitgehend wieder aufgefüllt wurde.

Darüber hinaus sind es die Klimaverhältnisse und differenzierten Formungsvorgänge während der Kaltzeiten des Pleistozäns, die an der Ausgestaltung des heutigen Reliefs ebenso entscheidenden Anteil haben wie am Aufbau des oberflächennahen Untergrundes. Zu den Auswirkungen der pleistozänen Kaltzeiten zählen neben der unten näher ausgeführten starken Flußaktivität vor allem die starke Überformung der Hochflächen und Talhänge durch Abspülung und Bodenfließen (Solifluktion). Neben der flächenhaft wirksamen Abspülung sind es besonders die während feuchtkalter Perioden gebildeten Schuttdecken (Fließerden). Diese Lockersedimente bilden in der Regel den oberflächennahen Untergrund.

Das untere Kinzigtal und die Spessartnordflanke

Im Unterschied zum Sandsteinspessart, von dem es durch die markante Schichtstufe des Unteren Buntsandsteins abgegrenzt wird, zeichnet sich das Relief des unteren Kinziggebietes durch

einen kleinräumigen Wechsel von Geländestufen und Verebnungen aus, deren Entstehung überwiegend nicht auf die Gesteinsstrukturen des Untergrundes zurückzuführen ist. Die am Nordabfall des Vorspessarts in Höhen von ca. 335–340 m in ca. 210 m NN verbreitet vorhandenen Ebenheiten stellen vielmehr Reste jungtertiärer Abtragungsflächen dar. Im Gegensatz zu den oben erwähnten älteren Rumpfflächen greifen diese Flächen allerdings nicht mehr über alle Gesteinsunterschiede hinweg, sondern enden sämtlich an der Schichtstufe des Unteren Buntsandsteins.
Von dieser miozänen bis mittelpliozänen Formenentwicklung unter subtropischen Klimaverhältnissen nicht mehr wesentlich überprägt wurden die südwestlich von Gelnhausen aufragenden bewaldeten Kuppen des Rauen-Berges und des Meerholzes und Niedermittlauer Heiligenkopfes. Sie sind als Abtragungsreste der ehemals vorhandenen Buntsandsteinbedeckung stehengeblieben. Die tiefergelegenen terrassenartigen Ebenheiten im Bereich der Gelnhäuser Bucht im Süden von Gelnhausen stellen – wie im gesamten unteren Kinziggebiet – eine stark gegliederte Folge von ehemaligen Flußbetten (Terrassen) der Kinzig und ihrer Nebenbäche dar. In diesem Landschaftsbild spiegelt sich auch hier im wesentlichen die differenzierte eiszeitliche Formungsgeschichte wider (vgl. Abb. 3). In der schematischen Darstellung ist zu erkennen, daß sich seit dem Beginn des Pleistozäns (Eiszeitalter) die Kinzig bzw. ihre Nebenbäche von einer Höhe von ca. 200–210 m NN bis auf ca. 120 m NN eingeschnitten haben, also um ca. 80–90 m in weniger als 2 Millionen Jahren. Das als t_{Ki1} bezeichnete älteste eiszeitliche Flußbett, das eine ehemals breite kaltzeitliche Flußaue darstellte, ist wie die jüngeren, tiefer gelegenen Talböden in einem vielfachen Wechsel von Erosion (Einschneidung) und Akkumulation (Aufschüttung von Kiesen und Sanden) wieder weitgehend abgetragen worden. Es ist nur ein schmaler Rest erhalten geblieben. Dies gilt auch für die später gebildeten Talböden, die ebenfalls nur als kleinflächige Verebnungen überliefert sind. Bemerkenswert am Verlauf des eiszeitlichen Flußgeschehens ist die starke Einschneidung der Kinzig und ihrer Nebenbäche nach Ablagerung der Terrasse t_{Ki3}. Auf diese Phase beträchtlicher Tiefenerosion bis in die Nähe des heutigen

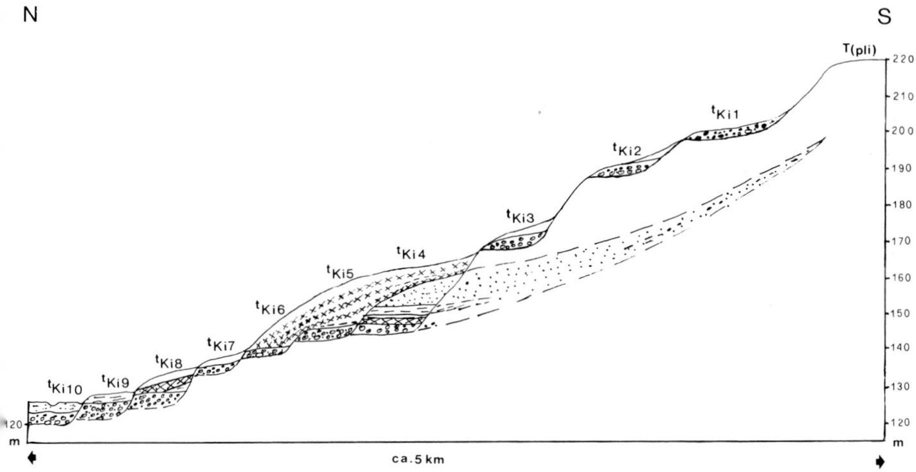

Abb. 3 Terrassenfolge im unteren Kinziggebiet im Bereich der Topographischen Kartenblätter 1:25000 Nr. 5820 Langenselbold und 5821 Bieber.
tKi1–10 – Reste eiszeitlicher Flußbetten (Terrassen) der Kinzig, Punkte – Sand, kleine Kreise – Kies, waagerechte Striche – Löß bzw. Auenlehm, Kreuzsignatur – begrabene warmzeitliche Böden, weiße Fläche über Kies (z. B. tKi7, tKi5) – Löß.
T(pli) – pliozänzeitliche terrassenartige Verebnung (älter als 2 Mio. Jahre).

Talbodens folgt eine längere Periode der Wiederauffüllung (Talverschüttung). In dieser Zeit wurden bis zu 30 m mächtige Kiese, Sande und Lösse aufeinander gestapelt. Dabei kam es zu verbreiteter Bildung mächtiger Schwemmkegel, die z. B. noch heute recht gut im Gelände zu erkennen sind, wie z. B. östlich von Großenhausen und zwischen Freigericht-Somborn und Freigericht-Horbach. Auf den Terrassen t_{Ki8}-t_{Ki2} wurde Löß während früherer Kaltzeiten abgelagert; besonders mächtig sind diese feinen Windsedimente auf der t_{Ki4-6}. In diesem Profilteil ist leicht zu entnehmen, daß die Lößablagerung mehrfach von warmzeitlichen Bodenbildungen (Kreuzsignaturen) unterbrochen wurde. Hier liegen also Lösse aus vier Kaltzeiten und die Zeugnisse der dazwischen liegenden drei Warmzeiten vor. Diese Lösse und fossilen (begrabenen) Böden geben Auskunft über die Landschaftsgeschichte. So ist z. B. der Schotter bzw. das Flußbett der Kinzig zur t_{Ki6}-Zeit in der viert- (oder fünft-) letzten Kaltzeit entstanden, da über den Kiesen und

Sanden Lösse aus vier Kaltzeiten sowie drei zwischengeschaltete Böden aus verschiedenen Warmzeiten liegen.
Die jüngsten Terrassen t_{Ki9} und t_{Ki10}, die in der letzten Kaltzeit entstanden, tragen feinkörnige Hochflutlehme. Der Hochflutlehm auf der t_{Ki9} wurde in der letzten Kaltzeit gebildet, während in der Talaue der Kinzig die nacheiszeitliche Auenlehmbildung noch heute andauert.
Unmittelbar im Westen dieser Buntsandstein-Zeugenberge folgt die deutlich als breite Geländedepression erkennbare Freigerichter Senke, deren Relief im wesentlichen von der mittelpleistozänen Talverschüttungsperiode bestimmt wird. Dieser Zeitabschnitt ist hier in Form von ehemals ausgedehnten Schwemmfächern überliefert, die sich von den umrahmenden Höhen bis in das Zentrum der Senke erstrecken. Ein besonders eindrucksvolles Beispiel hierfür bildet die sanft nach Norden zum Kinzigtal hin abfallende Fläche zwischen Altenmittlau und Somborn. Das westlich anschließende Oberrodenbacher Hügelland gliedert sich in eine Vielzahl kleinflächiger Verebnungen in verschiedenen Höhenlagen, die – wie im Vorspessart – Abtragungsreste von jungtertiären Einebnungsflächen und pleistozänen Terrassen der Kinzig und ihrer Nebenbäche darstellen.

Südliche Wetterau und Ronneburger Hügelland

Die Landschaftsentwicklung der südlichen Wetterau und des Ronneburger Hügellandes ist im wesentlichen zweiphasig verlaufen. Während des Jungtertiärs bildete sich hier zunächst eine Flachlandschaft aus, die durch ausgedehnte Ebenheiten gekennzeichnet war. Dieses Flachrelief ist heute nur im Ronneburger Hügelland auf größeren Arealen erhalten. In der südöstlichen Wetterau dagegen sind diese alten Reliefteile nur an wenigen Stellen noch eindeutig erkennbar. Ursache hierfür ist neben der starken fluvialen Zerschneidung im Verlauf des Quartärs ein kompliziertes Wechselspiel von verschiedenen kaltzeitlichen Formungsvorgängen. Dabei spielt die flächenhafte Überlagerung des Geländes durch Anwehung bis über 10 m mächtiger Lößdecken eine wesentliche Rolle.

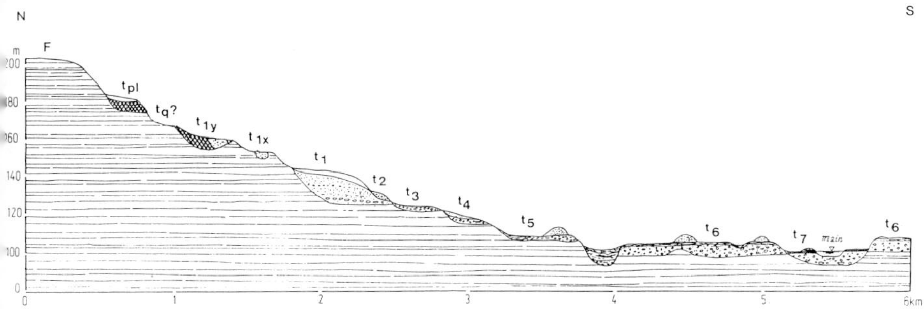

Abb. 4 Idealprofil der pleistozänen Terrassen zwischen Frankfurt und Maintal. F1, F2 – jungtertiäre Flachformen (Pliozän?), tpl – pliozäne terrassenartige Verebnung, tq? – Übergangsterrasse (quartär?), t1y, t1x – altpleistozäne Terrassen, t1 – pleistozäne Talverschüttung, örtlich in Rinne bis unter t4 nachgewiesen t2–t5 – mittelpleistozäne Terrassen des Mains und der Kinzig, t6, t7 – jungpleistozäne Terrassen, Kreuzschraffur – Reste roter Böden (Laterit und Rotlehm bzw. Roterde).

Daneben haben auch die Eingriffe des Menschen in den Landschaftshaushalt deutliche Spuren hinterlassen. So ist es z. B. im Gefolge der Beackerung zu beträchtlicher flächenhafter Bodenerosion gekommen, die nahezu den gesamten Bereich der südlichen Wetterau und des Ronneburger Hügellandes erfaßt hat.

Das Untermaingebiet – die letzte Kaltzeit

Die Landschaftsentwicklung im Untermaingebiet läßt sich in ihren Grundzügen sehr gut mit den oben dargestellten Verhältnissen im Kinziggebiet vergleichen (Abb. 4). Im Unterschied dazu zeichnet sich das morphologische Geschehen während der letzten Kaltzeit am Main durch eine ausgesprochen differenzierte Entwicklung aus. Nach Ablagerung der vorletztkaltzeitlichen t5-Terrasse kommt es zu einer Erosionsphase mit nachfolgender Akkumulation der t6 in der letzten Kaltzeit. Dieser Vorgang dauerte wahrscheinlich bis vor etwa 20000 Jahren. Danach tiefte sich der Main erneut in sein vorheriges Flußbett ein und bildete einzelne Rinnen. In dieser Zeit begann der Fluß sein jüngstes kaltzeitliches Flußbett (t7) aufzuschottern. Auf den höhergelegenen, trockengefallenen Teilen der t6-Terrasse setzte die Ablagerung von Flugsand ein, die zur Dünenaufwehung führte, während in den Rinnen und an deren Rändern feine Hochflutsedimente (umgelagerter Löß) abgesetzt wurden. Die Dünenbildung endete bereits vor dem Spätglazial, während in dieser Zeit die Hochflutlehmablagerung ihren Höhepunkt hatte. Seit der nachfolgenden jüngeren Tundrenzeit (zwischen ca. 10800 und 10200 vor heute), der letzten Kälteperiode des ausgehenden Glazials, lag die t6-Terrassenfläche außerhalb des Überschwemmungsgebietes. Diese Areale boten aufgrund der günstigen Bodeneigenschaften der Hochflutlehme sowie der Flußnähe Ansätze für eine frühe Besiedlung, wie sie sich bereits im Spätpaläolithikum andeutet.

Das Holozän

Der jüngste erdgeschichtliche Abschnitt, der vor etwa 10000 Jahren begann, ist durch eine rasche Erwärmung gegenüber der jüngeren Tundrenzeit gekennzeichnet, in der letztmalig Dauerfrostbodenverhältnisse in der Kinzigaue belegt sind. Die Kenntnisse über das Altholozän sind für unseren Raum sehr lückenhaft. Im Zuge der allgemeinen Klimaverbesserung kommt es aber auch hier nachweislich zur Wiederbewaldung während des frühen Präboreals, beginnend mit Kiefern-Birkenwald mit Weide. Die Bildung von Torflagen zeigt gegenüber der jüngeren Tundrenzeit relative Formungsruhe an, wie sie auch im Untermaingebiet mit der beginnenden Verlandung und Vermoorung von letztkaltzeitlichen Main-Altläufen dokumentiert ist. Die nachfolgende wärmere Borealzeit zeichnet sich durch den Rückgang des Birken- und Kiefernanteils zugunsten der Eichen-Mischwaldanteile (Eiche – Ulme – Linde) aus. Während der Spätphase des Boreals an der Wende zum Atlantikum bestimmt auch die Hasel noch deutlich das Vegetationsbild. Im Talboden der Kinzig ist in dieser Zeit ein Auenwald mit Eichen vorhanden.
Befunde über den Zeitraum vom Atlantikum bis zum Subboreal liegen bisher nicht vor. Zumindest bis in die Römerzeit lag die holozäne Talaue der Kinzig deutlich tiefer als heute, ebenso der

Grundwasserspiegel. Eine flächenhaft verbreitete holozäne Hochflutlehmdecke, wie sie heute die gesamte Kinzigaue kennzeichnet, war zu dieser Zeit noch nicht vorhanden. Vielmehr ist die »eigentliche Auenlehmbildung« eindeutig in das Mittelalter und die Neuzeit zu stellen. Spätestens ab der Wende vom Hoch- zum Spätmittelalter verursacht die – durch historische Quellen belegte – anthropogen ausgelöste Bodenerosion auf den beackerten Flächen ein sehr rasches Wachstum der Auenlehmdecke, was sich in einer fortschreitenden Aufhöhung des Talbodens um wenigstens 2 Meter bemerkbar macht.

Literatur:
H. Gries, Frühe Spuren. Die Steinzeit in der Landschaft um Mühlheim am Main. Zur Geschichte der Stadt Mühlheim 9 (1990). – G. Kampfmann, Eiche, Glas und Kartoffel. Das Wiesbüttmoor als Quelle der Wald- und Siedlungsgeschichte des Nordspessarts. Natur u. Museum 110, 1980, 225 ff. – K. Lotz, Die Erdgeschichte oder Geologie des hessischen Kinzigtales (o. J.) – H. Murawski, Nur ein Stein. Einführung in die geologische Entwicklung und die geologische Erforschungsgeschichte des Spessarts (1992). – A. Semmel, Die quartäre Landschaftsentwicklung im Untermaingebiet. Frankfurt am Main und Umgebung. Führer zu arch. Denkmälern in Deutschld. 19 (1989) 15 ff.

Günter Seidenschwann

Zur Forschungsgeschichte

Der Main-Kinzig-Kreis als relativ junge Verwaltungseinheit wurde erst 1974 im Rahmen einer Gebietsreform gebildet. Seine Landschaft, von der große Teile zur ehemaligen Grafschaft Hanau gehört, wird durch die beiden nach Westen führenden Flüsse Main und Kinzig geprägt. Im Westen noch an das Frankfurter Stadtgebiet grenzend, erreicht der Landkreis im Osten bereits die Rhön. Dazwischen liegen so unterschiedliche Landschaften wie das Rhein-Main-Gebiet und die fruchtbare Wetterau, das reizvolle Kinzigtal mit seinen Nebenflüssen, aber auch die eher kargen und waldreichen Höhenzüge von Vogelsberg und Spessart. Der Reiz seiner landschaftlichen Unterschiede wird ergänzt durch die kulturelle Vielfalt an dieser Nahtstelle zwischen dem nach Südwestdeutschland ausgerichteten Westteil des Kreisgebietes und seiner östlichsten Region, die als Ausläufer der Fuldaer Senke bereits mehr nach Nord- und Osthessen orientiert ist. Erschlossen wird dieser Raum durch einige schon in prähistorischer Zeit benutzte Straßensysteme, allen voran die Kinzigtalstraße als eine der bedeutendsten Verbindungen zwischen dem Rhein-Main-Gebiet und Thüringen.

In Deutschland führte die humanistische Geisteshaltung zur ernsthaften Beschäftigung mit den im Boden gefundenen Altertümern als Hinweisen zur eigenen Vergangenheit. Bedeutende Philosophen wie Herder und Rousseau wiesen bereits im 18. Jahrhundert auf die Bodenfunde als Quelle zu grundsätzlichen Fragen nach den Ursprüngen der Menschheit hin. Eine mehr als zweihundertjährige Altertumsforschung führte auch im Hanauer Raum zur Erschließung zahlreicher archäologischer Quellen. Bereits 1728 versuchte Friedrich Zollmann auf der Karte des »Comitatus Hanau«, verlegt bei J. C. Homann in Nürnberg, den Limes als Grenze des Römischen Reiches als »Reliquiae munimenti Romani sive

Lineae adversus Germanos erectae, hodieque Der Pfalgraben, Pfolgraben vel Polgraben dictae« über den Taunus und die nördliche Wetterau, danach aber nach damaligem Wissensstand in den Vogelsberg Richtung Schotten verlaufen zu lassen. Die – heute bekannte – östliche Limeslinie hat er noch nicht berücksichtigt, weist jedoch bereits richtig auf den Wald Bulau oder Polau hin, wo der Limes seiner Meinung nach den Main erreicht und überschritten haben könnte.

Im Jahre 1778 beschrieb der evangelische Geistliche Georg Friedrich Götz im »Hanauischen Magazin« (1 Nr. 22) römische Funde aus dem Hanauer Raum, darunter Brandgräber aus Rückingen und von der Hanauer Lamboystraße, die er auch in Zeichnungen vorlegte (Abb. 5). Wissenschaftliche Neugier war es dann wohl, die den kunstsinnigen Fürsten Karl von Isenburg-Birstein in den Jahren 1802–1804 zur Ausgrabung des Römerbades im heute zur Gemeinde Erlensee gehörenden Ortsteil Rückingen veranlaßte.

Nach den napoleonischen Kriegen erfuhr die Erforschung der Vergangenheit durch die Hinwendung zur nationalen Geschichte einen starken Auftrieb. Mit der im 19. Jahrhundert einsetzenden Gründung von historischen Vereinigungen und einem sich ständig vergrößernden Bestand an archäologischen Zeugnissen waren auch die Voraussetzungen für eine wissenschaftliche Vor- und Frühgeschichtsforschung gegeben.

In Hanau war es zunächst die 1808 gegründete und noch heute bestehende »Wetterauische Gesellschaft für die gesamte Naturkunde«, die sich unter anderem mit der Sammlung archäologischer Bodenfunde beschäftigte. Ihr folgten im benachbarten Frankfurt die 1819 von Reichsfreiherr Karl vom Stein begründete »Gesellschaft für Deutschlands ältere Geschichtskunde« und in Wiesbaden der »Verein für Nassauische Altertumskunde und Geschichtsforschung« (1812/21), die ihren Zweck hauptsächlich in der Anlage von Sammlungen sowie der Herausgabe von wissenschaftlichen Zeitschriften sahen. In Darmstadt wurde im Jahre 1833 der »Historische Verein für das Großherzogtum Hessen« und in Kassel 1834 der »Verein für hessische Geschichte und Landeskunde« gegründet.

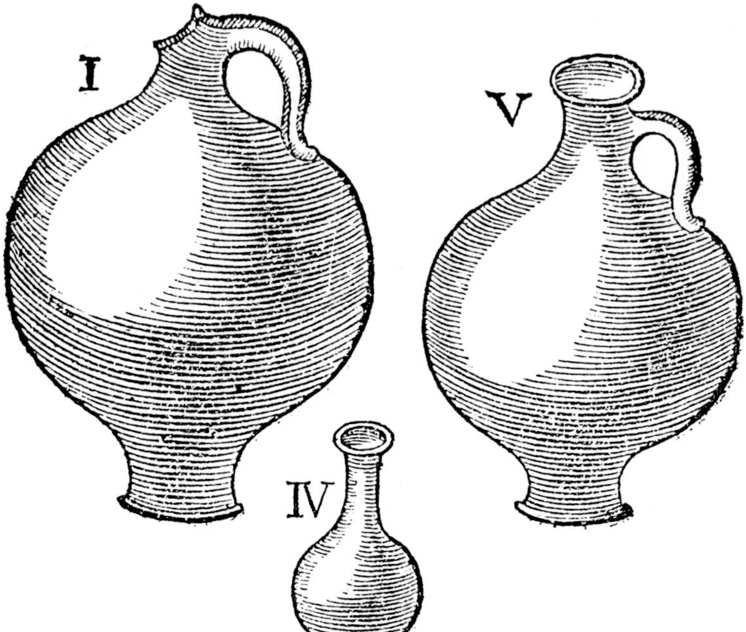

Abb. 5 Römische Grabfunde aus Rückingen (I–IV) und Hanau (V und VI), abgebildet im Hanauischen Magazin von 1778.

Abb. 6 Der Vorstand des Hanauer Geschichtsvereins im Jahre 1875 mit (von links) Georg Wolff, Karl Hausmann, Theodor Beyer, Albert Duncker, Jacob Rullmann; stehend Reinhard Suchier.

Am 18. September 1844 schlossen sich schließlich 7 Mitglieder zum »Hanauer Bezirksverein für hessische Geschichte und Landeskunde« zusammen, dem dann auch die prähistorischen Sammlungsbestände und historischen Forschungsergebnisse der Wetterauischen Gesellschaft übertragen wurde. Wenn sich auch die Tätigkeit des später als Hanauer Geschichtsverein bezeichneten Verbandes zunächst auf das Sammeln prähistorischer Funde und anderer Antiquitäten erstreckte, die von privater Seite zur Verfügung gestellt worden waren, so vermehrten sich die Bestände seiner Altertumssammlung doch zusehends. Für eigene Publikationen reichte das Vereinsvermögen in den ersten Jahren noch nicht, man beteiligte sich daher mit den benachbarten Vereinen in Darmstadt, Kassel und Wiesbaden an den gemeinsam herausgegebenen »Periodischen Blättern«. Aber schon im Jahre 1861 konnten die ersten »Mitteilungen« des Geschichtsvereins veröffentlicht werden; diesem Heft folgten bald weitere.

Die Entdeckung von Brandgräbern in einem römischen Gräberfeld bei Rückingen verhalf der archäologischen Forschung im Hanauer Raum zu jenem bedeutenden Forschungsschwerpunkt, den sie noch heute bildet. Durch eifriges Werben von Reinhard Suchier und Friedrich Karl Hausmann konnte der Hanauer Geschichtsverein schließlich die erforderlichen Mittel für eine überaus erfolgreiche archäologische Grabung aufbringen, die 1873 unter Hausmanns Leitung durchgeführt wurde. Nachdem man noch im Sommer des gleichen Jahres in Mittelbuchen beim Abbau von Ziegelton ein frühmittelalterliches Gräberfeld entdeckt und einige Gräber geborgen hatte, wurde 1874 im Erdgeschoß des ehemaligen Regierungsgebäudes am Schloßplatz eine ständige Ausstellung eingerichtet. Zwischen 1901 und 1905 bezog der Hanauer Geschichtsverein dann das ehemalige Altstädter Rathaus (heute Deutsches Goldschmiedehaus) und richtete auf drei Stockwerken eine umfangreiche archäologische Ausstellung ein.

Neben Albert Duncker (1843–1886) und Reinhard Suchier (1823–1907) war es vor allem der in Schwarzenfels im Sinntal geborene Gymnasialprofessor Georg Wolff (1845–1929), der in diesen Jahren die vor- und frühgeschichtliche Forschung des Hanauer Geschichtsvereins maßgeblich beeinflußte und neben seinen grundlegenden Arbeiten als Streckenkommissar im Zuge der von 1892 bis 1900 durch die Reichs-Limeskommission geförderten Erforschung der römischen Militäranlagen vor allem durch die Herausgabe seines noch heute unentbehrlichen Grundlagenwerkes, dem 1913 erschienenen Buch »Die südliche Wetterau in vor- und frühgeschichtlicher Zeit« hervortrat. Von den weiteren bedeutenden Publikationen dieser Jahre sei hier nur noch der 1926 abgeschlossene 5. Band »Hanau« der Reihe »Kataloge West- und Süddeutscher Altertumssammlungen« aus der Feder von Ferdinand Kutsch genannt, der in monographischer Form die reichhaltigen Sammlungsbestände des Geschichtsvereinsmuseums einem größeren Publikum erschloß.

Nach dem Tode Wolffs übernahm der Goldschmied Hugo Birkner (1888–1957) die Betreuung der archäologischen Abteilung des Geschichtsvereines. Seine Wirkung ist weniger in einer großen Zahl

von Publikationen als in einer kontinuierlichen, mehr als fünfzigjährigen Tätigkeit für die heimische Vor- und Frühgeschichtsforschung ablesbar. Größtes Verdienst Birkners war ohne Zweifel die mühsame Rettung eines großen Teiles der umfangreichen Hanauer Sammlungen vor den Zerstörungen des Zweiten Weltkrieges.
Unter seiner ehrenamtlichen Leitung entwickelte sich das Museum des Hanauer Geschichtsvereins zu einem Kulturinstitut von beachtlichem Rang, dessen Ruf weit über die Grenzen seines Arbeitsbereiches hinausging. 1942 wurde das Historische Museum als eine gemeinsam von Stadt und Geschichtsverein getragene kulturelle Einrichtung geschaffen. Nach dem Krieg, das Museum war durch Bombenangriffe zerstört worden, mußte der gesamte Fundbestand durch Birkner neu geordnet, katalogisiert und teilweise auch restauriert werden. Die verlorenen Unterlagen waren durch eine Mikroverfilmung nur teilweise zu rekonstruieren. Seinem Nachfolger Karl Dielmann (1915–1977) war eine nachhaltige archäologische Wirkung nicht vergönnt, doch gelang ihm zumindest die ergänzende Freilegung eines bereits von Birkner entdeckten römischen Gräberfeldes in Rückingen und Untersuchungen im römischen Kastellbad von Marköbel. Von offizieller Seite wenig zur Kenntnis genommen wurden in diesen Jahren lokale Heimatforscher wie die Hanauer Karl Meckelburg und Anna Wagner, der Großkrotzenburger Karl Hoffmann oder Rolf Hohmann in Windecken. Im heutigen Hanauer Stadtteil Steinheim entwickelte der Heimatforscher Karl Kirstein eigene »Wege der Forschung«.
In dem in archäologischer Hinsicht gerade wegen seiner Randlage zur Mittelgebirgszone äußerst interessanten Gelnhäuser Becken waren bereits 1874 südöstlich von Meerholz jungsteinzeitliche und bronzezeitliche Grabhügel ausgegraben worden. Im Jahre 1904 konnte der Frankfurter Architekt Christian Ludwig Thomas in den Nassauischen Annalen »die Ringwälle im Quellengebiet der Bieber im Spessart« ausführlich vorlegen. In den dreißiger Jahren führte die Universität Marburg in spätneolithischen und metallzeitlichen Grabhügeln bei Haitz und im Freigericht mehrere Grabungen durch, und mit der Tätigkeit von Gerd Mende und Hans Kreutzer setzte in den sechziger Jahren rund um Gelnhausen eine systema-

tisch betriebene ehrenamtliche Bodendenkmalpflege ein. Im oberen Kinzigtal waren es vor allem die Baufachleute Georg Weise und Karl-Heinz Doll sowie der Heimatforscher Wilhelm Praesent, die sich hauptsächlich mit der Geschichte des mittelalterlichen Klosters Schlüchtern und seiner Besitzungen auseinandersetzten.
Ein Neubeginn in der archäologischen Bodenforschung unseres Raumes fand 1973 statt. Damals wurde in Nidderau-Heldenbergen von begeisterten Amateurarchäologen die »Archäologische und volkskundliche Arbeitsgemeinschaft südliche Wetterau« gegründet, deren Tätigkeit drei Jahre später zu umfangreichen Ausgrabungen in dieser wichtigen römischen Militär- und Zivilsiedlung durch die Deutsche Forschungsgemeinschaft führte. Die archäologische Arbeitsgemeinschaft schloß sich im Frühjahr 1980 dem Hanauer Geschichtsverein an. Zahlreiche kleinere und größere Ausgrabungen, über die fortlaufend in den Publikationen des Geschichtsvereins berichtet wird, konnten von der Arbeitsgruppe seit dieser Zeit in vielen Orten des Main-Kinzig-Kreises durchgeführt werden. Seit Mitte der achtziger Jahre verfügt auch das Landesamt für Denkmalpflege Hessen über eine verbesserte finanzielle Ausstattung, die es ihm ermöglicht, einige der durch zunehmende Eingriffe in den Erdboden bedrohten Bodenfunde in Rettungs- und Notgrabungen im Kreisgebiet archäologisch zu untersuchen. Der Vollzug des Hessischen Denkmalschutzgesetzes von 1974, durch das die Zuständigkeit für bodendenkmalpflegerische Maßnahmen den Unteren Denkmalschutzbehörden übertragen wurde, führte 1990 zur Einrichtung einer Archäologenstelle bei der Kreisverwaltung, die mit Hans-Otto Schmitt besetzt wurde.
Ein immer dichter werdendes Netz ehrenamtlicher Helfer und vor allem die sich nun an vielen Orten gründenden Heimat- und Geschichtsvereine unterstützen heute die archäologische Arbeit im Main-Kinzig-Kreis. Gerade in unserer Zeit, in der die Mehrzahl der archäologischen Bodenfunde durch vielfältige Eingriffe in den Boden unbeobachtet zerstört wird, ist die Bodendenkmalpflege auf vielfältiges Engagement und die Mitarbeit eines jeden freiwilligen Helfers und Heimatforschers angewiesen.

Peter Jüngling

Alt- und Mittelsteinzeit

Für die Besiedlung des Main-Kinzig-Kreises in der ältesten Phase der Menschheitsgeschichte, im Altpaläolithikum, also in der Zeit zwischen zwei Millionen und 300000 Jahren vor der Gegenwart, gibt es außer einem Abschlag und der Vermutung, daß auch hier wie anderenorts in Mitteleuropa schon seinerzeit Menschen lebten, noch keine Hinweise. Erst die Anwesenheit der Neandertaler ist durch einige Spuren ihrer Kultur aus der Zeit des Mittelpaläolithikums, das vor 300000 Jahren begann und vor 35000 Jahren mit dem Auftreten des modernen Menschen in das Jungpaläolithikum überging, belegt.

Der von den Archäologen verwendete Begriff »Kultur« kann natürlich nur sehr viel weniger umfassen als die Inhalte, die wir üblicherweise damit zu verbinden gewohnt sind. Wir finden kleinste Reste einer einstigen Zivilisation und definieren anhand derer die archäologischen »Kulturen«. Doch es steht dahinter die Hoffnung, im Laufe der Zeit durch Forschung einmal Teile der Kultur fassen zu können, die wir selbstverständlich auch bei Neandertalern als vorhanden voraussetzen müssen, da wir ihnen widrigenfalls den Charakter als Menschen absprechen würden, d. h. es gibt keine Menschengruppen ohne Kultur!

Nur kurz kann innerhalb des begrenzten zur Verfügung stehenden Platzes in diesem Führer auf Differenzierungen innerhalb der langen Epoche »Mittelpaläolithikum« eingegangen werden, zumal die geringe Anzahl der Fundplätze keine Beispiele für alle Kulturgruppen bietet, deren man in Hessen zehn ausweisen kann. Eine Darstellung der Keilmessergruppe etwa hätte im Kreisgebiet keine Bezugspunkte.

So kann auch die Epoche nur ganz allgemein charakterisiert werden. Eine wichtige Erscheinung ist das verstärkte Auftreten einer bestimmten Schlagtechnik, die es ermöglicht, von entsprechend

vorbereiteten Kernen lange schmale Klingen in Serie zu gewinnen (Levalloistechnik). Typische Großgeräte sind sorgfältig hergestellte Faustkeile und Blattspitzen.
Innerhalb des Mittelpaläolithikums wechselten die klimatischen Verhältnisse mehrmals zwischen Kalt- und Warmzeiten, d. h. die mittlere Julitemperatur konnte im Extremfall 0 °C oder 20 °C betragen (Gegenwart in Hessen: 17–18 °C).
Die wichtigste Quelle des Nahrungserwerbs war die Jagd. In sumpfigen Uferrandbereichen, wo sie nicht schnell zu fliehen vermochten, wurden Elefanten gejagt und mit Hilfe von hölzernen Lanzen erlegt. Pferde, Rinder und Hirsche wurden bei Treibjagden erlegt und vermutlich auch in Fallgruben gefangen. Die neue Klingentechnik erlaubte ein feines Zerlegen des Fleisches und dadurch vielleicht ein Konservieren durch Trocknen. Feuerstellen und angebrannte Knochen lassen vermuten, daß Fleisch auch gebraten wurde. Pflanzliche Nahrung ist durch Funde von Fruchtschalen und Samenkapseln belegt.
In den Unterlagen des Landesamtes für Denkmalpflege Hessen für den Main-Kinzig-Kreis sind 183 Fundstellen des Paläolithikums und Mesolithikums kartiert. Diese Zahl erscheint hoch, jedoch kann ihre Bedeutung meistens nicht angegeben werden, da die Funde z. T. nicht zugänglich, z. T. noch nicht bearbeitet, damit auch nicht datiert sind. Festzustellen ist nur ihr allgemein alt- bis mittelsteinzeitlicher Charakter. Nach strengen Kriterien ausgewählt bleiben nur wenige Stellen übrig.
Nur ein einziges Artefakt stammt aus Rodenbach. Es handelt sich dabei um einen verschliffenen Abschlag aus Quarzit von einem diskoiden Kern, der damit also wenigstens eine älterpaläolithische Technik in diesem Gebiet zeigt und bis jetzt als ältestes archäologisches Objekt im Main-Kinzig-Kreis gelten darf (Abb. 7). Von den anderen Plätzen sind drei dem Mittelpaläolithikum, einer dem Spätpaläolithikum und drei dem Mesolithikum zuzuweisen. Der mittelpaläolithische Platz von Wirtheim ist gleichzeitig ein eponymer mesolithischer Fundplatz.
Aus der Umgebung von Gelnhausen-Meerholz sind mehrere Fundstellen von mittelpaläolithischen Einzelfunden aus Quarz be-

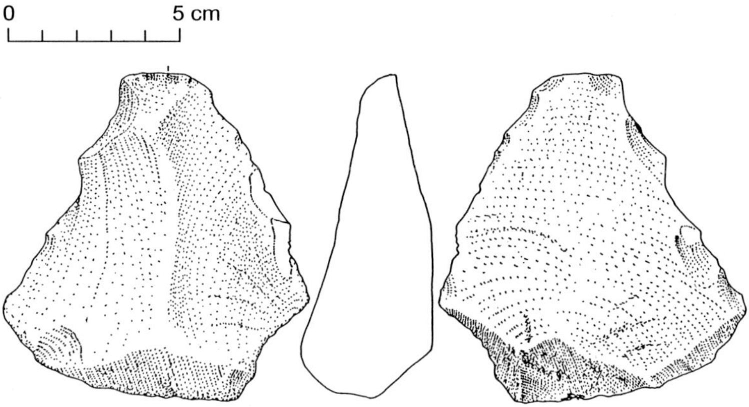

Abb. 7 Rodenbach. Verschliffener Abschlag aus Quarzit von einem diskoiden Kern. Ältestes bekanntes Artefakt des Kreises.

kannt. Ein Werkzeug von Neuberg-Rüdigheim, eine Blattspitze aus Kieselschiefer, gehört möglicherweise in eine späte Phase des Mittelpaläolithikums, weitere Geräte aus vermutlich derselben Phase sind ein Faustkeil aus Gelnhausen sowie Kernsteine, Abschläge und ein Schaber aus der Umgebung von Langenselbold. Bereits ins Spätpaläolithikum gehören die Artefakte, die bei einer Ausgrabung bronzezeitlicher Grabhügel im Zuge von Autobahnbauarbeiten zutage traten. An der Stelle, an der sich A 66 und B 45 kreuzen, Hanau-Nord, auf Bruchköbeler Gemarkung, wurden in einem Dünengelände mehrere Grabhügel angeschnitten, die vorher für natürliche Formationen gehalten worden waren. Die Ausgräber (Hanauer Geschichtsverein) bargen dort auch zahlreiche Steinartefakte, überwiegend aus lokalem feinkörnigem Quarzit und Lydit, einige aus orstfremdem Flint, darunter 50 retuschierte Stücke. Sie dürften alle der »Federmessergruppe« zugewiesen werden. Die größten Anteile am Werkzeugspektrum stellen Kratzer, Stichel, Rückenmesser und die namengebenden »Federmesser« oder rückengestumpfte Spitzen. Einige sehr kleine Werkzeuge weisen bereits Charakteristika echter Mikrolithen auf, ein Begriff, der den Werkzeugen der folgenden Zeit- und Kulturstufe, des Mesolithikums, vorbehalten ist.

Das Mesolithikum umfaßt als Zeitstufe im betrachteten Gebiet die nur geringe Spanne von weniger als 2500 Jahren, etwa von 8000 bis 5700 v. Chr., einem Zeitpunkt, von dem an sich alles ändert, auch wenn der Name der folgenden Zeit immer noch eine Steinzeit – das Neolithikum oder die Jungsteinzeit – ist, die in weiteren Beiträgen behandelt wird.
Definiert ist das Mesolithikum über seine charakteristischen, an einer oder zwei Kanten bearbeiteten Steinwerkzeuge, ein in gewisser Weise standardisiertes Spektrum von 25 bis 35 mm großen Dreiecken, Kreissegmenten und Trapezen. (Es sei nur angemerkt, daß bei feinerer typologischen Untersuchung allein mindestens zehn Dreieckformen unterschieden werden.) Diese Kleinformen erlaubten es aber, in hölzerne Schäfte gefaßt, differenzierte Werkzeuge aus einfachen Grundelementen herzustellen. Ob diese Möglichkeit der Grund für die »Entwicklung« von Mikrolithen durch den mesolithischen Jäger war, oder ob eine Veränderung der Rohmaterialbasis zur Ausnutzung kleinerer Feuerstein- und sonstiger Kieselgerölle zwang, muß diskutiert werden. Wichtigstes natürliches Ereignis mit entsprechender Auswirkung war das Ende der letzten Eiszeit, das etwa mit dem Beginn des Mesolithikums zusammenfällt.
Die Wirtschaftsweise war weiterhin überwiegend »paläolithisch«, Kleingruppen von Jägern und Sammlerinnen eigneten sich die angebotenen »Lebensmittel« der Natur in ihrem Schweifgebiet an. Für spätmesolithische Gruppen an der Ostseeküste, die als Fischer ein vielleicht schon halb seßhaftes Leben führten, wird aber bereits ein Ansatz von produzierender Wirtschaftsweise, Getreideaussaat und -ernte im »Gartenbau«, diskutiert.
Der erste und lange Zeit einzige mesolithische Fundplatz, entdeckt im Jahre 1925, ist nur noch im Bereich des »Wegscheideküppels« in Bad Orb zu lokalisieren. Der Lehrer Hermann Apitz sammelte hier von relativ kleiner Fläche (75 × 25 m) 76 Artefakte, die verschollen sind. Lediglich erhaltene Skizzen lassen zwei einfache Spitzen, einen kleinen Daumennagelkratzer und einen Querschneider erkennen, so daß der Fundplatz möglicherweise dem jüngeren Mesolithikum zugewiesen werden kann.

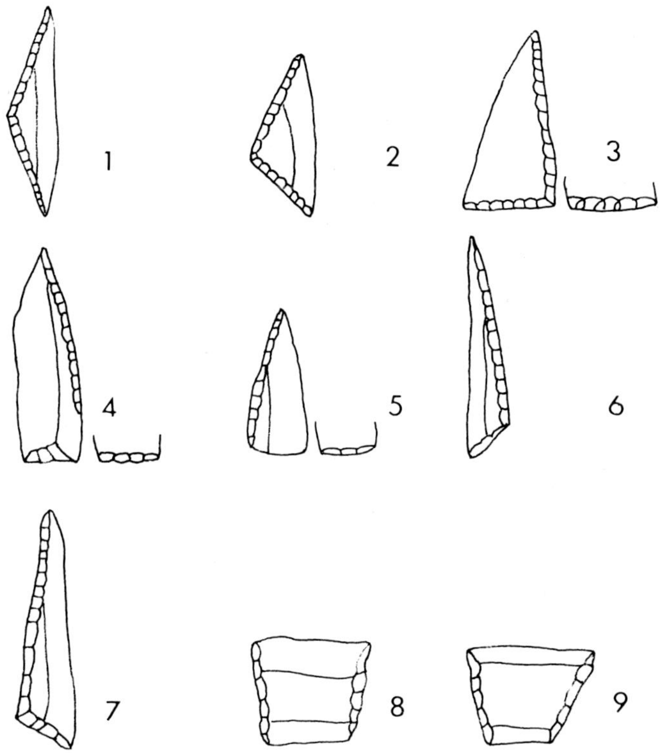

Abb. 8 Typentafel der für »Breitenborner« und »Wirtheimer Gruppe« charakteristischen Mikrolithen (nach Arora 1976). 1–2 gleichschenklige Dreiecke, 3–4 Dreieckspitzen mit beidflächiger Basisretusche, 5 Dreieckspitze mit ventraler Basisretusche, 6–7 langschmale Dreiecksmikrolithen, 8 symmetrisches Viereck, 9 asymmetrisches Viereck.

Ein mesolithischer Fundplatz bei Gründau-Breitenborn erbrachte unter 1250 Fundstücken 25 Mikrolithen und ist damit die fundreichste ausgewertete mesolithische Stelle des Kreises. Ihr Werkzeugspektrum aus gleichschenkligen Dreiecksmikrolithen und Dreieckspitzen mit beidflächiger oder ventraler Basisretusche (Abb. 8. 1–5) datiert sie ins ältere Mesolithikum. (Funde des ältesten bekannten Abschnittes dieser Epoche sind vor kurzem bei Groß-Gerau entdeckt worden.) Zur »Breitenborner Gruppe« gehören neun Fundplätze in einem Gebiet zwischen Siegen und Gemünden.

Der schon erwähnte Fundplatz Biebergemünd-Wirtheim, in der Nähe des mittelalterlichen Ringwalles »Alteburg« oder »Kringel« gelegen, wird durch ein Inventar von leider nur wenigen langschmalen Dreiecksmikrolithen sowie symmetrischen und asymmetrischen Vierecken charakterisiert (Abb. 8. 6–9). Zur »Wirtheimer Gruppe« gehört nur noch ein weiterer Fundplatz im Vogelsbergkreis. Zeitlich gehört sie ans Ende der mittleren Steinzeit.

Literatur:
S. K. Arora, Die mittlere Steinzeit im westlichen Deutschland und in den Nachbargebieten. Beitr. Urgesch. Rheinland 2. Rhein. Ausgr. 17 (1976). – L. Fiedler, Alt- und mittelsteinzeitliche Funde in Hessen. Führer hess. Vor- u. Frühgesch 2 (^{2}1993). – P. Prüssing, Jäger und Sammler (Wildbeuter) in der Hanauer Region. Hanauer Geschichtsbl. 29, 1985, 7 ff.

Guntram Schwitalla

Die Besiedlung des Main-Kinzig-Kreises von der Jungsteinzeit bis in die Eisenzeit

Die Jungsteinzeit (5700–2200/2000 v. Chr.)

Im 6. Jahrtausend v. Chr. setzten sich Seßhaftigkeit und Nahrungsmittelproduktion durch Ackerbau und Viehzucht als neue Lebens- und Wirtschaftsweise durch. Die nunmehr bäuerliche statt jägerisch-sammlerische Lebensweise sowie die ebenfalls neuen Kulturerscheinungen Keramik und überschliffene Steingeräte dienen dazu, die Kulturen der Jungsteinzeit zu charakterisieren (Abb. 9).
Die älteste bäuerliche Kultur in Mitteleuropa ist die Linienbandkeramische Kultur (LBK; 5700–4900 v. Chr.), so genannt nach der bandförmigen Verzierung ihrer Keramik. Sie ist im Main-Kinzig-Kreis mit zahlreichen Fundstellen von Siedlungen vertreten, doch erst in jüngster Zeit wurden großflächige Ausgrabungen durchgeführt. Aufgrund der intensiven Erforschung der bandkeramischen Kultur im Untermaingebiet ist es möglich, die Fundstellen der Region sowie die vor kurzem ausgegrabenen Siedlungen von Hanau-Mittelbuchen (älteste – späte LBK, vgl. S. 183ff.), Hanau – Klein Auheim (jüngere/jüngste LBK, vgl. S. 180ff.) und Gründau-Niedergründau (jüngere LBK, vgl. S. 149ff.) in das regionale und überregionale Erscheinungsbild der Kultur einzufügen.
Die Träger der LBK siedelten bevorzugt auf den Schwarzerdeböden der hessischen Senkenlandschaften. Große Anziehungskraft besaß von Anfang an (älteste LBK) die Wetterau, wobei neben der Güte der Böden wohl auch ihr besonders günstiges Klima zur Zeit des allgemeinen nacheiszeitlichen Klimaoptimums (2 °C höhere Jahresdurchschnittstemperatur im Vergleich zu heute), eine Rolle spielte. Die bislang einzige bekannte ältestbandkeramische Siedlung des Main-Kinzig-Kreises, Hanau-Mittelbuchen, liegt auf der Südseite der Hohen Straße am Übergang von Wetterau zur Mainniederung.

900	Frühmittelalter	Karolingerzeit	Karl d. Gr. (768–814) Karl Martell (714–41)
714			
496/7		Merowingerzeit	Franken besiegen Alamannen
453	Spätantike	Völkerwanderungszeit	Rückzug d. Hunnen aus Westeuropa
375			Hunneneinfall
260	Römerzeit		Fall d. Limes
213			1. Alamanneneinfall
0	Eisenzeit	Jüngere Eisenzeit	Frühe Germanen Latènezeit
500		Ältere Eisenzeit	Hallstattzeit
800	Bronzezeit		
1300		Späte Bronzezeit	Urnenfelderzeit
1600		Mittlere Bronzezeit	Hügelgräberbronzezeit
2000		Frühe Bronzezeit	Riesenbecher
2200	Jungsteinzeit	Endneolithikum	Glockenbecher Schnurkeramik/ Einzelgrabkultur
2700		Jungneolithikum	Wartberg Michelsberg
3500			
4400		Mittelneolithikum	Bischheim Rössen Planig-Friedberg Großgartach
4900		Altneolithikum	Hinkelstein Linienbandkeramik
5700	Mittelsteinzeit/Mesolithikum		
8000	Altsteinzeit/Paläolithikum		

Abb. 9 Zeittafel der vor- und frühgeschichtlichen Epochen.

Ab der mittleren LBK mehren sich die Fundplätze im zum Main-Kinzig-Kreis gehörenden Teil der Wetterau und für die jüngere und jüngste Phase ist zudem die Besiedlung des Gelnhäuser Bekkens nachgewiesen. Obwohl nicht auszuschließen ist, daß das Fehlen an sich seltener ältest- und älterbandkeramischer Siedlungen im Gelnhäusener Becken lediglich Forschungsstand ist, könnten dafür auch andere Gründe ausschlaggebend gewesen sein. Eventuell entsprach dieses Becken, das heute im Jahresdurchschnitt in der Vegetationsphase Mai–Juli um 1 °C kälter ist als die zentrale Wetterau, nicht den »klimatischen« Ansprüchen der ersten Bauern. Zur Gründung der kürzlich entdeckten jüngerbandkeramischen Siedlungen von Gründau-Niedergründau, Linsengericht-Lützelhausen und Freigericht-Somborn muß ein Bevölkerungswachstum geführt haben, wobei Umweltfaktoren bei der Wahl der Siedlungsflächen in den Hintergrund traten.
Im Untermaingebiet beschränkte sich die bandkeramische Besiedlung nicht, wie andernorts, auf die Schwarzerdeböden, sondern sie griff in der jüngeren/jüngsten LBK auch auf die Mainniederterrasse mit ihren Sanden und Schottern aus. Für den Main-Kinzig-Kreis ist dies durch die Fundplätze Maintal-Bischofsheim, Großkrotzenburg, Hanau-Steinheim und Hanau-Klein Auheim dokumentiert.
Zu Beginn der bandkeramischen Kultur war die Landschaft dicht bewaldet. Auf den Schwarzerdeböden der hessischen Senken standen Laubwälder aus Eiche, Ulmen, Eschen und Linden, wobei sich die Dominanz einzelner Arten je nach Standort unterschied. In den Auen entlang der Bäche wuchsen, in Abhängigkeit von Hochwasser-Überflutung und Grundwasserspiegel, Ulmen-Arten, Eschen, Stiel-Eichen und Hasel (Hartholzauen-Vegetation). In diese natürliche Vegetation griffen die frühen Bauern (Abb. 10), indem sie die Wälder rodeten, um Siedlungen und Felder anzulegen und indem sie den Wald wirtschaftlich nutzten, so nachhaltig ein, daß es zu Bodenerosion und damit zur ersten großen vom Menschen verursachten Veränderung des Landschaftsprofils kam.
Als Standorte für die Siedlungen wählte man in der Regel sich flach neigende Hänge in nicht allzu großer Entfernung zu einem Bach aus (<=500 m). Dieser Siedlungslage entsprechen im Main-Kin-

Abb. 10 Modell einer bandkeramischen Siedlung um 5000 v. Chr. Vorgeschichtliche Abteilung, Museum Schloß Steinheim.

zig-Kreis z. B. die bandkeramischen Siedlungen von Hanau-Mittelbuchen und Gründau-Niedergründau.

Die Häuser einer Siedlung standen locker gestreut und konnten Längen von über 30 m (Breite ca. 8 m) erreichen. Der Grundriß dieser »Langhäuser« zeigt von Anfang an eine sicher funktional bedingte Dreiteilung in Nordwest-, Mittel- und Südost-Teil, wobei sich die Gestaltung der einzelnen Abschnitte im Laufe der bandkeramischen Kultur veränderte. So begrenzten z. B. Wandgräben den Mittel- und Südost-Teil der ältestbandkeramischen Häuser (Mittelbuchen), während diese in den jüngeren Phasen durch »hausbegleitende Gruben« ersetzt wurden. Dafür umschloß nun ein Wandgraben den Nordost-Teil des Hauses (Hanau-Klein Auheim, Abb. 59). Neben den Langhäusern sind außerdem Bauten bekannt, die nur aus einem oder zwei Gebäudeteilen bestanden. Typisch ist auch, daß zu jedem Haus eine Reihe von Gruben gehörte, die als Abfall- oder Speichergruben genutzt wurden.

In unmittelbarer Nähe einer Reihe jüngerbandkeramischer Siedlungen sind sog. »Erdwerke« entdeckt und untersucht worden. Diese durch einen Graben gekennzeichneten Anlagen weisen im Inneren in der Regel keine Bebauung auf, und es wird vermutet, daß es sich hierbei um die ältesten Befestigungen, um Anlagen zum Schutze von Mensch und/oder Tier handelt. Das einzige Erdwerk des Main-Kinzig-Kreises ist in Hanau-Mittelbuchen entdeckt worden (vgl. S. 183ff.).
Die ersten Bauern bauten die ursprünglich im Vorderen Orient/Anatolien domestizierten und schließlich aus dem mittleren Donauraum eingeführten Weizenarten Emmer und Einkorn sowie Gerste an. Außerdem pflanzte man Hirse, Lein, Linse und Erbse. Nicht nachgewiesen sind für die ältestbandkeramischen Siedlungen der Wetterau (Friedberg-Bruchenbrücken und Frankfurt-Niedereschbach) Gerste, Hirse und Lein, und eine entsprechende Untersuchung für Mittelbuchen steht noch aus.
Für jüngerbandkeramische Siedlungen ist außerdem der Anbau von Mohn und Ackerbohne belegt. Überraschend war der Fund von Dinkel in einer spätbandkeramischen Grube von Mittelbuchen, er ist bislang für die LBK nicht nachgewiesen.
Außer den Getreidearten wurden von den ersten Bauern auch die Haustiere Rind, Schwein, Schaf/Ziege eingeführt und gehalten, wobei es bei Rind und Schwein sicher zu Einkreuzungen einheimischer Wildarten kam. – Mit einer möglichen Bedeutung der Viehzucht werden gerne die seltenen, ältest- bis mittelbandkeramischen Bruchstücke kleiner vollplastischer Tonfiguren und Gefäßapplikationen in Tiergestalt in Verbindung gebracht. Derartige Bruchstücke sind in Schöneck-Kilianstädten und Hanau-Mittelbuchen gefunden worden.
Neben Ackerbau und Viehzucht spielte auch die Nutzung des Waldes und der Wildpflanzen eine große wirtschaftliche Rolle. Der Wald diente u. a. als Rohmateriallieferant für Bauholz, Schafthölzer, »Haushaltsgerät« (Leitern, Besteck), Brennholz, Sammelpflanzen und Tierfutter (Eichelmast, Laubheu). Viel genutzt wurden auch die an den Waldrändern wachsenden Hasel- und Schlehensträucher. Es wird sogar angenommen, daß eine regelrechte

»Heckenwirtschaft« betrieben wurde, u. a. um die Felder von unliebsamen Tieren frei zu halten. Außerdem wurden sicherlich alle eßbaren Blätter, Früchte, Stengel und Wurzeln von Wildpflanzen gesammelt, entweder um sie zu essen, ihre Heilkraft zu nutzen, oder sie als Färbemittel einzusetzen.

Da in der jüngeren/jüngsten LBK auch Siedlungen auf der im Vergleich unfruchtbaren Mainniederterrasse angelegt wurden, ist anzunehmen, daß bei dieser Standortwahl jeweils andere als landwirtschaftliche Interessen im Vordergrund standen. In Hanau-Klein Auheim konnten z. B. in dem z. T. erhaltenen bandkeramischen Laufhorizont die Überreste mehrerer Schlagplätze dokumentiert werden, die der Primärzerlegung von Süßwasserquarzit dienten, und es liegt nahe, hierin eine, eventuell nur saisonal genutzte, Werkstattsiedlung zu sehen.

Während das Siedlungswesen und die bäuerliche Wirtschaftsweise der bandkeramischen Kultur in Hessen, speziell im Untermaingebiet, relativ gut erforscht sind, ist das Totenbrauchtum – ganz im Gegensatz zum späten Neolithikum und den Metallzeiten – wenig erforscht. Die Anfang des 20. Jahrhunderts im Untermaingebiet und besonders häufig im Gebiet des heutigen Main-Kinzig-Kreises entdeckten »Wetterauer Brandgräber« erwiesen sich in den fünfziger Jahren endgültig als Fälschung und »echte« Brandgräber, die, wie andernorts beobachtet, vorherrschende Bestattungssitte der LBK konnte in ganz Hessen noch nicht nachgewiesen werden. Das gleiche gilt für größere Gräberfelder. Einzig belegt sind in Hessen einzelne Körperbestattungen, d. h. Hockergräber mit Keramik-, Stein- und Knochengerät- sowie Muschelschmuck-Beigaben in Siedlungen. Aber auch diese fehlen im Main-Kinzig-Kreis.

Eine Übernutzung der Landschaft durch die bandkeramische Landwirtschaft gilt derzeit als Ursache für das Ende der ältesten bäuerlichen Kultur in Mitteleuropa. Bereits in der ausgehenden LBK bildete sich in Rheinhessen die Hinkelstein-Gruppe heraus. Sie wurde benannt nach einem Gräberfeld in der Gewann »Hinkelstein« in Monsheim, Krs. Alzey-Worms, und gilt als Grundstein der Kulturgruppen der mittleren Jungsteinzeit, da ihre Keramik zwar in bandkeramischer Tradition steht, sich aber hier bereits das für die folgenden Kulturgruppen typische Siedlungsverhalten und Totenbrauchtum durchsetzt. Es kommt zu Siedlungsverlagerungen, die auch die Nutzung minder fruchtbarer Böden einschließt, und bei den Bestattungen setzt sich die Strecklage durch. Im Main-Kinzig-Kreis, der am nordöstlichen Rand des Verbreitungsgebietes liegt, sind bislang lediglich zwei Gefäße der Hinkelstein-Gruppe, Einzelfunde aus Nidderau-Heldenbergen, bekannt geworden, so daß es derzeit unmöglich ist, für diesen Raum ein Bild dieser Kulturgruppe zu zeichnen. Dem sind die mittelneolithischen Kulturgruppen Großgartach, Planig-Friedberg und Rössen (4900–4600 v. Chr.) mit lediglich 13 Fundstellen, darunter ein Depot mit vier Beilklingen aus Hanau-Steinheim, anzuschließen. Aber, mit Blick auf den Glauberg bei Büdingen, liefert die nähere Umgebung des Main-Kinzig-Kreises doch zumindest einen markanten Beleg für die in Rössener Zeit aufkommenden Höhensiedlungen. Es fanden sich über das ganze Plateau verteilt Siedlungsspuren. Für die Bischheimer Gruppe (4600–4400 v. Chr.) fehlt schließlich jeglicher Beleg.

Aus Bruchköbel-Butterstadt, Hanau-Mittelbuchen, Hanau-Klein Auheim und Gründau-Rothenbergen sind dann wieder Siedlungsfunde bekannt, die in die jungneolithische Michelsberger Kultur (4400–3500 v. Chr.) datieren. Zur Zeit der Michelsberger Kultur wurden offene und umwehrte Siedlungen sowohl im Flachland als auch auf Höhen angelegt. So wurde z. B. abermals das Plateau des Glaubergs (bei Büdingen) intensiv besiedelt und der Wannkopf bei Echzell. Letzterer Fundplatz lieferte auch den ersten Nachweis eines dreiräumigen, trapezförmigen Hauses von 14 m Länge.

Im 19. Jahrhundert wurden die Epochen Steinzeit, Bronzezeit und Eisenzeit durch das jeweils vorherrschende Rohmaterial zur Herstellung von Geräten, Waffen und Schmuck sowie die damit in Zusammenhang stehende technische Entwicklung definiert. Diese Gliederung enthält einen »kleinen« Widerspruch: Kupfer kannte man bereits im Jungneolithikum, Eisen bereits in der späten Bronzezeit.

Der einzige steinzeitliche Metallfund des Main-Kinzig-Kreises stammt aus Langenselbold. Das kleine Metallbeil wird mehrheitlich ins Endneolithikum (2700–2200/2000 v. Chr.), das eine Reihe von Spuren im Main-Kinzig-Kreis hinterlassen hat, datiert. Funde der endneolithischen Becherkulturen liegen aus der Mainniederung und den Erhebungen, die das Kinzigtal im Norden und Süden säumen, vor. Es handelt sich im wesentlichen um Einzel- und Grabfunde, während Siedlungsfunde fehlen. Fundcharakter und Lage der Fundstellen machen es deshalb bislang schwer, ein Bild der endneolithischen Siedlungs- und Wirtschaftsstrukturen zu zeichnen. Statt dessen dokumentieren die Funde den weiträumigen Einfluß und Niederschlag verschiedener Regionalgruppen der späten Jungsteinzeit. So sind die »schnurverzierten« Becher aus einem Grabhügel von Gelnhausen-Meerholz (Abb. 45) und Langenselbold sowie die Einzelfunde von Maintal-Bischofsheim (Abb. 11) und Langenselbold der südwestdeutschen Schnurkeramischen Kultur zuzuordnen. Das gleiche gilt für die facettierten Hammeräxte von Niederdorfelden, Maintal-Wachenbuchen, Hasselroth-Gondsroth und Marköbel und wahrscheinlich auch für die leistenverzierten Becherfragmente aus Hanau-Steinheim. Eine bemerkenswerte Konzentration von Grabfunden der niederdeutschen Einzelgrabkultur liegt aus dem Gelnhäuser Raum vor: Freigericht-Horbach und Freigericht-Neuses (vgl. S. 121 ff.), Linsengericht-Großenhausen und Gelnhausen-Haitz (vgl. S. 141 ff.). Diese Gräber gehören zu kleineren Grabhügelgruppen und zeichnen sich durch Ringgräben, z. T. durch hölzerne Einbauten (Horbach) und »Einzelbestattungen«, aus. Zu den typischen Beigaben zählen Becher mit Fischgrätmuster.

Von besonderem Interesse ist der Grabfund von Freigericht-Neuses, denn hier wurde in einem für die Einzelgrabkulturen typischen Grab eine Amphore geborgen, die Einflüsse der südwestdeutschen Schnurkeramik zeigt, und 0,80 cm über dieser Grabbeigabe lag eine weitere Bestattung, die in die Glockenbecherkultur zu datieren ist (Abb. 34 b). Dieser vertikal-stratigraphische Befund zur endneolithischen Chronologie ist fast einzigartig, außerdem handelt es sich hier um die bislang einzige glockenbecherzeitliche Bestattung im Kreisgebiet. Die insgesamt bekannten Glockenbecher lassen Einflüsse aus dem östlichen Mitteleuropa (Freigericht-Neuses, Hanau-

Abb. 11 Maintal-Bischofsheim.
Schnurverzierter Becher.

Abb. 12 Hanau »Goldberg«.
Glockenbecher.

Steinheim, Niederrodenbach), dem Mittelelbe-Saale-Gebiet (Hanau »Goldberg«) (Abb. 12) und dem westlichen Mitteleuropa (Hanau-Steinheim, Niederrodenbach) erkennen.

In Niederhessen wird das Ende der Jungsteinzeit und gleichzeitig der Beginn der Bronzezeit gekennzeichnet durch die aus der Einzelgrabkultur hervorgegangene Riesenbecher-Gruppe. Dieser Gruppe zuzuordnende Keramikfragmente sind z.B. in Maintal-Bischofsheim, Gelnhausen-Meerholz und Gelnhausen-Haitz gefunden worden, und allem Anschein nach repräsentieren sie auch hier, zusammen mit einer Deckelbüchse aus Niederrodenbach, den epochalen Übergang, ohne daß sie eindeutig der einen oder anderen Epoche zuzuordnen sind.

Literatur:

Deutscher Wetterdienst in der US-Zone (Hrsg.), Klima Atlas von Hessen (1950). – M. Dohrn-Ihmig, Die Jungsteinzeit. In: Frankfurt am Main und Umgebung. Führer zu archäolog. Denkmälern in Deutschland 19, 1989, 46ff. – W. Gebers, Das Endneolithikum im Mittelrheingebiet. Saarbrücker Beitr. Altkde 27 (1984). – H. Gries, Frühe Spuren. Die Steinzeit in der Landschaft um Mühlheim am Main. Zur Geschichte der Stadt Mühlheim, 9 (1990). – A. Hampel, Ein ältest-bandkeramischer Siedlungsplatz. Frankfurt am Main Niedereschbach. Beitr. Denkmalschutz in Frankfurt am Main 5 (1992). – B. Höhn, Siedlungen der Michelsberger Kultur in der

Wetterau. In: V. Rupp (Hrsg.), Archäologie der Wetterau. Aspekte der Forschung (1991) 137ff. (= Wetterauer Geschichtsbl. 40, 1993). – Herrmann, Jockenhövel 1990, 121ff. – P. Jüngling, Eine neue mittelneolithische Siedlungsstelle bei Hanau-Mittelbuchen. Hanauer Geschichtsbl. 29, 1985, 23ff. – Ders., Das Bruchstück einer bandkeramischen Idolfigur aus Hanau-Mittelbuchen. Neues Magazin Hanau. Gesch., 1992, 4ff. – K. Kibbert, Die Äxte und Beile im mittleren Westdeutschland I. PBF IX, 10 (1980) Nr. 46. – C. Köster, Beiträge zum Endneolithikum und zur frühen Bronzezeit am nördlichen Oberrhein. Prähist. Zeitschr. 43/44, 1965/66, 2ff. – H. Kreutzer, F.-R. Herrmann, Die archäologische Erforschung einer Kleinlandschaft im mittleren Kinzigtal. Arch. Denkmäler Hessen 21 (1981). – A. Kreuz, Die ersten Bauern in der Wetterau – eine archäologische Untersuchung zu Umwelt und Landwirtschaft der Ältesten Bandkeramik. In: V. Rupp (Hrsg.) Archäologie der Wetterau. Aspekte der Forschung (1991) 117ff. (= Wetterauer Geschichtsbl. 40, 1993). – Kutsch 1926. – J. Lichardus, Zum Problem der Riesenbecher und frühen Bronzezeit im Hessischen Bergland. Fundber. Hessen 19/20, 1979/80, 327ff. – G. Loewe, Zur Echtheit der jungsteinzeitlichen »Wetterauer Brandgräber«. Germania 36, 1958, 421ff. – J. Lüning, Die Michelsberger Kultur. Ihre Funde in zeitlicher und räumlicher Gliederung. Ber. RGK 48, 1967 (1968). – Ders., Die Anfänge der Landwirtschaft vor 7000 Jahren: Ausgrabungen in Friedberg-Bruchenbrücken. In: V. Rupp (Hrsg.), Archäologie der Wetterau. Aspekte der Forschung. (1991) 95ff. (= Wetterauer Geschichtsbl. 40, 1993). – Meier-Arendt 1966. – Ders., Die Hinkelstein-Gruppe. Röm.-Germ. Forsch. 35 (1975). S. Ommert. Neues Magazin Hanau. Gesch. 8, 5, 1985, 229. – Sangmeister 1951. – A. Stroh, Die Rössener Kultur in Südwestdeutschland. Ber. RGK 28, 1938 (1940). – R. Tews, Zur Besiedlung des Spätneolithikums im Main-Kinzig-Gebiet, unveröff. Manuskript 1989. – Wolff 1913.

Die Bronzezeit (2200/2000–800/750 v. Chr.)

Bronze ist eine Legierung aus Kupfer und Zinn im Verhältnis 9:1. Sie setzte sich in der jüngeren Frühbronzezeit als Werkstoff für Waffen, Geräte und Schmuck gegenüber dem Material »Stein« und das bereits im Jung-/Endneolithikum vorkommende Kupfer durch. Während Kupfer in Hessen (z. B. am Nordrand des Spessart) vorkommt, mußte das Zinn aus dem Erzgebirge oder England eingeführt werden, was zu hohen »Beschaffungskosten« führte. Diese wurden aber dadurch wettgemacht, daß Bronze sich im Vergleich zu reinem Kupfer besser gießen läßt und härter ist. Die bekannten Gußtechniken der Bronzezeit waren der Formguß und das Wachsausschmelzverfahren.

Grabfunde sind die wesentliche Quellengattung der Bronzezeit in Hessen einschließlich des Main-Kinzig-Kreises. Hinzu kommen Siedlungs-, Depot- und Einzelfunde. Die Bedeutung der Grabfunde liegt zum einen darin, daß anhand des Wandels der Bestattungssitten die Epoche in drei Phasen unterteilt werden kann: Frühbronzezeit mit Flachgräbern und Hockerbestattungen (bis 1600 v. Chr.), Mittlere- oder Hügelgräberbronzezeit (bis ca. 1300 v. Chr.) und Spätbronze- oder Urnenfelderzeit (bis 800/750 v. Chr.). Zum anderen darin, daß sie einen Eindruck davon vermitteln, welchen Einfluß der neue Werkstoff auf die Gesellschaftsstruktur hatte. Man sieht in der Bronzezeit gerne die Zeit aufkommender Berufshandwerker, eine große Zeit des Handels, bestaunt die prachtvoll gerüsteten Krieger und prächtig geschmückten Frauen und meint damit gleichzeitig: zunehmende Arbeitsteilung, zunehmende gesellschaftliche Hierarchisierung.
Siedlungsfunde sind nur in der Spätbronzezeit ausgesprochen zahlreich, und es mangelt an einer systematischen Erforschung des Siedlungswesens in Hessen. Wenig ist somit auch über den hiesigen bronzezeitlichen Hausbau und die innere Struktur der Siedlungen bekannt. Zumindest konnte durch Ausgrabungen in Schöneck-Kilianstädten eine Vorstellung von einer spätbronzezeitlichen Siedlung gewonnen werden.
Der Beginn der Bronzezeit in der Wetterau und dem Kinzigtal liegt noch weitgehend im dunkeln. Nur wenige frühbronzezeitliche Funde sind bislang bekannt, und es muß mit einem Fortdauern der Riesenbecher-Gruppe bis in diese Phase gerechnet werden.
Mit dem Übergang zur mittleren Bronzezeit (1600–1300 v. Chr.), der repräsentiert wird durch ein (ehemals wohl drei) schlankes Randleistenbeil aus Hanau-Steinheim, wird das Bild klarer. Sowohl aus der Mainniederung als auch den Randlagen des Kinzigtales um Gelnhausen, weniger aber aus der Wetterau, sind eine ganze Reihe mittelbronzezeitlicher Grabfunde bekannt. Die typische Bestattung war die Beisetzung der Toten unter Hügeln – daher »Hügelgräberbronzezeit«, die in kleineren oder größeren Gruppen auftreten. Charakteristisch ist das Vorhandensein eines Zentralgrabes und weiterer Nachbestattungen im Grabhügel sowie die Einzelbe-

stattung. Die Ausstattung der Hügel konnte sich stark unterscheiden, sowohl was den Charakter des Sarges anbetrifft als auch die Konstruktion des Hügels. Als Beigaben finden sich häufig, aber in Abstufungen, Bronzen, seltener Keramik. Einige der Gräberfelder wurden allem Anschein nach nur in der mittleren Bronzezeit belegt (Maintal-Hochstadt), andere weisen eine Kontinuität vom Endneolithikum bis in die Hügelgräberbronzezeit (Gelnhausen-Haitz) oder von der Hügelgräberbronzezeit bis in die Urnenfelderzeit (Hanau-Steinheim/Mühlheim-Dietesheim, Bruchköbel »Bruchköbeler Wald A66/B45«) und manchmal darüber hinaus auf, was hinsichtlich des Wandels der Bestattungssitten und deren Interpretation interessant ist (s. u.).
Im »Töngeswald« bei Maintal-Hochstadt liegt ein Grabhügelfeld mit mindestens sieben Hügeln (vgl. S. 212 ff.). Von den drei im 19. Jahrhundert untersuchten Hügeln verdient Hügel 3 besondere Erwähnung. Dieser Hügel wies einen Kalksteinkranz von 13 m Durchmesser und 0,70–0,80 m Breite auf und barg als vermeintliches Zentralgrab die Bestattung eines sozial höherrangigen Mannes der mittleren Hügelgräberbronzezeit (Stufe Schwanheim). Als Beigaben waren ihm ein im ostalpin-ungarischen Raum hergestelltes Griffplattenschwert mit Augenmuster, ein Absatzbeil sowie eine Nadel, von der leider nur ein Schaftfragment erhalten geblieben ist, mitgegeben.
Gräber dieser Phase sind im Rhein-Main-Gebiet, zu dessen Formenkreis die Funde aus dem Main-Kinzig-Kreis zu zählen sind, ausgesprochen selten. Wesentlich zahlreicher sind Grabfunde der jüngeren Hügelgräberbronzezeit (Stufe Bessunger Wald). So wurde z. B. im aus vier Hügeln bestehenden Grabhügelfeld Gelnhausen-Haitz (S. 141 ff.) zentral in den Hügel einer endneolithischen Bestattung (Hügel 1) in der jüngeren Hügelgräberbronzezeit erneut eine Bestattung eingetieft. Beigegeben waren dem Toten ein Absatzbeil, Armring, zwei Nadeln und eine Bronzeklammer.
Gleichzeitig sind die zwei weiteren Nachbestattungen in Hügel 1. Die eine wies sich nur noch durch eine Nadel aus, während der anderen zwei Armspiralen, eine Tasse und 75 Bernsteinperlen unterschiedlicher Größe mitgegeben waren. Letzteres ist ein schönes

Indiz für die »prachtvoll geschmückten Frauen« und die weiträumigen Handelsbeziehungen der Epoche.
Weitere Gräber gleicher Zeitstellung kamen bei den Ausgrabungen des bronzezeitlichen Gräberfeldes im »Bruchköbeler Wald A66/ B45« zutage. Drei Grabhügel sowie Teile einer Sanddüne wurden untersucht und erbrachten z. B. in Hügel 1 die Bestattung eines Mannes, dem ein Griffplattendolch beigegeben war, und die Bestattung einer wohlhabenden Frau. Dieses Grab enthielt zwei Henkeltassen, zwei Armspiralen, eine regionaltypische Berge sowie eine Bernsteinperle.
Das beste lokale Beispiel einer reichen Frauenbestattung der jüngeren Hügelgräberbronzezeit im Rhein-Main-Gebiet ist das Grab 34 aus der »Teufelskaute« bei Mühlheim-Dietesheim (Abb. 13). Das Grab gehört zu den Gräbergruppen, die sich über die Fluren Buchhecke, Galgenbruch und Galgentanne in Hanau-Steinheim und die Teufelskaute und Waldabteilung 85 in Mühlheim-Dietesheim erstrecken.
Die Lage der Gräberfelder, Lesefunde und (Abfall-)Gruben mit Keramik belegen für die Hügelgräberbronzezeit eine Besiedlung der sandigen Böden der Mainniederung (z. B. Hanau-Großauheim »Dammskippel«), ihrer Auen sowie der fruchtbaren Böden des Gelnhäuser Beckens und der Wetterau. Lediglich in Nidderau-Heldenbergen ist in jüngerer Zeit eine Siedlungsstelle näher untersucht worden. Es handelt sich dabei um zwei größere Grubenkomplexe, die keramisches Material (u. a. Kerbleistenschalen), Waffen und Werkzeuge aus Knochen und zahlreiche Tierknochen enthielten. Anhand der Tierknochen konnte nachgewiesen werden, daß in der Siedlung Rinder, Schweine, Schafe/Ziegen und der Hund gehalten wurden. Das Pferd ist nicht belegt, aber sonst für die Bronzezeit nachgewiesen. Das gleiche gilt für den Ackerbau, und trotzdem spricht nichts dagegen (Bodenqualität, überregionaler Forschungsstand: z. B. Anbau von Einkorn und Dinkel), daß die Existenz der Menschen in Heldenbergen und anderen Orten des Kreises in der Hügelgräberbronzezeit durch Ackerbau und Viehzucht, eventuell mit einer Spezialisierung auf Viehzucht und Fischfang in der Mainebene, gesichert war.

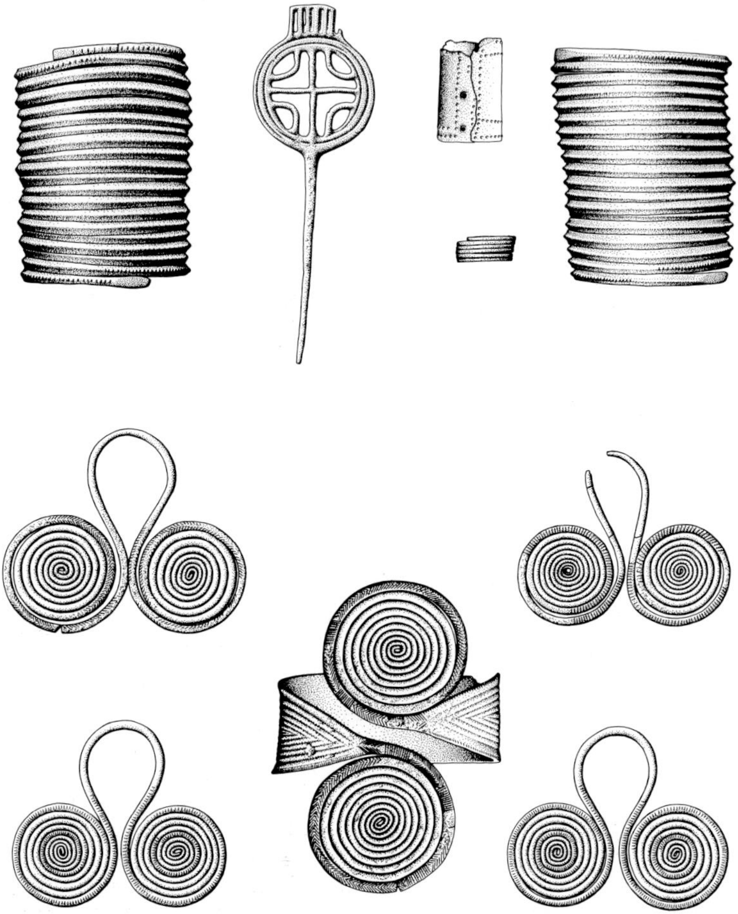

Abb. 13 Mühlheim-Dietesheim »Teufelskaute«, Grab 34 (nicht abgebildet: Bronzespiralring).

Die Hügelgräberbronzezeit wird im 13. Jahrhundert v. Chr. durch die Urnenfelderzeit (Spätbronzezeit bis 8. Jh. v. Chr.) abgelöst. Lange Zeit ging man davon aus, daß die Sitte, die Toten auf Scheiterhaufen zu verbrennen und in tönernen Urnen beizusetzen, auf eine »östliche Einwanderungswelle« zurückzuführen ist. Von der These der »Urnenfelderbewegung« hat man jedoch Abstand genommen und geht heute von einer kontinuierlichen Entwicklung von der Hügelgräberbronzezeit zur Urnenfelderzeit aus. Für diese Interpretation spricht in Mittel- und Südhessen die anhand von Grabfunden definierte Stufe Wölfersheim, welche aufgrund der vorkommenden Bestattungssitten und ihres Formenschatzes an Bronzen und Keramik zwischen den zwei genannten bronzezeitlichen Phasen – am Beginn der Spätbronzezeit – steht. Funde der Stufe Wölfersheim sind auch aus dem Main-Kinzig-Kreis bekannt. Als herausragender Fundort gelten die Gräbergruppen an der Gemarkungsgrenze zwischen Hanau-Steinheim/Mühlheim-Dietesheim, wo Gräber der Stufe Wölfersheim neben solchen der jüngeren Hügelgräberbronzezeit und der älteren/mittleren Urnenfelderzeit vorkommen und somit die These der kontinuierlichen Entwicklung stützen (vgl. S. 186ff.). Bei den für die Stufe Wölfersheim typischen Bestattungsformen in Tradition der Hügelgräberbronzezeit handelt es sich um Körpergräber unter Hügeln und Körpergräber ohne erkennbaren Hügel bzw. Flachgräber (Hanau-Steinheim »Galgentanne« und »Auf die spitzen Äcker«, Maintal-Wachenbuchen). Die Urnenfelderzeit hingegen wird bereits durch Flachbrandgräber angekündigt (Hanau-Steinheim »Galgentanne«, Mühlheim-Dietesheim »Teufelskaute«, Hanau-Großauheim und Hanau-Klein Auheim), die zahlenmäßig im gesamten Verbreitungsgebiet aber noch hinter den Körpergräbern zurückbleiben. Bei allen Bestattungsformen kommen Steinsetzungen unterschiedlicher Art vor. Zu den für die Stufe Wölfersheim, im Hinblick auf Bestattungsform und Beigaben, typischen Bestattungen zählen u. a. Mühlheim-Dietesheim »Teufelskaute« Grab 5 von 1972 und Hanau-Steinheim »Galgentanne« Grab 27. Die sorgfältig gearbeitete Steinkammer von Grab 27 barg allem Anschein nach ein Doppel(?)körpergrab (Abb. 61). Es enthielt u. a. an Beigaben in Tradi-

tion der Hügelgräberbronzezeit einen kleinen Rillenkrug, eine für die Stufe Wölfersheim charakteristische Nadel (Abb. 61. 2) und zwei Messer. Letztere Beigabe tritt hier erstmals auf und wird in der kommenden Urnenfelderzeit häufiger.
Im Vergleich zur Zahl wölfersheimzeitlicher Grabfunde nimmt sich die Zahl der Siedlungsfunde insgesamt eher bescheiden aus. Aus dem Main-Kinzig-Kreis liegt bislang lediglich ein fraglicher(!) Siedlungsfund von Hanau-Steinheim (»Auf Feist Lipsen Wiese«) vor. Nimmt man die Verbreitung der Grabfunde als Anzeiger für die Lage der Siedlungen, so fällt ihr Lagebezug auf größere Flüsse auf. Für den Main-Kinzig-Kreis bedeutet dies eine Konzentration der Siedlungen entlang des Mains. Die bevorzugte Besiedlung der wenig fruchtbaren Sandböden der Mainniederung wiederum mag als Hinweis darauf gelten, daß Viehzucht und Fischfang zur Existenzsicherung bevorzugt wurden. Dieses Bild der Siedlungs- und Wirtschaftsstrukturen kann sich ändern, sollten neue Fundplätze der Stufe Wölfersheim in der südlichen und mittleren Wetterau entdeckt werden.
In der Stufe Wölfersheim wurde die Brandbestattung eingeführt, die ab der älteren Urnenfelderzeit in der Form des Urnengrabes zur vorherrschenden Bestattungsform der späten Bronzezeit wird. Grabfunde der älteren bis jüngeren Urnenfelderzeit, mit Schwergewicht auf der mittleren Phase, sind ausgesprochen häufig.
Dies gilt ganz besonders auch für den Hanauer Raum zwischen Hanau, Nidderau-Heldenbergen, Langenselbold, Hanau-Steinheim und Hanau-Großauheim. Leider ist hier wie andernorts ebenfalls keines der Gräberfelder vollständig untersucht worden (z. B. Hanau »Lehrhofer Heide« und »Beethovenplatz«, Langendiebach »Herrenwald«, Hanau-Großauheim »Dammskippel« und Hanau-Steinheim/Mühlheim-Dietesheim).
Das »klassische« Grab ist das Urnenflachgrab, d. h. die Überreste des Toten (Leichenbrand) wurden zusammen mit meist auf dem Scheiterhaufen mitverbrannten Bronzen sowie einem Keramikservice in einem großen Gefäß beigesetzt. Typisch ist auch, daß die Gräber mit einem Steinschutz, etwa einer Steinunterlage oder einer Steinpackung, versehen wurden. Neben diesem einfachen Grab-

Abb. 14 Bruchköbel. Rekonstruktionszeichnung des urnenfelderzeitlichen Steinkammergrabes.

typ, einschließlich seiner Varianten, kommen in der älteren und mittleren Urnenfelderzeit vereinzelt sog. Steinkistengräber vor. Im Hanauer Raum sind allerdings ein Dutzend solcher Gräber bekannt geworden, und es kann allgemein davon ausgegangen werden, daß diese Bestattungsart sozial höherrangigen Personen vorbehalten war. Dafür spricht der aufwendige Grabbau selbst sowie die Auswahl der Beigaben. Ersteres wird gut durch das mittelurnenfelderzeitliche Steinkammergrab vom Bruchköbeler Wald (Abb. 14), welches in unmittelbarer Nähe zu den o. g. hügelgräberbronzezeitlichen Grabhügeln lag, dokumentiert, letzteres durch die Beigabe einer Lanzenspitze und Bruchstücken eines bronzenen Behälters (»Ziste«) im Steinkistengrab von Nidderau-Heldenbergen. Aber nicht nur zwischen Urnengrab und Steinkistengrab lassen sich soziale Unterschiede festmachen, sondern auch an den Beigaben in den Urnengräbern. Die häufigste Grabbeigabe und mit Ausnahme der sog. Adelskeramik ein Indiz für ärmere Gräber, ist ein aus 4–6 Schälchen, Tassen und Tellern zusammengestelltes Keramikservice, während sich reichere Männergräber streng in Gräber mit Messer/Rasiermesser, in Gräber mit Pfeilspit-

zen (Indiz leichter Bewaffnung) und solche mit Lanzenspitzen und Schwertern staffeln. – Schwerter sind im Hanauer Raum allerdings nicht durch Grab-, sondern nur durch Flußfunde belegt: Im Main bei Hanau-Großauheim und bei Hanau-Kesselstadt sind typengleiche Schwerter gefunden worden, im Main bei Dörnigheim ein Schwert, Lanzenspitze und Tüllenbeil. Wurden sie geopfert?
Als Beispiel für reichere Gräber mögen das Grab aus Bruchköbel »Bruchköbeler Wald« mit Messer, Pfeilspitze, Nadel und einem aus dem Gebiet der sächsisch-böhmischen Lausitzer Kultur importierten Rasiermesser sowie Grab 6 mit Lanzenspitze vom Gräberfeld Hanau »Lehrhofer Heide« genannt sein. Reichere Frauengräber zeichnen sich u. a. durch Haar- oder Ohrringe, durch Halsschmuck, Nadeln, Fibeln und Armschmuck aus. Zu dieser Gruppe zählt z. B. Grab 1 von Hanau »Bebraer Bahnhofstr.« mit aufwendigem Hals- und Armschmuck etc. sowie die Gräber Hanau »Beethoven-Platz« Grab 1 und Hanau-Steinheim »Galgentanne« Grab 36 mit Drahtbügelfibeln.
Spätestens in der jüngeren Urnenfelderzeit, nicht selten aber bereits in der mittleren Phase, läuft die Belegung der Gräberfelder aus, so ist dies z. B. in Hanau-Steinheim/Mühlheim-Dietesheim beobachtet worden. Eine Kontinuität bis in die späte Urnenfelder-/frühe Eisenzeit ist untypisch, wobei insgesamt im Main-Kinzig-Kreis nur knapp eine Handvoll Gräber dieser Endphase der Bronzezeit vorliegen, so u. a. vom Bruchköbeler Wald.
In der Urnenfelderzeit ist eine Besiedlungsdichte zu beobachten, wie sie zuvor nur für die Linienbandkeramische Kultur zu verzeichnen war. Im Main-Kinzig-Kreis ist, wie bereits erwähnt, eine Konzentration von Gräberfeldern an Main und Kinzig um Hanau zu beobachten. Hinzu kommen Siedlungsfunde aus Gruben oder Lesefunde in der südlichen Wetterau (z. B. Bruchköbel-Butterstadt, Neuberg-Rüdigheim), der Main-Kinzig-Ebene und dem Gelnhäusener Becken (z. B. Hanau-Kesselstadt, Gründau-Niedergründau und -Rothenbergen). Von herausragender Bedeutung ist die mittel- bis späturnenfelderzeitliche Siedlung von Schöneck-Kilianstädten, da die Ausgrabung dieses Platzes die bislang einzig sicheren urnenfelderzeitlichen Hausbefunde Hessens erbrachte.

Insgesamt konnten 15 Hausgrundrisse dokumentiert werden, wobei Häuser mit drei Pfosten an den Längsseiten, zwei an den Schmalseiten und eventuell einer Mittelreihe am häufigsten vorkommen.

Die Lage der Siedlungen und Gräberfelder läßt darauf schließen, daß die Bewohner der fruchtbaren Landstriche Ackerbau (Emmer, Gerste) und Viehzucht (neu: Huhn) betrieben, wie dies für andere Regionen Hessens unzweifelhaft nachgewiesen ist und daß die an der unteren Kinzig und am Main ansässigen Menschen eher von Viehzucht und Fischfang lebten.

Hinsichtlich des urnenfelderzeitlichen Handwerkes ist interessant, daß sich für die ältere bis mittlere Urnenfelderzeit im Hanauer Land ein lokaler Keramikstil, ein »Töpferkreis« fassen läßt. Die »Hanauer Gruppe« ist gekennzeichnet durch ein starkes Stufenprofil ihrer Gefäße und gehört mit benachbarten Stilgruppen zur untermainisch-schwäbischen Urnenfelderkeramik.

Die Siedlung von Schöneck-Kilianstädten verkörpert den Typus der offenen, im fruchtbaren Flachland gelegenen Siedlung. Daneben treten in der späten Urnenfelderzeit Siedlungen auf Kuppen auf, die das Flachland säumen. Für einige dieser Siedlungen in Hessen ist eine Befestigung nachgewiesen, so wurde z. B. der Glauberg bei Büdingen zum erstenmal in der Geschichte seiner Besiedlung durch einen Ringabschnittswall gesichert. Dem Glauberg und anderen vergleichbaren Siedlungen wird gerne die eine oder andere der folgenden Bedeutungen zugeschrieben: Schutzanlage, Sitz einer Oberschicht (Bronzereichtum) oder Zentralort mit politisch-wirtschaftlichen (Bronzehandwerk) und religiösen Funktionen. Ebenfalls typisch für die späte Urnenfelderzeit sind Deponierungen. Aus Hanau »Dunlop« (Abb. 15) und Maintal-Hochstadt sind zwei Deponierungen bekannt, deren Bronzen zum einen einen Eindruck von der zeitgenössischen Bewaffnung, des Pferdeschmucks, der Werkzeuge und des Schmucks vermitteln und zum anderen wahrscheinlich als »Rohmateriallager« eines Bronzegießers betrachtet werden müssen, da sie zum Großteil Altmaterial enthielten. Interessant ist, daß sowohl die befestigten Höhensiedlungen als auch die Deponierungen, die beide einen gewissen

Reichtum, sozialen Standard und Machtstrukturen verkörpern, mit dem Ende der späten Urnenfelderzeit aufhören.

Literatur:
Herrmann 1966. – Holste 1939. – H.J. Hundt, Haitz. Kreis Gelnhausen, Grabung 1936. Unveröffentlichter Bericht, OA Landesamt f. Denkmalpflege Hessen. – H.-J. Hundt, Jungbronzezeitliches Skelettgrab von Steinheim, Kr. Offenbach. Germania 34, 1956, 41 ff. – Herrmann, Jockenhövel 1990, 195 ff. – P. Jüngling, Ein bronzezeitliches Gräberfeld im Bruchköbeler Wald bei Hanau. Hanauer Geschichtsbl. 29, 1985, 41 ff. – K. Kibbert, Die Äxte und Beile im mittleren Westdeutschland I. PBF IX, 10 (1980) Nr. 372. – H. Kreutzer, F.-R. Herrmann, Die archäologische Erforschung einer Kleinlandschaft im mittleren Kinzigtal. Arch. Denkmäler Hessen 21 (1981). – W. Kubach, Die Nadeln in Hessen und Rheinhessen. PBF XIII, 3 (1977). – Ders., Die Stufe Wölfersheim im Rhein-Main-Gebiet, PBF XXI, 1 (1984).

Abb. 15 Hanau »Dunlop«. Späturnenfelderzeitlicher Depotfund.

– Müller-Karpe 1948. – D. R. Spennemann, Osteologische Untersuchungen an den tierischen Resten aus einer Siedlung der mittleren Bronzezeit bei Nidderau-Heldenbergen, Main-Kinzig-Kreis. Hanauer Geschichtsbl. 30, 1988, 7ff. – B. Pinsker, Die Siedlungskeramik der mittleren Bronzezeit am nördlichen Oberrhein. Mat. Vor- und Frühgesch. Hessen 13 (1993). – I. Richter, Der Arm- und Beinschmuck der Bronze- und Urnenfelderzeit in Hessen und Rheinhessen. PBF X, 1 (1970). – P. Schauer, Die Schwerter in Süddeutschland, Österreich und der Schweiz I. PBF IV, 2 (1971). – Wolff 1913. – V. Wüstehube, Eine urnenfelderzeitliche Siedlung in Schöneck-Kilianstädten (Main-Kinzig-Kreis, Hessen). Arch. Korrbl. 20, 1990, 273ff.

Die Eisenzeit (800/750 v. Chr.–0)

Bereits in der späten Urnenfelderzeit tritt Eisen gelegentlich auf, aber erst ab 800/750 v. Chr. setzt es sich langsam als Werkstoff für Waffen, Geräte und Schmuck durch. Eisenerz ist im Gegensatz zu Kupfer und besonders zu Zinn ein auch bei uns häufig vorkommendes und leicht zugängliches Mineral. Dafür hat es den Nachteil, daß es schwieriger zu verarbeiten ist, da sein Schmelzpunkt bei 1535 °C liegt (Kupfer 1083 °C). Diese Temperatur konnte mit vorgeschichtlichen Verhüttungsöfen nicht erzielt werden, so daß es sich bei der eisenzeitlichen Verhüttung um eine Feststoffreaktion handelte. Aus dem Verhüttungsprodukt, der »Eisenluppe«, einem Gemisch aus Eisenschwamm und Schlacke, mußte das Roheisen durch Erhitzen und Schmieden gewonnen werden. Beim Schmieden von Waffen etc. wurde das Eisen durch Anreicherung mit Kohlenstoff »gestählt«.

Stärker als in der Urnenfelderzeit bildete sich in der älteren Eisenzeit (800/750–450 v. Chr.), nach einem Fundort in Österreich meist »Hallstattzeit« genannt, eine hierarchisch gegliederte Gesellschaft heraus, an deren Spitze eine Elite stand. – Gerne wird hier eine Verbindung mit dem neuen Werkstoff gesehen. – Das Zentrum dieser gesellschaftlich-historischen Entwicklung, die ihren Höhepunkt in der späten Hallstattzeit hat, lag in Südwestdeutschland und äußerte sich dort u. a. in befestigten »Fürstensitzen« und Grabhügeln, die mit prunkvollen Beigaben, z. T. Importen aus dem Mittelmeerraum, ausgestattet waren (»Fürstengräbern«).

Hanau und Umgebung lagen eher randlich zu diesen Entwicklungen. Dies wird sowohl durch den Formenbestand und Stileinflüsse deutlich als auch durch eine gewisse »Bescheidenheit«, wie sie die Grab- und Siedlungsfunde dokumentieren. Grundlage der Erforschung der Hallstattzeit im Main-Kinzig-Kreis sind im wesentlichen Grabfunde, wobei – und dies gilt auch für Siedlungen – die Befunde und Funde bis zum heutigen Tag leider nur im Rahmen von Notbergungen untersucht werden konnten. Wie für die Bronzezeit, so gilt auch für die Eisenzeit, daß besonders eine Erforschung des Siedlungswesens wünschenswert wäre.
Die Sitte, Grabhügel über den Bestatteten zu errichten, lebte in der älteren Hallstattzeit wieder auf. Grabhügelfelder, die nur drei, aber auch rund 70 Hügel (Eichen »Unterwald«, S. 219 ff.) umfassen können, liegen u. a. in den Wäldern am Rande der Wetterau (Nidderau-Eichen, Nidderau-Ostheim »Windecker Stadtwald«, S. 226 ff.) und in der Mainebene (Maintal-Bischofsheim »Jagen 13«, Maintal-Dörnigheim, Hanau-Großauheim). Einige dieser Grabhügelfelder haben ihren Ursprung in der späten Urnenfelderzeit, die meisten wurden in der älteren Hallstattzeit angelegt und weisen Nachbestattungen der jüngeren Hallstattzeit auf, andere wieder dienten noch in der jüngeren Eisenzeit als Grabstätte.
In der älteren Hallstattzeit zählt der Hanauer Raum aufgrund seines Formengutes zur »Koberstädter Kultur«. Sie wurde benannt nach einem Fundort bei Langen, Kr. Offenbach, und ist hauptsächlich im Raum zwischen Frankfurt und Hanau verbreitet. Während südlich des Mains, im Hauptverbreitungsgebiet, Körperbestattungen unter Hügeln dominieren, kommen im Hanauer Raum sowohl Körper- als auch Brandgräber vor. An Beigaben enthalten die Gräber Keramikservice, z. T. mehrere Kegelhalsgefäße, Schalen und Spitzbecher sowie Metall: Eisenschwerter, bronzenes Toilettebesteck und Eisenmesser finden sich in Männergräbern, bronzene(!) Arm- und Beinringe in nicht nur als Frauengräber anzusprechenden Bestattungen. Zu den bedeutenderen Grabfunden der älteren Hallstattzeit im Main-Kinzig-Kreis zählen Maintal-Bischofsheim »Jagen 13«, Grab 13 (mit Eisenschwert und Messer), Erlensee-Langendiebach »Hasenkippel«, Grab 2 (mit Pfeilspitze und

zwei rippenverzierten Armringen) und Nidderau-Windecken »Siebenküppel« Hügel 1 (mit Schwert und Toilettebesteck).
In der jüngeren Hallstattzeit, die z. T. in den älteren Hügeln nachbestattete, dominieren im Rhein-Main-Gebiet Körpergräber unter Hügeln. Die Sitte, Keramik mit in die Gräber zu geben, geht stetig zurück und Waffen fehlen völlig. Dafür nimmt der Schmuck – und die Zahl der Frauengräber – zu Beginn der späten Hallstattzeit zu. Es kommen u. a. Fibeln, verzierter Arm- und Beinschmuck, schlichte geschlossene Hals-, Arm- und Beinringe, Wendelringe, Ohr- und Schläfenringe aus Bronze mit in die Gräber. Zu den herausragenden Bestattungen im Hanauer Raum zählen ohne Zweifel das Frauen(?)doppelgrab von Nidderau-Windecken »Am Heiligen Haus« mit Keramik, punziertem Bronzeblechgehänge, Wendelring, je zwei offenen und geschlossenen Armringen und einem Beinring.
Interessant ist auch das (Männer-)Grab 1904:2 aus Nidderau-Eichen »Unterwald«, es enthält u. a. eine der im Rhein-Main-Gebiet sehr seltenen Schlangenfibeln (Abb. 76). Ganz außergewöhnlich für den hiesigen Raum ist ein Frauengrab, das bei Hanau-Wilhelmsbad gefunden worden sein soll. Es enthielt reichen Kopfschmuck, Hals- und Beinringe sowie zwei Nadeln, die in der Billendorfer Kultur zwischen Elbe und Oder beheimatet sind.
In der älteren Eisenzeit Hessens sind Siedlungsfunde im Vergleich zu Grabfunden weniger häufig, und über die Häuser und die Struktur der »Dörfer« ist wenig bekannt. Trotzdem läßt sich feststellen, daß das Siedlungsverhalten in der Tradition der voraufgegangenen Epoche steht, und bäuerliche Siedlungen in der Wetterau, dem Gelnhäusener Becken und der Mainebene dominieren.
Daneben kommen in der Späthallstatt-/Frühlatènezeit (s. u.) auch befestigte Höhensiedlungen vor, und es konnte für den Ringwall Alteburg bei Biebergemünd-Kassel (vgl. S. 109 ff.) eine zeittypische Umwehrung aus einer Holz-Erde-Stein-Mauer-Konstruktion nachgewiesen werden.
Herausragend auch in dieser Zeit ist die Befestigung des Glaubergs. Der Ringwall auf dem Plateau wird ausgebaut und die Nordflanke des Hügels mit in die Befestigung einbezogen. Daß der Glauberg

wiederum ein Zentrum politisch-wirtschaftlicher Macht ist, läßt auch ein aus Lehmziegeln errichteter Abschnitt der Anlage vermuten, denn diese Mauertechnik ist mittelmeerischen Ursprungs und bislang nur für einen der bedeutendsten Fürstensitze der Späthallstattzeit, die »Heuneburg« bei Herbertingen-Hundersingen a. d. Donau, nachgewiesen.

Im 5. Jh. v. Chr. vollzieht sich ein grundlegender Wandel in der materiellen Kultur, der den Beginn der jüngeren Eisenzeit markiert. Sie wird nach einem Fundort in der Schweiz auch Latènezeit genannt. Getragen wurde die latènezeitliche Kultur, die sich über weite Teile Mitteleuropas erstreckte, von den Kelten. Die Kelten, von denen überliefert ist, daß sie im 4. und 3. Jahrhundert v. Chr. nach Süd- und Südosteuropa wanderten (Keltenwanderung), zeichneten sich u. a. durch ein sehr eigenes Stilempfinden und hohes handwerkliches Können im Töpfern (Töpferscheibe!), Schreinern, Schmieden, in der Glasverarbeitung etc. aus. In der Landwirtschaft führten sie den eisenbeschuhten Pflug und die effizientere Korndrehmühle ein. Außerdem schufen sie in der späten Latènezeit ein Münzwesen und legten, beeinflußt durch Entwicklungen im Mittelmeerraum, die ersten Städte (Oppida) Mitteleuropas an. Um Christi Geburt wurden die Kelten im Spannungsfeld zwischen Germanen und Römern aufgerieben, bzw. sie gingen in den germanischen Stämmen und dem Römischen Reich auf.

Wie in der Hallstattzeit sind Grabfunde die wesentliche Quelle zur Erforschung der jüngeren Eisenzeit im Main-Kinzig-Kreis. Zu vielen Altfunden konnte sich in jüngster Zeit ein Gräberfeld der frühen Latènezeit gesellen. Sein Fundort ist Niederdorfelden (S. 232ff.). Siedlungsstellen sind überwiegend aus der späten Latènezeit bekannt, jedoch wurden bis jetzt lediglich eine frühlatènezeitliche Siedlung (Hanau-Klein Auheim) im Rahmen einer Notgrabung und spätlatènezeitliche Siedlungspuren im Zuge der Ausgrabungen in Hanau-Mittelbuchen (S. 183ff.) näher untersucht.

Hanau und der Main-Kinzig-Kreis, so lassen die Bodenfunde erkennen, standen wie in der voraufgegangenen Hallstattzeit etwas im Schatten der großen Ereignisse. Dies gilt bereits für den Beginn der jüngeren Eisenzeit (LT A). Hier kristallisierte sich in Südwestdeutschland und westlich des Mittelrheins ein neuer Horizont von »Fürstengräbern« mit prunkvollen Beigaben, z. T. aus dem Mittelmeerraum heraus, dessen Einflußbereich aber nicht den Hanauer Raum erreichte, sondern nur den westlichen Taunus. Im Rhein-Main-Gebiet, in der Wetterau, am Main um Hanau und an der Kinzig beginnt die »neue Zeit« erst in der entwickelteren Frühlatènezeit (LT B), und es fehlt an »Prunkgräbern«.

In der frühen Latènezeit herrschten generell Körperflachgräber vor, wobei vereinzelt noch in älteren Hügeln nachbestattet wurde. Brandgräber sind die Ausnahme, liegen aber z. B. aus Langenselbold vor. An Beigaben wurden den Frauen meist ein Halsring, je zwei Arm- und Beinringe sowie zwei Fibeln mitgegeben, dazu kam Keramik. Die Halsringe tragen mitunter reiche Zier aus Spiralen, Ranken und Scheibchen mit Koralleneinlagen (Nidderau-Heldenbergen »Pfingstbornweg«, Nidderau-Windecken »Niederfeld«). Da kaum Männergräber bekannt sind, entziehen sich die Beigaben der Männergräber unserer Kenntnis. Daß es nur wenige Bestattungen von Männern gibt, wird gerne mit der Keltenwanderung in Verbindung gebracht.

Am Beginn der Latènezeit im hiesigen Raum stehen u. a. Grabfunde aus Langenselbold und Niederdorfelden (S. 232ff.). Die Reste von ca. sechs Gräbern wurden in Langenselbold »An der Straße Hanau-Langenselbold« geborgen. Sie enthielten Armringe, eine Fibel und Gefäße, die eine deutliche Verbindung zum (westlichen) Mittelrheingebiet aufweisen. Von dort kam, zeitlich verzögert, doch der entscheidende Anstoß zum Ende der Hallstattzeit und Beginn der Latènezeit. – Darüber hinaus stammt aus diesem Gräberkomplex ein Gefäß mit schachbrettartiger, rotweißer Bemalung, wie es für das Marne-Gebiet typisch ist (Abb. 16).

Sieben Flachkörpergräber sind in den letzten Jahren in Niederdorfelden »Herzbergstraße« untersucht worden. Wie andernorts auch überwogen die Frauen- und Kindergräber (Abb. 81), lediglich die Bestattung eines jungen Mannes konnte nachgewiesen werden.

In der mittleren Latènezeit, die in Mittel- und Südhessen nur schwach repräsentiert ist, häufen sich wie zuvor die Grabfunde im Rhein-Main-Gebiet. Im Main-Kinzig-Kreis, der eine deutliche

Abb. 16 Langenselbold. Frühlatènezeitliches Gefäß aus dem Marne-Gebiet.

Konzentration zu verzeichnen hat, verteilen sie sich auf die Wetterau (Nidderau-Heldenbergen »Pfingstweide«, Bruchköbel »Rittergruft«), das Kinzigtal (Langendiebach »Flugplatz«, Niederrodenbach »Burgbergwald«) und die Mainniederung (Hanau-Kesselstadt »Östl. d. Wasserwerks«, Hanau-Steinheim »Sandgrube Spielmann«, Großkrotzenburg »Vor der Augewann«). In den meisten Fällen handelt es sich nun um typische Brandgräber, die nach ihrer Urnenform »Schüsselgräber« genannt werden. An Beigaben können in seltenen Fällen Eisenfibeln, Schmuck aus Gagat und Glas, Gürtelketten, Schwert, Lanze und Schild auftreten.
Die Zahl der Grabfunde nimmt in der Spätlatènezeit stark zu. Es zeigt sich zum einen eine deutliche Konzentration von Brandgräberfeldern am Main zwischen Großkrotzenburg und dem Steinheimer Mainknie (mit Fortsetzung mainabwärts zur Niddamündung), zum anderen liegt eine Reihe von Grabfunden aus der Wetterau vor.
Die in der Regel meist bescheiden ausgestatteten Brandgräber enthielten Urnen mit Leichenbrand (außerdem häufig die Überreste ebenfalls verbrannter Tiere), Eisenfibeln, verbogene Schwerter, Lanzen, Schildbuckel, Tüllenbeile und manchmal Scheren oder Eisenfibeln, Glas- oder Bronzeringe. Unter den bescheidenen Gräbern reicher ist z. B. Brandgrab 3 aus Großkrotzenburg »Vor der Augewann«. Es enthielt ein verbogenes eisernes Schwert mit Re-

sten der Bronzescheide, ein Eisenmesser, eine eiserne Lanzenspitze, Eisenreste eines Eimers und drei Tongefäße. Von dieser Art Gräber setzen sich solche mit Wagen- und Pferdegeschirr ab. Ein einziges solches Grab ist aus dem Main-Kinzig-Kreis bekannt: Hanau-Steinheim »Spielmanns Sandgrube«, Grab 16. Darin fand sich neben zwei Gefäßen und einem Schwert eine Trense.
Wie in der älteren Eisenzeit so sind Siedlungen der Latènezeit im Main-Kinzig-Kreis fast ausschließlich durch Oberflächenfunde und Funden aus Gruben nachgewiesen. In der frühen Latènezeit stehen sich abermals »bäuerliche Siedlungen« und befestigte Höhensiedlungen (Glauberg, s. o.) gegenüber. In der Siedlung von Hanau-Klein Auheim, von der nur ein ganz kleiner Ausschnitt ergraben wurde, fanden sich u. a. Tonscherben, Spinnwirtel, Briquetagegefäße (Salz) und Metallgegenstände sowie Hinweise auf mögliche lokale Handwerkszweige: Eisenverhüttung und Herstellung von Reibsteinen (Napoleonshüte). Inwieweit es sich um eine Produktion für den lokalen oder regionalen Bedarf handelt, ist unklar, und somit läßt sich der Charakter dieser Siedlung leider nicht näher bestimmen.
Dörfliche Siedlungen und befestigte, stadtähnliche Siedlungen (Oppida) stehen sich in der späten Latènezeit gegenüber. Zu ersterem Siedlungstyp sind wohl die Funde von Hanau-Großauheim »Dammskippel«, Langendiebach »Sportplatz 1932« und Langenselbold »Acker Völp« sowie von Hanau-Mittelbuchen zu rechnen, wobei bei letzterem ein Grubenhaus freigelegt werden konnte. An Oppida mangelt es im Main-Kinzig-Kreis. Bei der »Alteburg« bei Biebergemünd-Kassel ist in spätkeltischer Zeit an der Befestigung gebaut worden, doch fehlt jeglicher Hinweis auf ihre Funktion. Interessanterweise läßt sich auch der Glauberg bei Büdingen, dem sich in der Urnenfelderzeit und späten Hallstatt-/frühen Latènezeit eine herausragende Bedeutung zuweisen läßt, nicht ohne weiteres als keltische Stadtanlage ansprechen. Das befestigte Areal hat sich gegenüber der frühkeltischen Anlage verkleinert und der Mangel an überdurchschnittlichen Funden lassen auch die Stellung des Glaubergs im spätkeltischen Siedlungssystem offen.

Literatur:
H.-G. Bachmann, Vom Erz zum Metall (Kupfer, Silber, Eisen). Die chemischen Prozesse im Schaubild. In: H. Steuer, U. Zimmermann (Hrsg.), Alter Bergbau in Deutschland (1993) 35ff. – N. Bantelmann, Fibeln vom Mittellatèneschema im Rhein-Main-Mosel-Gebiet. Germania 50, 1972, 98ff. – Hermann, Jockenhövel 1990, 244ff. – P. Jüngling, Bodenfunde in der Windecker Gemarkung und Siedlungsgeschichte bis etwa 850. In: Magistrat d. Stadt Nidderau (Hrsg.), Stadt Windecken 1288–1988. Histor. Festschr. zur 700-Jahr-Feier der Stadterhebung (1988) 31ff. (= Nidderauer H. 4, 1988). – P. Jüngling, Vorbericht über die Ausgrabung frühlatènezeitlicher Siedlungsfunde in Hanau-Klein Auheim. Neues Magazin Hanau. Gesch. 9, 3, 1989, 203ff. – H. Müller-Karpe, Frühlatènegräber aus dem Hanauer Land. In: Ders., Hessische Funde von der Altsteinzeit bis zum frühen Mittelalter. Schr. zur Urgesch. 2 (1949) 51ff. – H. Polenz, Fundber. Hessen 19/20, 1979/80, 575ff. – Ders., Zu den Grabfunden der Späthallstattzeit im Rhein-Main-Gebiet. Ber. RGK 54, 1973 (1974), 1077ff. – H. Schönberger, Die Wetterau in der Spätlatènezeit. Saalburg Jahrb. XI, 1952, 21ff. – Schumacher 1972/74. – G. Wolff 1913.

Zusammenfassung

Der Main-Kinzig-Kreis weist eine kontinuierliche Besiedlung von der Jungsteinzeit bis zum Ende der vorrömischen Eisenzeit auf, die auf die fruchtbaren Böden der Wetterau und des Gelnhäusener Beckens sowie die »verkehrsgünstige Lage« an Main und Kinzig zurückzuführen ist. Die Kulturgeschichte des hiesigen Raumes ist Teil der (Ur-)Geschichte Mittel- und Südhessens. Sie kann regional und überregional nur durch weitere Fundstellen und deren planmäßige Ausgrabung deutlicher werden. Dies ist besonders wünschenswert in Hinblick auf das Bestattungswesen des Frühneolithikums, des Mittelneolithikums als solchem und des metallzeitlichen Siedlungswesens.

Sabine Wolfram

Die Römer

In der Mitte des letzten Jahrhunderts v. Chr. wurden die Bewohner unseres Raumes erstmals mit der römischen Zivilisation konfrontiert. Die wesentlichen geschichtlichen Ereignisse dieser Zeit kennen wir aus den Texten der antiken Schriftsteller; weitgehend verborgen bleiben uns jedoch ihre Ursachen und Auswirkungen. Vor allem, weil wir über die Kelten und Germanen nur sehr wenig und auch diese bescheidenen Angaben fast ausnahmslos aus der naturgemäß subjektiven Sicht römischer Historiker erfahren, können wir uns derzeit kaum ein genaues Bild über das Leben der einfachen Bevölkerung machen. Ergänzend und gelegentlich auch korrigierend treten zu diesen schriftlichen Quellen deshalb die archäologischen Bodenfunde.

Das Rhein-Main-Gebiet wird römische Provinz

Zwischen 58 und 51 v. Chr. eroberte Julius Caesar das keltische Gallien; der Rhein wurde zur Grenze des Römischen Reichs. Um die Zeitenwende entwickelte Pläne einer Besetzung Germaniens bis zur Elbe erlitten durch die Niederlage des Varus im Teutoburger Wald im Herbst des Jahres 9 n. Chr. einen empfindlichen Rückschlag und wurden wenige Jahre später vollständig aufgegeben. Die inzwischen auf acht Legionen verstärkte Rheinarmee wurde auf die linke Rheinseite zurückgezogen. Mit den Römern befreundete germanische Stämme, vor allem die Mattiaker im Wiesbadener Raum und suebische Gruppen in Südhessen, bildeten in dieser Zeit einen gewissen Schutz im Vorland der römischen Grenze. Die danach für ein halbes Jahrhundert defensiv ausgerichtete und nur von gelegentlichen Feldzügen unterbrochene Politik hat Kaiser Vespasian (69–79 n. Chr.) zugunsten einer vorsichtigen Inbesitz-

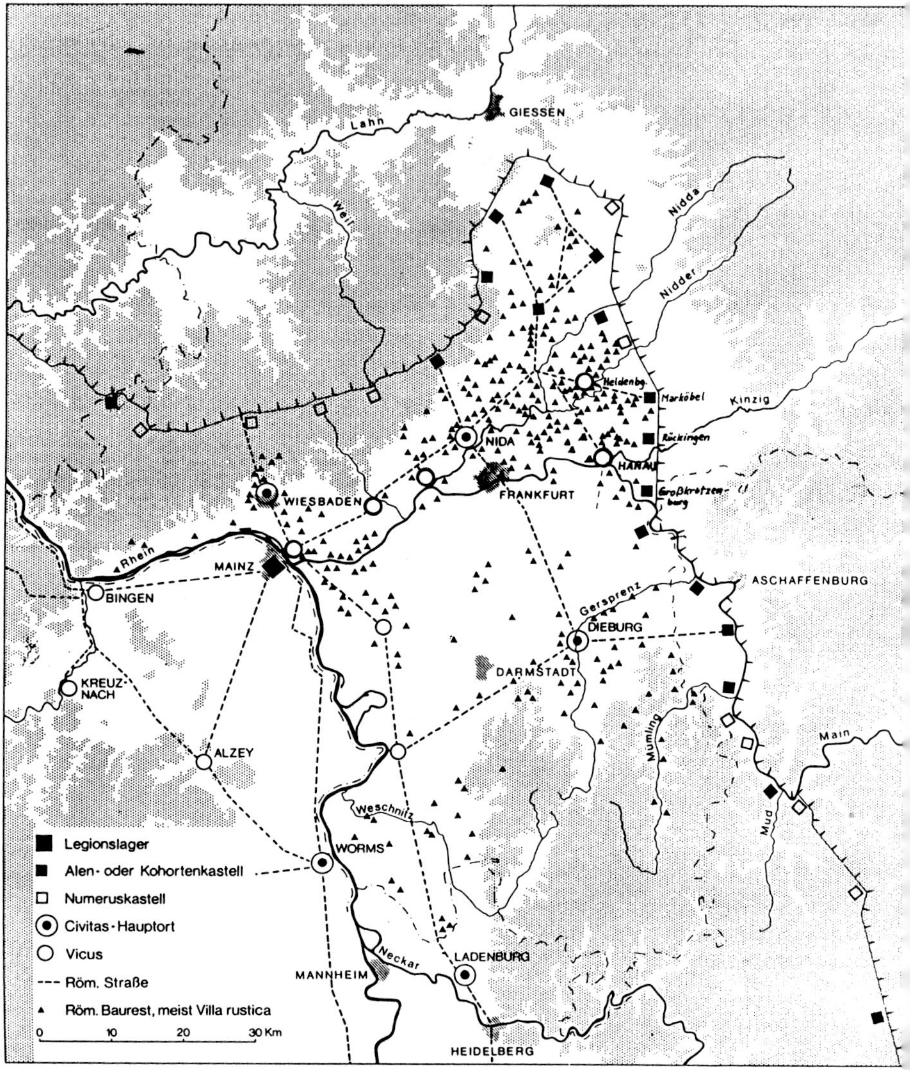

Abb. 17 Das Rhein-Main-Gebiet in römischer Zeit (2. Jh.) mit den wichtigsten im Text erwähnten Fundorten (nach Baatz, Herrmann 1982 mit Ergänzungen).

nahme der Wetterau aufgegeben. Inmitten der Siedlungsgebiete einheimischer Bevölkerungsgruppen hat man in Frankfurt und in der Wetterau mehrere Militärstützpunkte angelegt. Die neuen Kastelle wurden durch Straßen miteinander verbunden, der für die Logistik benötigte Schiffahrtsweg des Mains militärisch gesichert. Allem Anschein nach waren es jedoch keine großen Feldzüge, sondern eher ein aufwendiger Arbeitseinsatz der römischen Soldaten unter ihrem Legaten Pinarius Clemens, die das Maintal und die fruchtbaren Ebenen der Wetterau in römischen Besitz brachten (Abb. 17).

Die Entstehung des Limes

Noch in den letzten Jahrzehnten vor der Zeitenwende war der Stamm der Chatten in die hessische Senke eingewandert und dort seßhaft geworden. Im Raum um Kassel und Fritzlar befand sich ihr Zentrum, daneben siedelten sie auch in kleineren offenen Landschaften um Fulda sowie dem Gießener und Amöneburger Becken und haben zeitweise sogar die Wetterau und damit auch den Hanauer Raum in Besitz genommen. Ihre Siedlungsräume waren durch ausgedehnte Mittelgebirge mit urwaldähnlichen Landschaften getrennt, die zumeist nur über schmale Fußwege verbunden waren.

In seiner »Germania« beschreibt der römische Schriftsteller Tacitus den keineswegs sehr bedeutsamen Stamm als einen vergleichsweise gut organisierten Verband, dessen immer wieder aufflammende Feindseligkeiten die Römer zu mehreren Präventiv- und Vergeltungskriegen herausforderte. Im Jahre 81 n. Chr. bedrohten sie wieder einmal römisches Gebiet; sie waren angeblich bereits bis zur Rheingrenze vorgedrungen. Kaiser Domitian sah sich unmittelbar nach seinem Regierungsantritt gezwungen, Maßnahmen gegen sie zu ergreifen. Nachdem er in Mainz fünf Legionen und zahlreiche Hilfstruppen zusammengezogen hatte, eröffnete er im Frühjahr 83 n. Chr. einen Feldzug. Den von Mainz aus in die chattischen Kernlande nach Nordhessen marschierenden Truppen gelang es jedoch

nicht, den in offener Schlacht unterlegenen Gegner zu stellen. Dagegen griffen die Chatten die römischen Soldaten immer wieder aus dem Hinterhalt an und verschwanden ebenso rasch in den schwer kontrollierbaren Wäldern.
Diese Taktik nötigte den Römern eine strategische Änderung der Kriegsführung auf. Nach den Berichten des Frontinius schlugen die Soldaten deshalb Schneisen und Wege in die Wälder (Limes = Grenzweg) und machten sie dadurch für die eigenen Patrouillen zugänglich. Gleichzeitig legte man eine Reihe von Kastellen an, deren Besatzungen für die militärische Sicherung der besetzten Gebiete zuständig waren. Einige Jahre später wurden wohl auch die Stützpunkte auf dem Hanauer Salisberg, in Marköbel und Heldenbergen besetzt. Erst später scheint man den Limes in gerader Strekke von Marköbel ohne Rücksicht auf natürliche Hindernisse bis zum Main bei Großkrotzenburg durchgezogen zu haben. Von hier aus bis Miltenberg bildete nun der Fluß die Grenze.

Der Aufbau der römischen Provinz

Nach den Angaben von Tacitus zogen in jener Zeit Bewohner der Provinz Gallien in unseren Raum. Zumeist dürften es ärmere Leute aus anderen Teilen des Reiches, freigelassene Sklaven oder Angehörige der Soldaten gewesen sein, die hier ihr Glück zu machen hofften. Zusammen mit den nach 25 Jahren, dem Ablauf ihrer regulären Dienstzeit, entlassenen Soldaten entstand dadurch ein buntes Bevölkerungsgemisch. »Echte« Römer hat man hier wohl kaum angetroffen. Die nördlichen Provinzen dienten aus römischer Sicht lediglich dem Schutz des nicht nur klimatisch wesentlich angenehmeren Südens, und die meisten Senatoren oder Ritter waren heilfroh, wenn sie ihr militärisches oder ziviles Kommando an der germanischen Grenze gesund überstanden hatten.
In den ersten Jahren der Besetzung bestand eine der vordringlichsten Verwaltungsaufgaben in der organisatorischen Eingliederung der eroberten Gebiete in das römische Staatswesen und in der Einführung eines einheitlichen Finanz- und Steuersystems. Sitz des

obergermanischen Provinzstatthalters blieb Mainz. Er kommandierte als *legatus Augusti pro praetore Germaniae superioris* nicht nur die römischen Truppen; ihm unterstanden auch die zivilen Behörden. In Frankfurt-Heddernheim *(Nida)* und Dieburg bei Darmstadt entstanden regionale Verwaltungszentren.
Einige Jahre nach der Niederschlagung eines Aufstandes des obergermanischen Provinzstatthalters C. Antonius Saturninus im Jahre 89 n. Chr., dessen Folgen den im vollen Umfang befindlichen Aufbau unserer Provinz durch einen mit ihm verbundenen erneuten Einfall der Chatten kurzzeitig zusammenbrechen ließen, wurden die beiden bis dahin in Mainz stationierten Legionen an die Donau strafversetzt. An ihre Stelle trat nun die 22. Legion *(legio XXII Primigenia pia fidelis)*, die bis zum 4. Jahrhundert in Mainz blieb.
Mit der sofort nach Beendigung des Aufstandes erfolgten Berufung von L. Iavolenus Priscus, einem angesehenen Juristen, als Provinzstatthalter machte Domitian deutlich, daß ihm die innere Organisation der eroberten Gebiete wichtiger erschien als eine Fortsetzung der offensiven Kriegsführung. Gleichzeitig mit dem Aufbau des Staatswesens, der in der offiziellen Einrichtung der Civitas Taunensium (Verwaltungsbezirk der Taunenser) mit ihrem Vorort Nida (Frankfurt-Heddernheim) sowie der südhessischen Civitas Auderiensum mit Dieburg als Hauptort gipfelte, erfolgte die endgültige Festlegung des Limes. Die meisten der noch im Landesinneren verbliebenen Einheiten wie beispielsweise auf dem Hanauer Salisberg und in Heldenbergen wurden bald nach Beginn des 2. Jahrhunderts an die Grenze verlegt und der Limes durch die Anlegung regelmäßiger Wachttürme zu einem vollständig kontrollierten Hindernis ausgebaut.
Im Rahmen der neuen Civitas erhielt die Bevölkerung eine weitgehende Selbstverwaltung nach römischem Muster. Die Einwohner unserer Region, Provinzbewohner mit oder ohne römischem Bürgerrecht, hatten regelmäßige Abgaben oder »Hand- und Spanndienste« zu leisten, die sich nach ihrem Vermögen richteten. Die dazu erforderlichen Schätzungen, der »Census«, fanden alle fünf Jahre statt. Wichtigstes Kapital der Bürger war der Grundbe-

sitz. Die Civitas-Verwaltung führte deshalb auch ein ausführliches Kataster, in dem alle Grundstücke eingetragen waren.
Neben den größeren Städten und Hauptverwaltungsorten war das römische Gebiet in zahlreiche Landgüter (*villae rusticae*) aufgeteilt, die man durchaus mit unseren heutigen Aussiedlerhöfen vergleichen kann. Darüber hinaus gab es hier nur wenige »Dörfer« *(vici)*. Zumeist waren es kleinere Handels- und Handwerkersiedlungen, wie wir sie aus Heldenbergen, vom Hanauer Salisberg und aus Hanau-Steinheim kennen. Eine gewisse Ausnahme stellen Siedlungen dar, wie sie fast immer neben den Militärkastellen entstanden und die von der Kaufkraft der Soldaten profitierten.

Die römischen Gutshöfe

Bedeutendster Wirtschaftsfaktor war die Landwirtschaft. Ansehen und Achtung waren daher hauptsächlich an ausgedehnten Grundbesitz gebunden. Einflußreiche Personen besaßen oft mehrere Gutshöfe, die sie von angestellten Verwaltern bewirtschaften ließen. Allerdings nahm sich der Wohlstand der führenden Schicht in unseren rechtsrheinischen Civitates doch recht bescheiden gegenüber den gallischen Palästen und Villen großer Grundherren aus. Dennoch war selbst in unserem unmittelbaren Grenzgebiet ein erstaunlicher Luxus anzutreffen. Steinbauweise war bei den Herrschaftshäusern und vielen Nebengebäuden im späten 2. und 3. Jahrhundert die Regel. Selbst einfache Fachwerkhäuser besaßen oft kunstvoll dekorierte und bemalte Lehmfüllungen in den Wänden. Gewölbekonstruktionen und Ziegeldächer, wie sie für römische Bauwerke errichtet wurden, hat es in Mitteleuropa vor den Römern nicht gegeben. Viele Gebäude hatten Glasfenster, und manche waren sogar mit einer Fußbodenheizung ausgestattet. Daß es in den Wohnräumen oft kunstvoll verzierte Möbel gab, zeigen uns bildliche Darstellungen sowie gelegentliche Holzfunde und Metallbeschläge. Wand- und Deckengemälde, deren Reste bei fast allen römischen Grabungen geborgen wurden, bildeten eine – frei-

lich zumeist nur bescheidene – Replik der kunstvollen Tafel- oder Staffelmalerei.
Selbst Gutshöfe im unmittelbaren Limeshinterland verfügten oftmals über eine eigene Badeanlage; in den größeren Militärstützpunkten scheint sie obligatorisch gewesen zu sein. In einem Landsitz in der Nähe von Nidderau-Eichen war das Bad mit reliefgeschmückten Marmorplatten ausgekleidet; bemalter Putz, Stuckfragmente und Wasserleitungen aus Bleirohren weisen auf den Wohlstand der einstigen Bewohner hin. Marmorplatten fanden sich auch in einem römischen Gutshof in Schöneck-Büdesheim. Das eindrucksvolle Porvincus-Mosaik, das 1849 mit anderen Mosaikböden beim Eisenbahnbau in Bad Vilbel gefunden wurde und heute im Landesmuseum Darmstadt liegt, belegt die qualitätvolle Ausstattung öffentlicher Thermen. Die leistungsfähige Wasserversorgung der Römer mit Brunnen oder drucklosen, geschlossenen Leitungen erlaubte die Anlage von Gutshöfen, Dörfern und Militärstützpunkten auch an solchen Plätzen, an denen in vorgeschichtlichen Perioden infolge des Wassermangels kaum eine Siedlung errichtet worden wäre.
Agrarökonomische Schriften der Römer verlangen für den Standort eines Gutshofes die Einbindung in das vorhandene Straßensystem. Ein wesentliches Kriterium für die Errichtung von Landgütern war neben den natürlichen Bedingungen auch die Entfernung zum nächsten Markt oder Absatzgebiet. Die aufwendigen Wohnhäuser der römischen Gutshöfe wurden, wo dies möglich war, an einen sonnigen Hang oder auf eine Anhöhe mit vorzüglicher Aussicht gebaut. Solche von einem Zier- oder Nutzgarten umgebenen Gebäude bildeten in der Regel den Mittelpunkt eines ausgedehnten und zumeist von einer Mauer begrenzten Wirtschaftshofes, in dem sich Scheunen, Gerätehäuser, Ställe, Werkstätten und Unterkünfte für Landarbeiter und Sklaven befanden. Manche dieser Bauernhöfe nahmen allein schon mehr als 10000 m^2 Grundfläche ein. Die meisten Landgüter waren wirtschaftlich autarke Versorgungsbetriebe mit 25–50 ha landwirtschaftlich nutzbarer Fläche. Die hoch entwickelte Landwirtschaft mit genau organisiertem Arbeitsablauf führte zur Erwirtschaftung von Erträgen, die weit über die not-

wendige Eigenversorgung hinausgingen. Die erzielten Überschüsse wurden, nach Entrichtung einer zehnprozentigen Steuer, in den größeren Orten oder an das Militär verkauft.

Handwerker und Händler

Die landwirtschaftliche Überschußproduktion war nicht nur Grundlage für die Unterhaltung starker Militärverbände, sondern ermöglichte auch die Existenz einer ganzen Reihe von spezialisierten Handwerks- und Gewerbebetrieben. Diese hatten sich zumeist in den Städten und kleineren Siedlungszentren wie z. B. in Heldenbergen und Kesselstadt oder in der Nähe der Grenzkastelle niedergelassen. Nachgewiesen oder zu erschließen sind Steinbruch- und Steinmetzbetriebe, Maurer, Schmiede für Eisen und Bronzeverarbeitung, Schreiner und Zimmerleute, Knochenschnitzer, Maler, Töpfer, Tuchmacher und der umfangreiche Produktionszweig der Lederverarbeitung. Dazu kommt eine größere Gruppe verschiedener Dienstleistungsbereiche wie Gaststätten- und Beherbergungsbetriebe, Händler und Fuhrunternehmer, Schreibstuben sowie Ärzte, die oft zugleich die Aufgaben des Apothekers übernahmen. Boote und Schiffe wurden hier bisher noch nicht gefunden, doch ist zumindest die Fischerei an mehreren Orten durch ihre Erzeugnisse nachgewiesen. In Großkrotzenburg, Steinheim und Hanau-Kesselstadt wird man Landungsstege oder kleinere Hafenanlagen voraussetzen können. Der Schiffstransport war damals, besonders für zerbrechliche Waren wie Glas und Keramikgefäße, weitaus sicherer als der umständliche Transport über Landstraßen und aufgrund der höheren Ladekapazitäten in der Regel auch kostengünstiger. Ein gewöhnlicher Ochsenkarren konnte ja kaum mehr als 250 kg transportieren und damit höchstens 20–25 km täglich zurücklegen. Dennoch hatte das römische Straßensystem auch im Handelsverkehr eine nicht geringe Bedeutung. Die gut ausgebauten und zumeist schnurgeraden Straßen ermöglichten nicht nur einen relativ sicheren Warentransport, sondern in Krisenzeiten auch eine rasche Nachrichtenübermittlung und Truppenverlegung.

Unter der Regierung der Kaiser Trajan (98–117), Hadrian (117–138) und Antoninus Pius (138–161) entwickelte sich unser Raum zu einer aufblühenden römischen Provinz. Von nun an wurden die materiellen Güter römischer Kultur in gewaltigen Mengen importiert oder an Ort und Stelle hergestellt. Bezahlt wurde, ähnlich wie heute, fast nur noch in Münzwährung; ein Aureus (Goldmünze) war 25 Denare, 100 Sesterzen oder 400 Asse wert.

In wahren Massen finden sich nun Tongefäße. Es gab für fast jeden Zweck Behälter unterschiedlichster Art. Selbst die grobe Gebrauchskeramik wurde auf der Drehscheibe hergestellt, gut gebrannt und manchmal kunstvoll dekoriert. Größere Töpfereibetriebe arbeiteten in Heldenbergen, auch in Hanau, Großkrotzenburg und Rückingen sind Töpferöfen entdeckt worden. Neben der groben Ware wurden eine Vielzahl feiner Keramiksorten auf den Markt gebracht. Erwähnt seien nur die bekannte Glanztonware mit Überzug (Firnis), die vor allem als Trinkgefäße Verwendung fand. Die besonders auffällige rote Terra Sigillata war jedoch kein einheimisches Erzeugnis, sondern wurde in gallischen und rheinischen Fabriken produziert und weit verhandelt. Wir finden – vor allem in der Frühzeit – auch bei uns viele Keramikgefäße, die aus dem Süden Frankreichs stammen. Die weitaus größte Zahl dieser Gefäße war unverziert und in der Regel mit einem Herstellerstempel versehen, von dem sie ihren – neuzeitlichen – Namen bekam (gesiegelte Erde = Terra Sigillata). Es gab aber auch kunstvoll aus modelverzierten Formschüsseln geformte Gefäße, zumeist halbkugelförmige Schüsseln; ganz selten wurde auch bemalte Sigillata hergestellt.

Einen besonderen Zweig der Keramikproduktion bildete die Herstellung von Baumaterialien. Gleich am Anfang der römischen Besetzung der Wetterau wurden die großen militärischen Zentralziegeleien in Frankfurt-Nied gegründet, die bis in die Mitte des 2. Jahrhunderts in Betrieb waren. Sie wurden in der zweiten Hälfte des 2. Jahrhunderts n. Chr. durch die Großkrotzenburger Ziegeleien der 4. Vindelikerkohorte abgelöst, die bis ins 3. Jahrhundert das erforderliche Baumaterial für Dachdeckungen, Fußbodenheizungen und technische Anlagen lieferten. Wie die Nieder Ziegeleien lagen auch die Betriebe von Großkrotzenburg in unmittelbarer Nähe des Mains (Abb. 18). Der größte Teil der Ziegel, die bis nach Baden-Württemberg, Bayern und Rheinland-Pfalz verschickt wurden, wird wohl auf dem Wasserwege transportiert worden sein. Daneben gab es Ziegelöfen bei den Kastellen von Marköbel und Rückingen, die jedoch nur kurzfristig für den lokalen Bedarf produzierten. Weitere Baumaterialien fand man in der Nähe: Kalk hat man offenbar im Raum Erlensee und Rodenbach gewonnen und in speziellen Öfen in Großkrotzenburg, vielleicht auch in Rückingen, gebrannt. In Hanau-Wilhelmsbad und Steinheim wurden die lokalen Basaltsteinbrüche zur Gewinnung von Baumaterial ausgebeutet. Sandsteine wurden in Bad Vilbel und wahrscheinlich auch in Nidderau abgebaut.

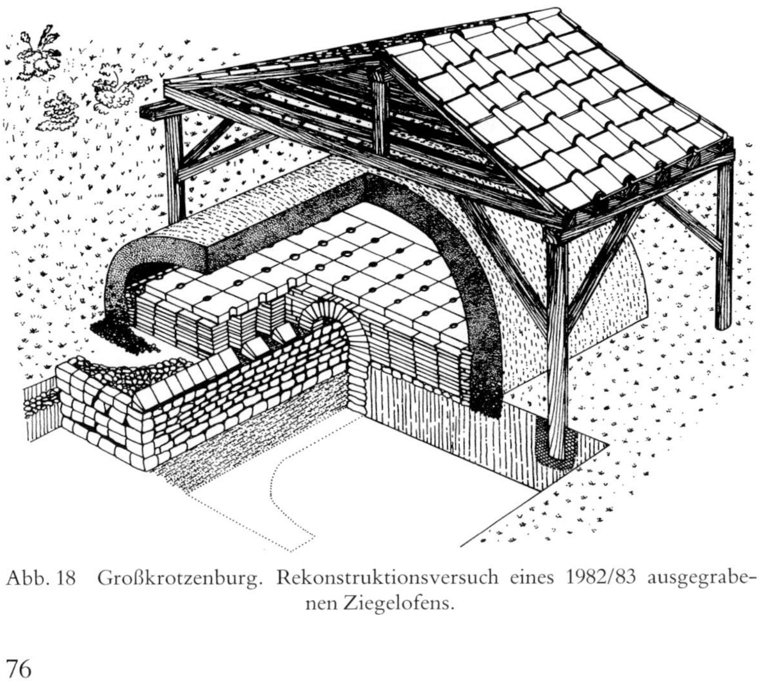

Abb. 18 Großkrotzenburg. Rekonstruktionsversuch eines 1982/83 ausgegrabenen Ziegelofens.

Kunst und Religion

Die Kunst durchdrang die gesamte materielle Kultur. Bis hin zum kleinsten Gebrauchsgegenstand wurden manchmal die bescheidensten Dinge des täglichen Lebens aufwendig verziert. So wie das künstlerische Schaffen die Güter des täglichen Bedarfs beeinflußte, durchdrangen religiöse Ideen und Entwicklungen die gesamte Gesellschaft. Ihre Beeinflussung des sozialen Gefüges spiegelt sich in der Bildung zahlreicher Korporationen; nahezu jeder Berufsstand hatte seine Götter. Die Capitolinische Trias, Jupiter, Juno und Minerva, stand an der Spitze des römischen Götterreigens. Daneben können wir auch in unserem Raum die Verehrung aller Götter des himmlischen Olymp voraussetzen.

Die religiöse Toleranz der Römer schrieb außer dem für alle Staatsangehörigen verbindlichen – auf politischer Loyalität beruhenden – Kaiserkult keine Verehrung ihrer Götter vor. So konnten neben der altitalischen, aber bereits stark an griechischen Vorbildern orientierten Götterwelt der Römer die überirdischen Wesen der einheimischen Bevölkerung ihre Bedeutung behalten oder sogar erweitern. Durch die Übernahme und Vermittlung von Ideen und Eigenschaften einzelner Götter entstand daher eine eigenartige Symbiose zwischen römischer und einheimischer Religion. In manchen Fällen ist es für uns kaum zu klären, welche Bedeutung diesem oder jenem Götterwesen zukam. So verbirgt sich beispielsweise hinter Jupiter, dem ein reicher Gutsbesitzer bei Bruchköbel-Butterstadt eine wahrhaft gigantische Säule errichtete, vermutlich der keltische Himmelsgott Taranis, der allerdings niemals ausdrücklich genannt wird (Abb. 19).

Die Vielfalt der Glaubensrichtungen wurde besonders im 2. und 3. Jahrhundert durch die orientalischen Erlöser- und Mysteriengötter erweitert. Vor allem der Mithraskult gelangte in unserem Raum zur höchsten Blüte. Weihesteine und Kultreliefs wurden in Großkrotzenburg und Rückingen gefunden, ein teilweise unterirdisch erbautes Mithräum kennen wir aus Großkrotzenburg.

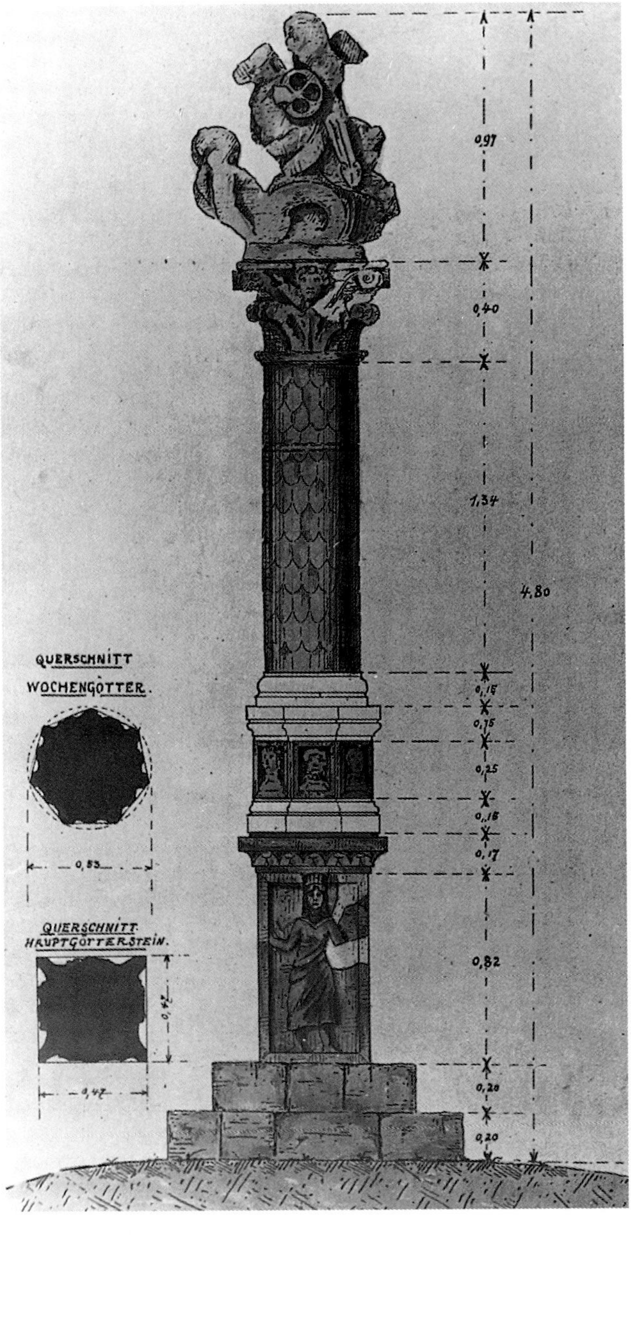
0,97
0,40
1,34
4,80
0,15
0,15
0,25
0,15
0,17
0,82
0,20
0,20
QUERSCHNITT
WOCHENGÖTTER.
0,53
QUERSCHNITT
HAUPTGÖTTERSTEIN.
0,47
0,47

Entlang der Straßen außerhalb der Siedlungen lagen die Gräber. Allgemein herrschte bis zum Limesfall die Brandbestattung vor. Erst ganz allmählich beginnt sich im 3. Jahrhundert die Körperbestattung durchzusetzen. Eine allgemeine Markierung der Gräber durch hölzerne Grabtafeln o. ä. ist anzunehmen, vielfach wurden von den Angehörigen Grabsteine gesetzt, von denen im Hanauer Raum jedoch noch keine gefunden wurden. Aufwendige Grabdenkmäler, kleine Tempel oder Turmgräber, wie man sie gelegentlich in den wohlhabenden gallischen Provinzen oder im Rheinland findet, fehlen im Grenzgebiet.
In Maintal-Wachenbuchen ist uns die Anlage eines römischen Grabhügels von immerhin 26 m Durchmesser und 1,6 m Höhe überliefert. Die in ihm aufgefundene Brandbestattung war in einer steinernen Urne beigesetzt worden. Die im Gegensatz zu den vorangehenden Epochen relativ einfach ausgestatteten Brandgräber der römischen Zeit enthalten zumeist gewöhnliche Tongefäße als Urnen, denen gelegentlich Speisegeschirr, Lampen oder religiöse Figuren beigefügt wurden. Andere Beigaben wie Münzen, Schmuck oder Eisengerät kommen vor, sind jedoch auf wenige Einzelfälle beschränkt.
Keines der römischen Gräber aus unserem Raum enthält irgendwelche Waffen. Die Ausrüstung der Soldaten war militärisches Eigentum und mußte nach Ablauf der Dienstzeit zurückgegeben werden. Lediglich Militärangehörige durften bei offiziellen Anlässen Waffen tragen. Die allgemeine Sicherheit wurde durch den römischen Staat garantiert, wofür er neben dem Militär auch eine eigene Polizeitruppe (Benefiziarier) unterhielt. Aus Großkrotzenburg kennen wir mehrere Weihesteine, die von Angehörigen dieser Truppe gestiftet wurden und auf die Existenz einer Benefiziarierstation in der Nähe der römischen Mainbrücke hinweisen.

Abb. 19 Bruchköbel-Butterstadt. Die Jupitergigantensäule.

Die ersten Anzeichen des Niederganges der römischen Kultur begannen in der Zeit der Markomannenkriege deutlich zu werden. Eine in den sechziger Jahren des 2. Jahrhunderts einsetzende Pest dezimierte große Teile der Bevölkerung, und an allen Fronten des nördlichen Grenzgebietes drängten Germanenstämme zu Plünderungszügen in das Römische Reich. Zerstörungen, die man in Kastellen am Main- und Wetteraulimes fand, könnten in dieser Zeit entstanden sein. Doch diese Ereignisse waren offensichtlich nur auf lokal begrenzte Aktionen germanischer Krieger und vielleicht auch auf innere Unruhen zurückzuführen, und die Sicherheit konnte wohl bald wieder hergestellt werden.
Zu Beginn des 3. Jahrhunderts tauchte jedoch ein bisher unbekannter Name eines germanischen Volksstammes in der antiken Literatur auf, der die römische Welt für die nächsten Jahrhunderte in Angst und Schrecken versetzen sollte. Der alamannische Stammesbund, um den es sich dabei handelte, war kurze Zeit vorher am Mittellauf der Elbe aus dem Zusammenschluß verschiedener germanischer Stämme entstanden und drängte nun unter Anschluß weiterer Gruppen nach Westen.
Der Konflikt mit den Römern, deren Limes den germanischen Ausdehnungsbestrebungen in unserem Gebiet ein vorläufiges Ende bereitete, war damit eingeleitet. Der römische Schriftsteller Cassius Dio berichtet, daß Kaiser Caracalla im Jahre 213 am unteren Main in der Nähe des Limes mit dem bis dahin unbekannten germanischen Verband zusammentraf. Nach heftigen Kämpfen, in deren Verlauf die Römer vor allem durch die germanische Reiterei empfindliche Verluste erlitten, konnte er die Alamannen mit Hilfe weiterer, aus dem Südosten herangeführter Truppen noch einmal vom Reichsgebiet verdrängen.
Neben zahlreichen Spuren einer gründlichen Zerstörung belegt ein Münzschatz von 69 Silber- und 5 Goldmünzen, der von seinem Besitzer nicht wieder gehoben werden konnte, daß im Verlaufe dieser Kämpfe u. a. das Kastell Marköbel in Flammen aufging. Auch Heldenbergen wurde niedergebrannt. Die Leichen der er-

schlagenen Römer – ausnahmslos Männer mit Hieb- und Stichverletzungen – lagen sogar über längere Zeit unbestattet zwischen den abgebrannten Häusern.
Die unser Gebiet verwüstenden Alamannenüberfälle waren die Vorboten einer gewaltigen Völkerbewegung, deren Auswirkungen im 3. Jahrhundert alle Provinzen des nördlichen Imperiums und sogar Italien selbst so schwer erschütterten, daß der Fortbestand des Römischen Reiches ernsthaft gefährdet erschien. Durch die offenkundige Schwäche des römischen Staates mit seinen ständigen Truppenverschiebungen, Meutereien und internen Machtkämpfen konnten auch die Nachbarn im Osten und Süden des Reiches immer öfter römische Gebiete überfallen und verwüsten. Nach einer vorübergehenden Stabilisierung, während der neben einem Wiederaufbau der Grenzbefestigungen vor allem die Stadtmauern der römischen Ansiedlungen von Dieburg und Frankfurt-Heddernheim errichtet wurden, erfolgte im Jahre 233 ein weiterer folgenreicher Germaneneinfall.
Erst zwei Jahre später konnte unser Gebiet nochmals in römische Hand gebracht werden, aber nun war doch das Vertrauen der Bevölkerung in die Grenzsicherung größtenteils geschwunden. Viele Gutshöfe und Kastellorte wurden überhaupt nicht mehr oder nur in sehr bescheidenem Umfang wieder aufgebaut, manche der zerstörten Grenzkastelle nur noch provisorisch besetzt und gesichert. Die noch einmal prosperierende wirtschaftliche Entwicklung wurde durch einen weiteren Germaneneinfall im Jahre 254 zunichte gemacht; im Herbst des Jahres 260 n. Chr. mußte der Limes endgültig aufgegeben werden. Der Rhein wurde von nun an wieder die Grenze des Römischen Reichs. Aber auch er wurde immer wieder von plündernden Germanen überschritten, die sich teilweise über Jahre im Inneren Galliens und selbst Spaniens ausbreiteten und dort sogar niederlassen konnten.

Peter Jüngling

Das frühe Mittelalter

Völkerwanderungszeit

Infolge des Zusammenbruchs der Grenzverteidigung um 260 n. Chr. erlosch in unserem Gebiet die römische Zivilisation. Die historische Überlieferung schweigt sich über diesen Vorgang weitgehend aus, und auch aus den folgenden Jahrhunderten besitzen wir nur wenige schriftliche Hinweise. Wir sind also weitgehend auf die Bodenfunde angewiesen, wenn wir Erkenntnisse zum damaligen Leben gewinnen wollen. Erst in der zweiten Hälfte des 4. Jahrhunderts begegnen uns mit den Büchern des römischen Historikers Ammianus Marcellinus wieder vereinzelte Berichte, die auch Ereignisse aus dem Rhein-Main-Gebiet schildern. Mit archäologischen Mitteln ließ sich bislang keine nach dem Limesfall hier verbliebene römische oder romanische Bevölkerung nachweisen. Erst einige Jahrzehnte nach dem Abzug der Römer scheinen nachrükkende Germanen auch hier seßhaft geworden zu sein.

Es ist die Zeit der Alamannen. Sie kämpften nahezu 200 Jahre lang mit wechselndem Ausgang immer wieder gegen die Römer; Gruppen dieses Volkes drangen tief nach Gallien, Spanien und sogar Italien vor. Das eigentliche Zentrum des Stammes lag damals weiter südlich an Neckar und Oberrhein, wohin sich dann auch in der Regel die römischen Gegenzüge richteten. Die Alamannen, die von den fruchtbaren Böden der Wetterau Besitz ergriffen, waren kein zentral gelenkter Stamm mit straffer Organisation, sondern in zahlreiche kleinere Gruppen mit unterschiedlichen Führungsstrukturen zersplittert. In seinen Schriften hat Ammianus die einzelnen Stammesführer als Könige *(reges)* und Kleinkönige *(reguli)* bezeichnet.

Ihre Fürstensitze lassen sich in der Nähe auf dem Dünsberg bei Gießen und auf dem Glauberg westlich von Büdingen nachweisen.

Vielleicht entstand damals auch die ringwallartige Befestigung der Altenburg am Kinzigheimer Hof, doch fehlen uns von dort einschlägige Funde. Einige der Ringwallanlagen im Bieber- und Kinzigtal scheint man damals ausgebessert oder völlig neu errichtet zu haben. Problematisch ist jedoch nach wie vor die Abgrenzung zu den möglicherweise zeitweise hier siedelnden Burgunden, die auf einer anonymen Völkertafel aus dem 4. Jahrhundert als »Burgunziones« zwischen den Alamannen und den in Nordhessen und der Rhön siedelnden Chatten genannt werden. Die Mehrzahl der Germanen lebte in einfachen Einzelhöfen, die zumeist inmitten der ehemaligen römischen Feldfluren angelegt wurden. Manchmal hat man die römischen Ruinen wieder instand gesetzt und gelegentlich sogar erweitert. Ammianus berichtet uns im Zusammenhang mit einem 357 n. Chr. von Mainz aus geführten Feldzug Julians gegen einen alamannischen Fürsten Suomar von germanischen Höfen, die »sorgfältig nach römischer Weise gebaut waren«. Als seine Truppen alles niedergebrannt hatten, zogen sie weiter nach Osten. Auf dem Rückweg von diesem Feldzug ließ Julian wegen des hereinbrechenden Winters ein unter Trajan erbautes und nach ihm benanntes Kastell wiederherstellen. Er schloß mit drei nicht näher genannten Fürsten der Alamannen einen zehnmonatigen Vertrag. Die recht ausführliche Schilderung Ammians (Amm. XVII 1,1–13) wurde schon für viele Orte im Bereich zwischen Wetterau und Neckar in Anspruch genommen; sie könnte aus verschiedenen Gründen auch auf den Hanauer Raum passen.
Grabfunde jener Zeit, eine der Hauptquellen wissenschaftlicher Erkenntnisse zur Sozialstruktur der Bevölkerung und handwerklicher Fertigkeiten, sind im Main-Kinzig-Kreis bisher kaum entdeckt worden. Im Verlauf des 4. Jahrhunderts geht in unserem nun wieder germanischen Siedlungsgebiet die Sitte der Brandbestattungen zurück. Besonders die soziale Oberschicht führte damals die Körperbestattung ein, die sich dann relativ rasch durchsetzte. Von den frühen Gräbern aus Großkrotzenburg und Bruchköbel ist nur römische Importkeramik erhalten. Sie belegt die im 4. und 5. Jahrhundert immer noch bestehenden Kontakte und vielleicht auch Handelsbeziehungen zu den Gebieten westlich des Rheins.

Die Wetterau und das Rhein-Main-Gebiet gehörten seit 496, als die Alamannen von den Franken unter ihrem König Chlodwig besiegt wurden, zum Fränkischen Reich. Etwa zur gleichen Zeit begann sich auch das Siedlungsbild zu verändern. Es entstand schließlich eine Kulturlandschaft, die unsere Heimat weitgehend ohne Bezug auf die antike Infrastruktur und römische Hinterlassenschaften bis in die heutige Zeit geprägt hat.

Obwohl damals der alamannische Einflußbereich bis über den Neckar nach Süden zurückgedrängt wurde, wird man kaum von einem vollständigen Bevölkerungswechsel ausgehen können. Wie uns einzelne Grabfunde belegen, bestehen auch in merowingischer Zeit noch Verbindungen zum mittel- und süddeutschen Raum, die man kaum anders als persönliche, d. h. wohl in der Regel familiäre, Beziehungen deuten möchte.

Die fränkischen Einzelhöfe und Hofgruppen lagen gewöhnlich im Tal in der Nähe eines Flusses oder kleinen Bachlaufes. Der Grundbesitz gehörte dem König, einzelnen Adeligen, vereinzelt auch schon der Kirche oder auch freien Bauern. Neben den größeren Herrensitzen gab es häufig noch kleinere Bauernhöfe sowie Nebengebäude für Unfreie und Gesinde. Da diese frühen Dorfgründungen zumeist unter dem Kern der heutigen Orte liegen, sind ihre Spuren nur selten aufzufinden und in der Regel durch jüngere Überbauung zerstört.

In Nidderau-Heldenbergen fand man über dem Niddertal im Bereich der Oberburg die Reste einer solchen frühmittelalterlichen Siedlung. Auch in Kilianstädten und in Hanau-Kesselstadt konnten kürzlich in den Erdboden eingetiefte Handwerkerhäuser ausgegraben werden. In Marköbel hat sich die frühmittelalterliche Siedlung auf dem Gebiet des ehemaligen römischen Kastells entwickelt. Vermutlich standen dessen Mauern noch Jahrhunderte nach dem Abzug der Römer aufrecht und boten somit einen gewissen Schutz. Ähnlich dürften die Verhältnisse in Großkrotzenburg gewesen sein, wo die römische Kastellmauer im Mittelalter mehrfach umgebaut wurde.

Das anspruchsvolle Straßensystem des Limesgebietes hat die Jahrhunderte zwischen dem Abzug der Römer und der fränkischen Landnahme nicht überdauert. Lediglich einige lokale Siedlungen wie Heldenbergen und Marköbel scheinen im frühen Mittelalter unter Bezugnahme auf vorrömische Straßenverbindungen neue Bedeutung erlangt zu haben. Die schwer erfaßbare und wohl nur noch in Ansätzen auf antike Traditionen zurückzuführende Wirtschaftsstruktur war überwiegend auf die Agrarerzeugung ausgerichtet. Daneben gab es nur wenige Produktionsorte, die der Dekkung des Gebrauchsgüterbedarfs von Gefäßen und Schmuck aus Glas, kunstgewerblichen Erzeugnissen und Luxusartikeln dienten. In der Keramikproduktion konkurrierten anfangs die bereits seit der Römerzeit bestehenden Eifeltöpfereien mit lokalen Werkstätten, die vorwiegend im unteren Kinzigtal, seit der Mitte des 9. Jahrhunderts aber auch im nordwestlichen Vorspessartgebiet sowie dem Seligenstädter Raum Tongefäße produzierten. Vor allem die »Kinzigtalware« beherrschte nach neueren Untersuchungen im frühen Mittelalter einen weitreichenden Absatzmarkt. Leider gibt es bisher auf den Produktionsort dieser interessanten und noch in nachkarolingischer Zeit hergestellten Tonware keinen weiteren Hinweis, als ihn im Raum zwischen Gelnhausen und Langenselbold zu lokalisieren. Gebrauchsgüter des täglichen Bedarfs wie Textilien, Ledergarnituren, Waffen, Eisengeräte, Möbel und Baumaterialien wurden eher in lokalen Werkstätten hergestellt.

Die gesamte Pracht der frühmittelalterlichen Kunst- und Handwerksproduktion begegnet uns nochmals in den Grabfunden, bevor im 8. Jahrhundert die Sitte der Grabbeigaben zu Ende geht. Die damalige Lebensauffassung der bäuerlichen Bevölkerung war neben der täglichen Existenzsicherung weitgehend durch Krieg und Kampf, festliche Vergnügungen, Schmuck- und auch Prunksucht bestimmt. Solche Geisteshaltungen lassen Bewaffnung und glänzenden Schmuck auch bei der Ausstattung zur Ehre von Verstorbenen dominieren (Abb. 20). Neben der in Männergräbern dominierenden Waffenausstattung findet man daher regelmäßig ein Trink- und Speiseservice, Schmuck- und Trachtbestandteile, Kämme sowie hin und wieder handwerkliches Gerät unter den Beigaben.

Abb. 20 Lebensbild eines fränkischen Kriegers mit seiner im Grab aufgefundenen Ausstattung aus Nidderau-Windecken.

Mehr oder weniger reiche Grabausstattungen geben uns nicht nur Aufschluß über das Leben und die soziale Stellung der Verstorbenen, die kunsthandwerkliche Produktion ihrer Zeit und manchmal weitreichende Handelsbeziehungen, sondern auch über das repräsentative Verhalten der Nachkommen, die sich für die Beerdigung in der Regel von einem ganz erheblichen Teil ihres Familienbesitzes trennen mußten.

Wir können annehmen, daß in einer noch weitgehend auf gewaltsame Erhaltung ererbter Güter und Rechte, Vermehrung von Einfluß und Besitz durch kleinere und größere Raubzüge oder Kriege orientierten Gesellschaft die – archäologisch – dominierenden Waffenausstattungen tatsächlich zum zentralen Lebensinhalt der Bevölkerung gehörte. Nicht nur die äußerst lebendigen Formulierungen der germanischen Rechtsquellen, sondern auch die immer wieder feststellbaren Kampfverletzungen der Bestatteten belegen uns die kriegerische Lebensweise in einer ansonsten überwiegend bäuerlich orientierten Gesellschaft.

Die Friedhöfe der einzelnen Höfe oder Dörfer lagen zumeist in einigen hundert Meter Entfernung zur Siedlung. Ein besonderes Kennzeichen merowingerzeitlicher Gräber ist die schon früh einsetzende Ausraubung der Toten. Die dabei vordergründig in Erscheinung tretende Bereicherung der Grabräuber durch ihr kriminelles Vergehen wird durch gesellschaftliche Wandlungen begünstigt, in deren Folge christliche Reformationen zu einer allmählichen Veränderung der Wertvorstellungen führten. Dadurch wird es nun üblich, die Toten ohne Beigaben bei den neuen Ortskirchen zu bestatten.

Die regionale Entwicklung des Main-Kinzig-Kreises im frühen Mittelalter

Da für die ersten Jahrhunderte der frühmittelalterlichen Besiedlung unseres Raumes schriftliche Nachrichten fehlen, können Parallelen aus der allgemeinen Geschichte nur mit Vorbehalt und unter Berücksichtigung der archäologischen Hinterlassenschaften gezogen werden. Immerhin darf die allmähliche Inbesitznahme des ehemaligen römischen Limesgebietes durch die Alamannen spätestens für das 4. Jahrhundert vorausgesetzt werden. Man kann zwar annehmen, daß die Unterwerfung der Alamannen um 500 durch den fränkischen König Chlodwig die politischen Machtverhältnisse merklich verändert hat, auf die Siedlungsverhältnisse und Sozialstruktur der Bevölkerung jedoch nur geringen Einfluß ausübte. Eine fränkisch-alamannische Stammesgrenze läßt sich archäologisch nirgends erkennen. Dabei muß man jedoch berücksichtigen, daß eine nach Stämmen getrennte Einordnung der Sachgüter des 5.–7. Jahrhunderts zumeist überhaupt nicht möglich ist.

Im Einklang mit der philologisch ausgerichteten Ortsnamenforschung belegen die archäologischen Bodenfunde, daß dem noch zur südlichen Wetterau gehörenden Westteil unseres Kreisgebietes in der frühmittelalterlichen Topographie eine gewisse Bedeutung zukommt. Wenn auch für diese Zeit kaum urkundliche Belege über die Siedlungsentwicklung vorliegen, so tritt doch deutlich in Erscheinung, daß sich gerade hier die zumeist germanischen Ursiedlungen zugewiesenen Ortsnamen auf »-ingen« oder »-heim« konzentrieren. Eine Ausnahme bildet lediglich Wirtheim (976 Wertheim), das am Ausgang des mit zahlreichen Ringwallanlagen besetzten Biebertales auf halbem Wege zwischen Schlüchtern und dem Limesgebiet liegt und zusammen mit Kassel (Cassel) und Höchst (Hosti) zu einem größeren Komplex ottonischen Reichsgutes gehörte. Mit seiner oberhalb des Ortes gelegenen Burg dürfte Wirtheim im frühen Mittelalter vermutlich eine wichtige Etappenstation auf dem Wege nach Fulda, Würzburg und Thüringen gebildet haben.

Einen besonderen Namentyp scheinen die hauptsächlich im flan-

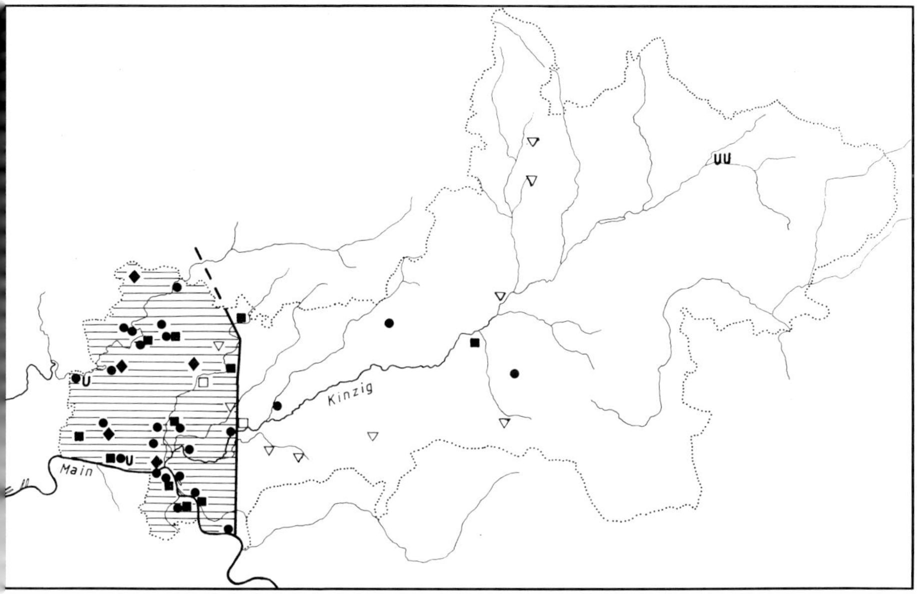

Abb. 21 Der Main-Kinzig Kreis. Deutlich ist, ausgehend vom ehemaligen römischen Limesgebiet, die fortlaufend von West nach Ost erfolgende Besiedlung des Main-Kinzig-Kreises erkennbar.

drisch-artesischen Küstenland, aber auch in England häufigen Ingheim-Namen darzustellen (Issigheim, Rüdigheim). Sie stellen wohl eine etwas jüngere Ortsnamenschicht dar, reichen aber gewiß in die späte Landnahmezeit, vielleicht noch ins 6. Jahrhundert, zurück. Hier scheint man am vorgefundenen Ortsnamen mit »-ingen« das gewohnte »-heim« angehängt zu haben. Dem schließen sich zwanglos die übrigen Ortsnamen der frühen Ausbauzeit mit »-stadt« bzw. »-stetten« und »-bach« an.
Zweifelhaft bleibt zunächst noch, ob die wohl bereits im 7. Jahrhundert einsetzende Missionierung unseres Raumes vom merowingischen Königtum ausgegangen ist. Nachweise für Fiskalgut, königliche Eigenkirchen und -klöster fehlen in dieser frühen Siedlungsphase und bis in die Karolingerzeit hinein bleibt die von der

römischen Verwaltung übernommene Rolle von Mainz als kirchlichem Oberzentrum ungebrochen.

Die zweite Welle der fränkischen Landnahme führte zu einer ausgeprägten Expansion, die etwa ab 700 vom mittelrheinischen Adelskreis der Pippiniden und Karolinger nach Osten getragen wurde. In der Folge wurden auch im Kinzigtal neue Orte gegründet, und die Besiedlung erstreckte sich nun auf weniger begünstigte Randgebiete, was auf eine gewisse Bevölkerungszunahme schließen läßt. Bestandteil dieser Politik scheint eine verstärkte Einflußnahme auf den regionalen Adel sowie Bildung und Ausbau eines königlichen Gütersystems gewesen zu sein.

Durch die Gründung der bedeutenden Klöster in Lorsch, Fulda und Hersfeld, aber auch in Seligenstadt und Schlüchtern, wird das Gebiet mit einer ausgeprägten grundherrschaftlichen Organisationsstruktur überzogen. Begleitet und vielleicht auch ausgelöst wurde dieser Vorgang durch den Ausbau eines »fränkischen Korridors« nach Osthessen und in das im 6. Jahrhundert unterworfene Reich der Thüringer entlang von bereits seit vorgeschichtlicher Zeit benutzter Straßen über den Vogelsberg und durch das Kinzigtal. Am 30. August des Jahres 767 schenkte ein gewisser Isinhart dem Kloster Lorsch seine Besitzungen in (Nieder-?)dorfelden, wo vor wenigen Jahren ein größeres merowingisches Gräberfeld entdeckt, aber leider nur unzureichend untersucht werden konnte. Mit dieser Urkunde beginnt im Hanauer Raum die geschichtliche Überlieferung.

Peter Jüngling

Mittelalter

Schon bevor der Angelsachse Winfried-Bonifatius in Althessen, dem chattischen Stammland, und in Thüringen missionarisch zu wirken begann, hatte das Christentum im südlichen Landesteil Hessens Fuß gefaßt. Vom linksrheinischen Gebiet, vor allem vom Bischofssitz Mainz aus, wurde das bereits fränkisch gewordene Gebiet beiderseits des Mains zwischen Odenwald, Spessart, Vogelsberg und Taunus seit dem 6. Jahrhundert christianisiert. Der fränkische Landesausbau spiegelt sich noch heute in der Sprache, dem rheinisch-fränkischen Dialekt, der sich deutlich gegen den althessischen abhebt und in den zahlreichen auf »heim« endenden Ortsnamen, z. B. Steinheim, Ostheim, Bergheim, Rüdigheim, Wirtheim usw., wider. Nach erfolgreicher Missionierung der nördlichen Gebiete, setzte mit Bonifatius eine umfassende Reform und Organisation der Kirche ein, die mit Rückhalt, Schutz und im Interesse der Konsolidierung der Territorialherrschaft von der fränkischen Oberschicht getragen wurde.

Das obere Kinzigtal zwischen Vogelsberg und Spessart war von jeher wichtiges Durchgangsland von der Wetterau nach Nordosten über den Landrücken zum Fulda- und Werratal (Abb. 22) und damit zum thüringischen und mitteldeutschen Gebiet. Innerhalb dieser Nahtstelle zwischen dem fränkischen Südwesten und dem bonifatianisch missionierten Norden und Nordosten kamen im weiteren Verlauf der Geschichte verschiedene Machtinteressen miteinander in Berührung. Eine hervorragende Rolle im Bergwinkel, im Ursprungsgebiet der Kinzig, nahm über Jahrhunderte hinweg das Kloster Schlüchtern (S. 239 ff.) ein. Zwar liegt seine Entstehung urkundlich im dunkeln, doch ist die Vermutung begründet, daß es sich um eine königliche, von der Reichsabtei Fulda stark unterstützte Gründung aus der Zeit um oder wenige Jahre vor 800 handelt. Schattenhaft faßbar ist der Einfluß des Hochstifts Würz-

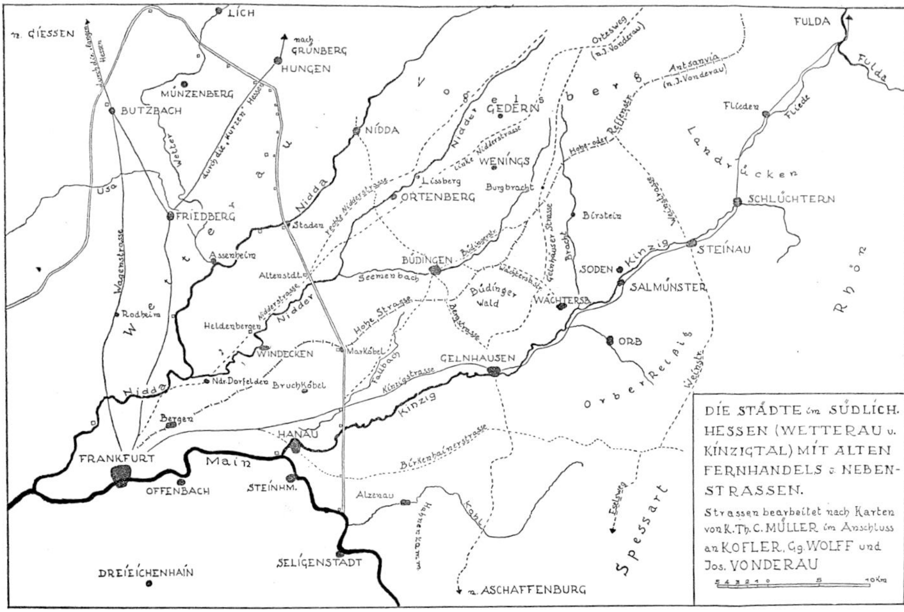

Abb. 22 Die Städte im südlichen Hessen mit alten Fernhandels- und Nebenstraßen (nach Bott 1951).

burg, das an seiner nordwestwärtigen Diözesangrenze in ständiger Konkurrenz mit Fulda stand. Zwar wurde das Kloster während der spätottonischen Klosterreform um 1018 nochmals reich von Fulda ausgestattet, doch ging der Einfluß Fuldas zunehmend zugunsten Würzburgs verloren. Großen Streubesitz verdankt das Kloster dieser Epoche. Dazu gehörte als fuldische Schenkung die Pfarrei Ramholz, die aus Kinzicha (796–923), dem Hauptort dieses Gebietes, hervorgegangen ist. Die Ramholzer Gemarkung mit zehn Filialkirchen deckte sich mit dem Zehntgericht auf der »Breiten First«, dem Vorgänger des späteren hanauischen Amtes Schwarzenfels. Die weltlichen Herren des Bergwinkels waren die von Steckelberg, erstmals 1131 genannt, denen es gelang, ihre Herrschaft aus fuldischem und Schlüchterner Klosterbesitz bis in den Joßgrund auszubauen. Ihr Stammsitz war die Burg Steckelberg (s. S. 244ff.,

Abb. 86) am Westausläufer der Breiten First, unterhalb der vom heutigen Unterfranken nach Fulda führenden Weinstraße. 1273 war sie allerdings schon nicht mehr im Besitz der Steckelberger, deren Geschlecht im Niederadel aufging, sondern gehörte dem Hochstift Würzburg. Dieses verpfändete die Burg an die immer mächtiger werdenden Herren von Hanau, verkam jedoch nach der Besetzung buchischer Ritter zu einem Räubernest, woraufhin sie von Reinhard I. von Hanau auf Weisung Kaiser Rudolfs von Habsburg 1276 geschleift wurde. Die Steckelberger Altenburg wäre nicht weiter hervorzuheben, wenn sie nicht Glied einer Reihe von insgesamt vier herrschaftlichen Bauanlagen wäre: nur 200 m östlich befindet sich eine sicherlich frühmittelalterliche Wallanlage, deren enge räumliche Nähe kaum Zufall sein kann; 500 m südwestlich erbauten die Herren von Hutten im 14. Jahrhundert die neue Burg Steckelberg oberhalb des später zum Schloß ausgebauten Erbgutes Ramholz, das sie von Würzburg als Lehen bekamen und trotz des Widerstandes der Grafen von Hanau halten konnten. Mit der neuen Steckelburg verbindet sich der Name des Humanisten und Dichters Ulrich (IV) von Hutten, der hier geboren wurde und in seinem bekannten Brief an Willibald Pirkheimer eindrucksvoll das Leben auf der Burg schilderte.

Folgen wir dem Kinzigtal abwärts, vorbei an Steinau (vgl. S. 247 ff.), das aus einer fuldischen Villifikation hervorgegangen ist und dessen günstige Lage an der Fernverbindung der Messestraße Frankfurt–Leipzig im 13. Jahrhundert den Ausbau zum Hauptort und dann zum Hauptstützpunkt hanauischer Politik bewirkte, so stoßen wir in Salmünster (Bad Soden-Salmünster) auf ein ehemals mainzisches Kloster des frühen 9. Jahrhunderts, das 909 im Tausch an die Abtei Fulda kam. Die aus dieser Zeit stammende Grenzbeschreibung des Großkirchspiels (Mark- und Gerichtsaufteilung) Salmünster umfaßt das Gebiet beiderseits der mittleren Kinzig bis nach Steinau, Orb und zum Joßgrund. Um 1020 war Salmünster fuldischer Villifikationsmittelpunkt, doch machten sich Ulmbach, Aufenau und Steinau selbständig, um eigene Gerichts- und Pfarrsprengel zu bilden. 1320 wurde Salmünster mit dem Recht der vier wetterauischen Reichsstädte durch König Ludwig von Bayern ausgestattet. Der alte Stadtgrundriß bildet ein völlig regelmäßiges Rechteck, dessen nordöstlich-südwestliche Längsachse von der Fernstraße benutzt wird. Oberhalb des Nachbarortes Soden errichtete die Reichsabtei Fulda zum Schutze der Salinenbetriebe an der Stelle einer älteren Anlage die Burg Stolzenberg, die als Ruine erhalten ist. Weiter talabwärts liegt rechts der Kinzig Wächtersbach, dessen Wasserburg, 1324 genannt, Zubehör des Büdinger Reichswaldes war. Wenige Kilometer südwestlich, links der Kinzig, zeugen die Orte Wirtheim und Kassel von fränkischen Gründungen. Zum einen ist die heim-Endung ein Hinweis darauf, zum anderen dürfte sich der Name Kassel sprachlich von castellum oder castrum ableiten und einen Bezug zur Alteburg (vgl. S. 110; Abb. 25) oberhalb des Dorfes haben. Ebenso liegt auf einem Bergsporn bei Wirtheim ein kleiner Ringwall (vgl. S. 113; Abb. 26) der nach seiner Bauart dem Ende des 1. Jahrtausends angehören dürfte.

Beim Austritt des Kinzigtales aus der Mittelgebirgslandschaft in die Mainebene liegt an der Kinzig am Hang des Vogelsbergausläufers die Stadt Gelnhausen (S. 127 ff.), deren Geschichte eng mit den Staufern verbunden ist. Die früheste urkundliche Erwähnung der Burg Gelnhausen von 1158 steht in einem sehr bezeichnenden Zusammenhang zu den oben angedeuteten territorialpolitischen Wirren und Machtbestrebungen im Gebiet des Vogelsberges und des Spessarts. Erzbischof Arnold von Mainz erwarb trotz Geldmangels die Burg Gelnhausen durch anderweitigen Güterverkauf, um Vorsorge zu treffen, daß die Kirche in der Gegend gegen Tyrannen und Verfolger besonders geschützt und gefördert werde. Mainz hatte Besitzungen am Main, im Bereich der Kinzigmündung (Hanau), dann wieder östlich von Gelnhausen, in Höchst, Wirtheim, Kassel und Orb. Eine Bedrohung dieser Position dürfte vor allem von den Herrn von Büdingen, möglicherweise auch vom Kloster Fulda und seinen Vasallen ausgegangen sein. Gelnhausen selbst war eine wichtige Stelle an der Kinzigstraße, über die ein Teil des Verkehrs nach Thüringen zu den dortigen Besitzungen des Erzbistums ging. Bis hierher konnte die Kinzig als Schiffahrtsweg benutzt werden. Die Burg wußte sich Friedrich I. Barbarossa unter

Ausnutzung der Notlage, in die Mainz durch die Heerfolge im italienischen Krieg des Kaisers gekommen war, zu verschaffen. Die Gründungsurkunde Gelnhausens vom Jahre 1170 sagt, daß der Kaiser bei der Burg Gelnhausen einen neuen Ort (apud castrum novam villam fundantes) gegründet habe. Gelnhausen wurde nach Frankfurt zum staufischen Stützpunkt ausgebaut. 1180 wurde in Gelnhausen der berühmte Reichstag abgehalten, auf dem Heinrich dem Löwen dessen Herzogtum Sachsen abgesprochen wurde. Es müssen damals mit den Gefolgen von Erzbischöfen, Bischöfen, Landgrafen, Herzögen, Markgrafen und Ministerialen mehrere tausend Personen anwesend gewesen sein. Derartig glänzende Versammlungen gab es in Gelnhausen in den folgenden Jahrzehnten mehrmals. Die häufige Anwesenheit der staufischen Kaiser zeichnete Gelnhausen vor allen anderen Städten aus. Die noch heute eindrucksvolle Ruine der Pfalz (Abb. 37–39) bezeugt die Pracht staufischer Baukunst und die Bedeutung, die Barbarossa und sein Sohn Heinrich VI. dem Ort für die Ausübung und Repräsentation ihrer Herrschaft beimaßen.

Der Bau von Burgen und die Gründung von Städten waren die wirksamsten Mittel der Herrschaftsbildung. Auf diese Weise suchte die staufische Machtpolitik den zahlreichen im 11. und der ersten Hälfte des 12. Jahrhunderts emporgekommenen Grafengeschlechtern, die ihren Amtscharakter zunehmend verloren und sich immer stärker zu eigenständigen Herrschaften entwickelt hatten, Einhalt zu gebieten. Von Anfang an sollte für Gelnhausen der Fernhandel die Existenzgrundlage bilden. So wurden die Kaufleute mit besonderen Rechten wie Zollfreiheit an allen kaiserlichen Plätzen und freiem Verkehr und Schutz für Waren und Person ausgestattet. In der Stadt selbst durfte Besitz an Nachkommen vererbt und Häuser und Grundstücke verkauft werden, sofern der Käufer in der Stadt Wohnung nahm. Die Gerichtsbarkeit über die Stadt behielt sich der Kaiser selbst vor. Obwohl schon bald blühender Handel getrieben wurde, verlegte Friedrich II. zudem noch den bedeutenden Jahrmarkt von Köbel (Marköbel) nach Gelnhausen. Ein eindrucksvolles Beispiel für den Reichtum der Stadt ist das Reichssteuerverzeichnis von 1241, in dem Gelnhausen mit 200 Mark im Vergleich

zu Frankfurt mit 250 Mark, zu Wetzlar mit 170 Mark und zu Friedberg mit 120 Mark veranschlagt wurde. Für das politische Gewicht der Stadt spricht ihre Mitgliedschaft im Städtebund, zu dem noch Mainz, Bingen, Worms, Speyer, Frankfurt und Friedberg gehörten. Mit dem Ende der Stauferzeit ging die Blüte Gelnhausens zurück. Zwar bestätigten die späteren Kaiser der Stadt ihre Privilegien wie auch zunächst noch das Versprechen der Nichtverpfändung. Doch nach 1326 wurde Gelnhausen mehrfach verpfändet und war seit 1435 im Besitz von Kurpfalz und Hanau. 1803, als Gelnhausen Kurhessen eingegliedert wurde, ging die Reichsfreiheit endgültig verloren.
Konnte sich die staufische Machtpolitik dem Ausbreiten und Emporstreben der Territorialherrn und den kirchlichen Mächten, hier insbesondere dem Erzbistum Mainz, entgegenstemmen, so wurde die Folgezeit nicht nur in unserem Bereich durch Adelsfamilien geprägt. Dynastische Zufälle wie Geburt, Tod oder Erbschaft und dynastische Planung wie Heirat, vereint mit politisch taktischem Geschick, waren die Voraussetzungen für die Ausweitung des Herrschaftsgebietes und damit für das Überdauern eines Herrschaftsgeschlechtes. Zu den aktivsten unter den expandierenden Kräften gehörten die Herren von Hanau, deren Stammlandschaft mit den Burgen Buchen (Wachenbuchen) und Dorfelden (Niederdorfelden) das Büchertal, jenes fruchtbare Gebiet zwischen Kinzig und Nidder, war. Das Geschlecht Buchen-Hanau starb spätestens in den siebziger Jahren des 12. Jahrhunderts aus, ihm folgten die Herren Hanau-Dorfelden, die sich ab dem 13. Jahrhundert nur noch nach Hanau nannten, d. h. mittlerweile, vermutlich nach der Mitte des 12. Jahrhunderts, im Zuge der staufischen Reichspolitik an der Mündung der Kinzig in den Main ihren Hauptsitz genommen hatten.
Reinhard I. von Hanau, 1243 erstmals urkundlich genannt, hatte die Herrschaft bis 1281 inne. Durch seine Tüchtigkeit und die Gunst der Zeitumstände (Interregnum) gelang es ihm, das Territorium entscheidend zu vergrößern und einen geachteten Platz unter den Territorialherrn des Rhein-Main-Gebietes zu erringen. Den zunächst kleinen Besitz vergrößerte er infolge einer einträglichen

Heirat und damit als Miterbe der 1255 ausgestorbenen Herren von Münzenberg. Zudem gelangte 1262 Tetzelnheim als Lehen des Bistums Bamberg in die Hand Reinhards I., der hier die Burg Windecken (S. 229 ff.) errichtete. Ein wesentlicher politischer Erfolg war es, als er 1273 von König Rudolf von Habsburg die Reichsvogtei in der Wetterau erhielt und damit für die Folgezeit die Besetzung dieses Amtes durch Hanau beeinflußte. In diesem Amt vollzog Reinhard den Befehl Rudolfs von Habsburg im Zuge einer Landfriedensmaßnahme, die Burg Steckelberg (s. o.) zu zerstören. Reinhards Sohn Ulrich I. von Hanau gewann durch eine Rieneck-sche Heirat Einfluß im Spessart, errichtete in der ehemaligen Steckelberger Herrschaft das Hanauer Amt Schwarzenfels und erbaute die gleichnamige Burg. Das Erlöschen der Linie Rieneck-Rothenfels ermöglichte es Ulrich II., der vor allem außerhalb unseres zu behandelnden Gebietes äußerst erfolgreich war, Hanauer Rechte im Sinngrund und im Freigericht zu erweitern. Im Freigericht, zwischen den Pfalzen Gelnhausen und Seligenstadt, konnte bereits Ulrich I. einen ganerbschaftlichen Anteil von Kunigunde von Rannenburg einschließlich Kälberau und Rannenburg erwerben. Zwischen Hanau und Mainz entstand ein langer Streit um Anrechte auf dieses Gebiet, das sich bis in die Neuzeit einer Territorialisierung entziehen konnte. Dagegen gelang es Ulrich III. von Hanau, das (ehem. Frei-)Gericht Altenhaßlau vor den Toren der Stadt Gelnhausen von den Herren von Trimberg zu erwerben, die ihre Gerichtsherrschaft durchsetzen konnten, nachdem der Kaiser 1349 Gelnhausen verpfändet und sich Stadt und Burgmannen, die den stärksten Teil der Markgenossenschaft bildeten, unterworfen hatten. Mit dem Aussterben der Trimberger kam außer Altenhaßlau die Nordhälfte des Amtes Brandenstein, dessen südliche Rieneck-sche Hälfte bereits Ulrich II. erworben hatte, an Hanau.
Alle angestrebten Gebietseinverleibungen gelangen den Hanauern jedoch nicht. Weder konnte die verpfändete Reichsstadt Gelnhausen gehalten werden noch das Gericht Gründau, das 1425 an die Herren von Ysenburg-Büdingen gelangte, noch Soden (Bad Soden-Salmünster), das ihnen von Fulda übertragen worden war und 1510 von den Herren von Hutten wieder eingelöst wurde.

Dies sind Gebiete rechts der Kinzig, wo in der Nachfolge der Herren von Büdingen die Herren von Ysenburg sich behaupteten. Mittelpunkt und Rechtsgrundlage der Büdinger Herren war der ausgedehnte Büdinger Reichswald, der ihnen von Friedrich I. übertragen worden war. Sie und die Herren von Münzenberg waren die führenden Geschlechter der staufischen Kaiserzeit in der Wetterau. Gerlach II. war der kaiserliche Burggraf von Gelnhausen und erster Landvogt der Wetterau. Als dieser 1247 starb, fiel sein Erbe nicht nur an die vier Schwiegersöhne Konrad von Hohenlohe, Eberhard von Breuberg, Albert von Trimberg und Rosemann von (Ysenburg-)Kempenich, sondern auch an Ludwig von Ysenburg. Den Kern des Besitzes bildete der Reichsforst Büdinger Wald, der bis zur Kinzig reichte, und zu dem ein ausgedehnter Wildbann sowie Reichsämter wie das des Burggrafenamtes in der Pfalz Gelnhausen gehörten. Das Reichslehen wurde nicht aufgeteilt, sondern darüber eine Ganerbschaft errichtet. Als Breuberg, Ysenburg-Kempenich und Hohenlohe-Brauneck aus dem Kreis der Ganerben ausschieden, bot sich für die Ysenburger die Möglichkeit zum Aufbau eines geschlossenen Territoriums. Als Haupthindernis waren die Herren von Trimberg verblieben. Diese hielten den Ostteil des Büdinger Waldes mit der Burg Wächtersbach und die Vogtei über das fuldische Gericht Reichenbach mit der Burg Birstein. Dazu kamen der Besitz der Reichsgerichte Udenhain-Spielberg und Altenhaßlau, die Vogtei über Mainzer Besitzungen im Spessart und als würzburgisches Lehen ein Teil der Vogtei über das Kloster Schlüchtern. Damit besaßen die Trimberger ein beinahe geschlossenes Territorium zwischen Schlüchtern und Gelnhausen. Nutznießer der zerfallenden Trimberger Herrschaft waren links der Kinzig die Herren von Hanau und rechts der Kinzig die Herren von Ysenburg. Sie waren im ausgehenden Mittelalter neben Mainz die bestimmenden Mächte über das Gebiet des heutigen Main-Kinzig-Kreises.

Literatur:
G. Bott, Die Städte in der Wetterau und im Kinzigtal. Hanauer Geschichtsbl. 15, 1951. – K.-P. Decker, Klientel und Konkurrenz. Die ritterschaftliche Familie von Hutten und die Grafen von Hanau und von Ysenburg. Hess. Jahrb. Landesgesch. 38, 1988, 29ff. – K. Demandt, Geschichte des Landes Hessen, revid. Nachdruck d. 2. Auflage, (^{2}1980). – F. Friedrichs, Burgen und Städte als politisch-wirtschaftliche Kristallisationspunkte der staufischen Wetterau. Wetterauer Geschichtsbl. 16, 1967, 14ff. – W. Heinemeyer (Hrsg.), Das Werden Hessens (1986) (hier bes. die Beiträge K. Heinemeyer, Hessen im Fränkischen Reich, 125ff., ders., Das Hochmittelalter, 159ff.; P. Moraw, Das späte Mittelalter, 195ff.) – W.-A. Kropat, Reich, Adel und Kirche in der Wetterau von der Karolinger- bis zur Stauferzeit (1965). – U. Schultz (Hrsg.), Die Geschichte Hessens (1983), (hier bes. die Beiträge K. Heinemeyer, Die Ausbreitung des Christentums und der heilige Bonifatius, 38ff.; F. Schwind, Von den Karolingern zu den Staufern, 49ff.; P. Moraw, Die territoriale Zersplitterung im späten Mittelalter, 60ff.; E. Orth, Die Reichsstädte der Wetterau, 82ff.) – F. Schwind, Reichsstadt und Kaiserpfalz Gelnhausen. In: Der Reichstag von Gelnhausen, ein Markstein der deutschen Geschichte 1180–1980 (1981) 73ff. – E.-J. Zimmermann, Hanau. Stadt und Land (^{2}1919).

Hans-Otto Schmitt

Wenigstens erwähnt werden sollten einige, z. T. nur potentielle, Bodendenkmäler, die unter dem Oberbegriff »Industriearchäologie« zu Objekten der archäologischen Erforschung der Neuzeit und dementsprechend auch der Denkmalpflege werden müssen. Die Industrie-Baudenkmäler, die großenteils ebenfalls von »Industriearchäologen« bearbeitet werden, sollen ausgeschlossen sein. Schriftliche Überlieferungen über den Bergbau auf Eisen, Kupfer, Silber und Kobalt sind zwar vorhanden, aber die Sichtung der Quellen ergab, daß sie mit Ausnahmen für eine Darstellung der archäologischen Denkmäler unergiebig sind, d. h., daß in diesem Bereich eine große Aufgabe ansteht, die mit der archäologischen Erschließung durch Feldforschung beginnen müßte. Eine Ausnahme stellen die Glashütten dar, deren Standorte nach einem Quellenstudium im Gelände nachgewiesen werden konnten und die deshalb als erste vorgestellt werden sollen.

Glashütten

Im Main-Kinzig-Kreis liegen zehn der zahlreichen bisher bekannten Spessartglashütten, die sich entlang der Bachtäler verstärkt nach Südosten in bayerisches Gebiet hinein aufreihen. Die geringe Anzahl und dünne Verteilung müssen sicherlich ausschließlich dem gegenwärtigen Forschungsstand zugeschrieben werden, da in kurzer Entfernung, in Unterfranken, die Täler in 200-Meter-Abständen belegt sind, im hessischen Gebiet aber jeweils nur eine Hütte am Oberlauf zu finden ist. Da zu keiner der zehn Hütten sichere Angaben aus Schriftquellen zu erlangen sind und bisher keine Ausgrabungen vorgenommen wurden, ist eine Datierung nicht möglich. Die für sie durch Urkunden vorgegebene Zeitspanne reicht vom 15. bis zum 18. Jahrhundert, jedoch sind für nördlich anschließendes fuldisches Gebiet Glasmacher bereits im 10. Jahrhundert belegt, und Mitte des 8. Jahrhunderts wird der Erzbischof von Mainz um Vermittlung eines Mannes gebeten, »der gut gläserne Gefäße machen kann«.

Im Umfeld des Biebergrundes sind fünf Glashütten bekannt, drei davon in den Gemarkungen Bieber und Roßbach der Großgemeinde Biebergemünd; zwei weitere südlich von Breitenborn-Lützel (ebenfalls Biebergemünd) gehören nicht zu dieser Gemarkung, wie fälschlicherweise angegeben, sondern bereits zu Linsengericht-Großenhausen.

Die beiden Hütten von Bieber liegen in geringer Entfernung voneinander unmittelbar neben dem Glasborn, einer jetzt gefaßten Quelle. Je drei Hügel lassen auf ebensoviele Öfen schließen. Der unterschiedliche Erhaltungszustand, in einem Fall niedrige verschleifte, im anderen höhere, bis 2,50 m messende Hügel, mahnt zur Vorsicht bei Vergleichen. Jedoch scheinen die geringen Funde eine unterschiedliche Funktion oder wenigstens verschiedene letzte Produktionsvorgänge anzudeuten: im ersten Fall wurden nur Flach-, im zweiten nur Hohlgläser gefunden.

Ein Ofenhügel wurde offenbar beim Bau der Quellfassung zerstört; in einer wohl daher rührenden Abraumhalde fanden sich zahlreiche glasierte Ofensteine.

Im Tal des Großen Roßbaches liegt im Hang des Unteren Glasberges ein z. T. künstlich geebnetes Plateau, auf dem sich ein verschleifter und ein danebenliegender stark zerstörter Glasofen zeigen. In seiner Umgebung wurden zahlreiche Funde, Scherben von Weingläsern, Bechern und Flachglasfragmente aufgelesen.

Von den beiden Glashütten am Oberlauf des Lützelbaches ist die südlicher gelegene erst im Jahr 1992 durch einen Baumwurf entdeckt worden. Die schon bekannte nördlichere bestand aus mindestens drei großen Öfen; ihre verschleiften Überreste bilden jetzt noch Hügel von 4–6 m Durchmesser und zweimal von 7×5 m Größe. Vielleicht nicht auf diese, aber auf eine zur entsprechenden Zeit bestehende Hütte weist eine Quelle indirekt hin, wenn Glasmacher 1591 angewiesen werden, »reines sauberes Glas wie auf der

Lützel zu verfertigen«. Auch für die Zeit um 1680 ist hier eine Hütte belegt.

Im Steinbachtal, südwestlich von Flörsbachtal-Lohrhaupten, ist ein großer, auf zwei untereinanderliegenden künstlichen Plateaus errichteter Hüttenplatz durch Wegebau- und Flurbereinigungsmaßnahmen zwischen 1953 und 1957 stark verändert und unbeobachtet teilzerstört worden. Dies ist um so bedauerlicher, als von dem Platz zwei Belegungen, Mitte des 16. und Mitte des 18. Jahrhunderts, nachgewiesen sind, auch wenn die jetzt sichtbaren Reste nicht einer von beiden zugewiesen werden können. Eine Spessartkarte zeigt für die zweite Hälfte des 16. Jahrhunderts zwei große Hütten und fünf kleinere Gebäude. Im Jahr 1740 wurde einem Glasmacher die Errichtung einer neuen Hütte an diesem Platz genehmigt.

Im 2,4 km südöstlich gelegenen Quellgebiet des Spörckelbaches sind noch drei Ofenhügel auf einer geebneten Fläche sichtbar, an die sich nach Norden eine Lichtung anschließt, die mit dem Hüttenplatz in Verbindung gebracht wird. Das gesamte Gelände ist mit Funden übersät, das Bodendenkmal entsprechend hochgefährdet.

In gleicher Lage wie die anderen hessischen Glashütten zeigen am Oberlauf eines Zuflusses zur Jossa im Schwarzen Grund (Jossgrund-Pfaffenhausen) zwei 20 m lange und 12 m breite Hügel den Standort großer Öfen an.

Durch eine Raubgrabung wurde 1991 die genaue Lage einer Glashütte bei Wächtersbach im Glasgrund beim Glasborn bekannt.

Im Tal des Hammersbaches, an der nördlichen Gemarkungsgrenze von Sinntal-Oberzell, wurde 1720 eine Glashütte gegründet, vielleicht an einem älteren Hüttenstandort, die mindestens bis 1735 bestand. Der genaue Standort ist im Gelände nicht lokalisiert.

Bergbau

Bereits seit dem 15. Jahrhundert sind die Orte Bieber (Gde. Biebergemünd), Hailer (Gde. Gelnhausen) und Hain-Gründau (Gde. Gründau) mit Bergbauaktivitäten verbunden. Vor allem Kupfer,

Eisen und Kobalt wurden abgebaut, die Suche nach Silber erbrachte nur nichtabbauwürdige kleine Vorkommen. Das Silber für die berühmten »Hailer Taler« wurde importiert.

Die wenigen erhaltenen Sachüberreste des frühen Bergbaus warten noch auf eine exakte Dokumentation in der Art, wie sie für die Glashütten vorliegt.

Das Lochborntal, das sich in Verlängerung des Schwarzbachtales von Bieber aus nach Südosten erstreckt, ist das größte und bedeutendste Metallerzrevier des Spessart gewesen. Die Überreste des Kupferlettenabbaus wurden beim Eisenbahnbau weitgehend zerstört. Innerhalb des Naturschutzgebietes Lochborn sind die deutlichsten Überreste eines einstigen Bergbaus in Gestalt langer Pingenreihen zu erkennen.

Südöstlich anschließend erstrecken sich Halden des modernen Eisenerzabbaus aus dem Ende des 19. und Anfang des 20. Jahrhunderts. Dazu gehört auch der künstliche »Wiesbütteich« in Flörsbach, unmittelbar hinter der Gemeindegrenze Biebergemünd-Flörsbachtal an der bayerischen Landesgrenze.

Ein weiterer Pingenzug südlich des Bieberer Ortsteils Röhrig stammt vom Kobaltbergbau. Erwähnenswert ist in diesem Zusammenhang das seltene, nach diesem Fundort benannte Mineral Bieberit, ein rosa-fleischrotes Kobaltvitriol, auch Rhodalose genannt ($Co[SO_4].7\,H_2O$).

Im Gebiet von Hailer wird zwar vom 15. bis zum 20. Jahrhundert immer wieder Bergbau bezeugt, jedoch nur in vier kurzen Zeitabschnitten während dieser Zeit wurde tatsächlich Erz gefördert, in nennenswerter Menge nur Kupferletten, im 20. Jahrhundert auch Manganerz. Die Hoffnungen auf Blei, Silber und Gold führten niemals zu einer Gewinnung dieser Metallerze. Ein erhaltenes Bodendenkmal, angeblich aus den Anfängen des Kupferbergbaus um 1400, ist das zur Zeit stark verfallene »Bergmannsloch«, ein Stollenmund, der um 1955 noch deutlich erkennbar war (Abb. 23). Er soll durch den Geschichtsverein Meerholz wieder hergerichtet werden.

Von weiteren Bergwerken am »Meerholzer Heiligenkopf«, in der »Goldhohl« und am »Rauenberg« ist nicht überprüft, welche der

Abb. 23 Gelnhausen-Hailer. Stolleneingang »Bergmannsloch« um 1955.

im Gelände sichtbaren morphologischen Erscheinungen auf Bergbauaktivitäten zurückzuführen sind. Am »Heiligenkopf« sind eventuelle Spuren durch den Tonabbau überprägt.
Eine kurze, weniger als zweijährige Eisenerzförderung ist für Meerholz schriftlich belegt. Vielleicht zeigen kürzlich gefundene erzhaltige Steinbrocken in einem Gebiet am Südosthang des »Niedermittlauer Heiligenkopfes« die Stelle des Abbaus an. Mulden in der Umgebung könnten auf entsprechende Aktivitäten zurückgehen. Der Bereich liegt in einem ehemaligen Verleihungsfeld für Eisen. Ein weiterer Stollen wurde bei der Anlage der Mülldeponie angeschnitten und konnte wenigstens registriert werden.
Der in den Schriftquellen oft erwähnte Bergbau von Hain-Gründau hat überwiegend in immer neuen Versuchen zum Auffinden ergiebiger Vorkommen bestanden. Rentiert hat er sich wohl nie. Ein verfallenes Stollenmundloch und vermutliche Pingenfelder am Kreischbergtunnel gehören heute zu Büdingen im Wetteraukreis.
Ein letzter Befund konnte vor seiner Zerstörung durch Mitarbeiter

des Hanauer Geschichtsvereins dokumentiert werden. Beim Tunnelbau für die neue ICE-Strecke wurde ein kleiner gemauerter Gang entdeckt, der vermutlich zur Frischwasserversorgung des Blaufarbenwerkes in Sinntal-Mottgers diente. Das Werk und eine Spiegelfabrik (ab 1766) befanden sich an der Stelle einer heute dort bestehenden Wohnwagenfabrik im Sandweg. Der Aufbau des Werks mit der Funktion der verschiedenen Gebäude ist noch bekannt. Es wurde erst 1945 zerstört. Mit dem Gründungsdatum des Betriebes im Jahre 1731 ist auch für den Gang eine Datierung möglich. In diesem Blaufarbenwerk war übrigens in der Anfangszeit ein Glasmacher namens Gundlach aus der Glashütte Oberzell beschäftigt.

Literatur:
S. Krimm, Die mittelalterlichen und frühneuzeitlichen Glashütten im Spessart. Stud. Gesch. Spessartglas 1. Veröffentl. Gesch.- u. Kunstver. Aschaffenburg 18, 1 (1982) Abb. 8. – G. Kampfmann, S. Krimm, Verkehrsgeographie und Standorttypologie der Glashütten im Spessart. Stud. Gesch. Spessartglas 2. Veröffentl. Gesch.- u. Kunstver. Aschaffenburg 18, 2 (1988). – H. P. Goebel, Glashütten und Glasmacher im Sinntal (1980). – K. Freymann, Der Metallerzbergbau im Spessart. Ein Beitrag zur Montangeschichte des Spessarts. Veröffentl. Gesch.- u. Kunstver. Aschaffenburg 33 (1991). – W. Engel, Auf den Spuren des Hailerer Bergbaues. Heimatstelle Main-Kinzig. Mitteilungsblatt. Beitr. Heimatgesch. 18, 2, 1993. – H. Kreutzer, Zerstörung archäologischer Denkmäler im mittleren Kinzigtal. Arch. Denkmäler Hessen 79 (1989).

Guntram Schwitalla

Objektbeschreibungen

Biebergemünd

Der Burgberg bei Bieber

Am Anfang des Biebertales, 3 km ostsüdöstlich vom Dorf Bieber entfernt, erhebt sich der Kegel des Burgbergs, auf dessen westlichem Ausläufer sich ausgedehnte Wallanlagen befinden (Abb. 24). Ein mächtiger Abschnittswall sperrt nach Osten hin auf 120 m Länge quer zum Bergrücken den Sattel, der den Bergsporn mit der Höhe des Burgbergs verbindet. Die Höhe des Walls über der Sohle des vorgelagerten Grabens beträgt noch bis zu 5 m. Entlang den steil abfallenden Seiten des Bergrückens nach Süden, Westen und Norden ist eine Befestigungslinie nur abschnittsweise und z. T. nur als flacher Wall oder Terrasse erhalten. Eine Verbindung zum Abschnittswall, dessen Südende zwar kurz die Richtung zu dem die Südflanke des Bergrückens begleitenden Wall aufnimmt, ist im Gelände nicht erkennbar. Allem Anschein nach handelt es sich um zwei eigenständige Befestigungsteile. Schon zu Beginn unseres Jahrhunderts hat C. L. Thomas – wie für die anderen Wallanlagen des Biebertales – auch hier erstmals den Umfang in einer Planaufnahme mit eingehender Beschreibung vorgelegt. Im Norden konnte er ein Tangentialtor beobachten, was allerdings bei neuen Geländeaufnahmen des Landesamtes für Denkmalpflege 1993 aufgrund des dichten Bewuchses nicht nachvollzogen werden konnte. Dagegen konnte jetzt im Südwesten die Lage eines Tores mit deutlich gegeneinander versetzten Wallenden beobachtet werden. Zudem erscheint es nicht ausgeschlossen, daß an einer weiteren Stelle im Süden, wo der Wall leicht geknickt erscheint, vielleicht ein drittes Tor vorhanden war.

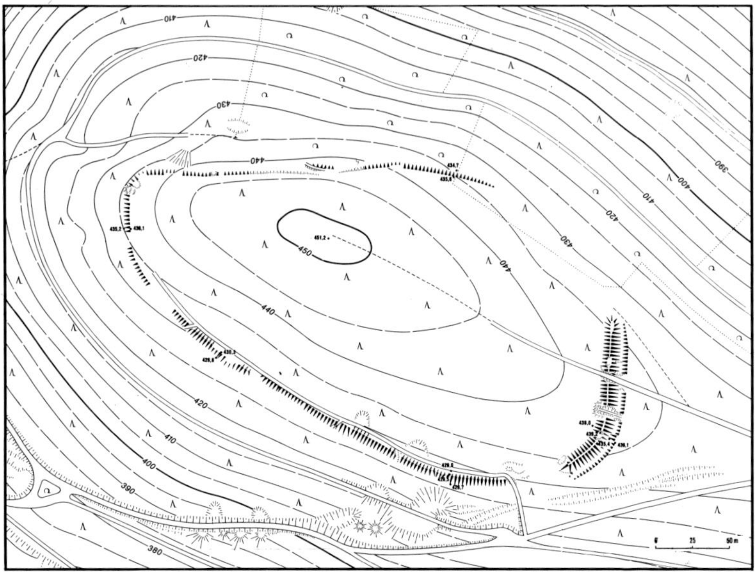

Abb. 24 Biebergemünd. Burgberg (nach Herrmann 1993).

Die Gesamtheit der Anlagen umschließt eine Fläche von knapp 4,9 ha. Bisher sind keinerlei Funde bekannt, die Hinweise zur Zeitstellung geben. Von einer Raubgrabung aus den fünfziger Jahren, über die nichts bekannt geworden ist, rührt ein Grabungsschnitt her, der durch die Mitte des Abschnittswalles führt. F.-R. Herrmann datiert sicher zu Recht den Abschnittswall aufgrund seiner Bauform und Geländelage in das frühe Mittelalter, mindestens in das 10. Jahrhundert. Es muß jedoch offenbleiben, ob auch ein zeitlicher Bezug zur Befestigung der Bergflanken besteht, die nach der Bauart durchaus auch vorgeschichtlich sein könnten. Einen Zusammenhang der Anlage mit dem Bieberer Eisenbergbau, der erst für das ausgehende Mittelalter belegt ist, läßt sich nicht herstellen. Dagegen könnte viel eher eine Verbindung zu der am Fuße des Bergspornes liegenden Mauritiuskirche (Morizkapelle), deren Anfänge bis in karolingische oder ottonische Zeit zurückreichen, und dem Burgberghof bestanden haben.

Literatur:
C. Arnd, Geschichte der Provinz Hanau und der unteren Maingegend (1858) 6. – J. Ph. Dieffenbach, Zur Urgeschichte der Wetterau, zugleich als Beitrag zur Alterthumskunde, Archiv Hess. Gesch. Altkde. 4, 1845, 54. – F.-R. Herrmann, Der Burgberg bei Bieber. Arch. Denkmäler Hessen 108 (1993). – J. F. Knapp, Andeutungen, zur Erforschung des Ursprungs und Zwecks der sogenannten Ringwälle. Archiv. Hess. Gesch. Altkde. 2, 1841, 266 Nr. 26. – G., R. Mende, Die Höhenburgen im Biebertal. In: 976–1976, 1000 Jahre Kassel und Wirtheim (1976) 37 ff. – M. Schäfer, Heimatbuch des Kreises Gelnhausen ([3]1950) 128 f. – J. W. Chr. Steiner, Geschichte und Topographie des Maingebietes und Spessarts unter den Römern (1834) 266 f. – C. L. Thomas, Die Ringwälle im Quellengebiet der Bieber im Spessart. Nass. Ann. 34, 1904, 179 ff., bes. 192 ff. – O. Uenze, in: G. W. Sante (Hrsg.), Hessen, Handb. hist. Stätten Deutschlands 4 ([3]1976) 47.

Hans-Otto Schmitt

Die Alteburg bei Kassel

Auf einer Berghöhe zwischen dem Kasselbach und dem Lämmerbach, beides Seitentäler zum Biebertal, liegt etwa 3 km vom Ort Kassel die Wallanlage der Alteburg (Abb. 25). Vor allem nach Süden, Westen und Norden fallen die Hänge sehr steil zu den Tälern ab. Der Ringwall umschließt die Bergkuppe und nimmt rund 5,1 ha Fläche ein. Vom Wall ist auf weiten Strecken die beachtliche Höhe von bis zu 6 m erhalten. Der vor dem Wall verlaufende Graben ist lediglich von den drei Torzugängen unterbrochen. Zwei der Tore sind auf der Südseite als einfache Wallunterbrechungen, das dritte auf der Nordseite als leicht aber dennoch deutlich gegeneinander versetzte Wallenden erkennbar. Der Charakter der Anlage, wie er sich zunächst erschließt, läßt auf eine Entstehungszeit im frühen Mittelalter schließen. Detaillierte Beobachtungen an den Toren und an der Grabenführung, wie jüngst von F.-R. Herrmann beschrieben und überzeugend interpretiert wurde, zeigen, daß diese Anlage einem vorgeschichtlichen Wall gefolgt und auf diesem aufgebaut hat. Besonders deutlich wird dies am südöstlichen Tor, an dem verebnete Reste eines Zangentores vorhanden sind. An den Toren im Norden und im Südwesten ist erkennbar, wie die alte Oberfläche verlief, und daß die steile Außenböschung des Walles mit Graben und Außenwall nachträglich

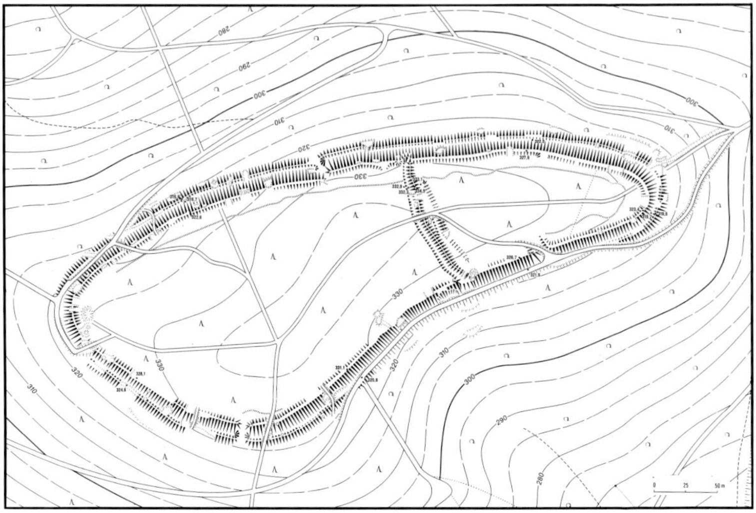

Abb. 25 Biebergemünd. Die Alteburg bei Kassel (nach Herrmann 1993).

vom Fuß einer bestehenden, zum Wall verfallenen älteren Befestigungsmauer aus angelegt worden war.
Diese Beobachtung wird durch C 14-Daten bestätigt, für die schon 1964 von G. Mende Proben aus den von einem Forstweg angeschnittenen Wallprofil entnommen werden konnten. Eine Probe aus der Basis des Walles der Westseite erbrachte damals ein Alter von 440 ± 55 v. Chr. Damit kann die ältere Befestigung in die Frühlatènezeit datiert werden, die Anlage in ihrer heute sichtbaren Form in die spätfränkisch/karolingische Zeit. Sowohl die ältere als auch die jüngere Umwehrung bestand aus einer Holz-Stein-Erde-Mauer. Am südöstlichen Tor läßt die Geländeform ein Zangentor erkennen, das auf einen Umbau während der Spätlatènezeit, 2./1. Jahrhundert v. Chr. zurückgeht.
Im östlichen Teil der Anlage verlaufen zwei Wälle mit Gräben quer über die Bergkuppe, von denen aber nur der eine an die Wälle der spätfränkisch/karolingischen Anlage heranreicht und diese etwas überlappt sowie mit seinem Graben in diese einschneidet. Dieses jüngste Erdwerk muß demnach entstanden sein, als die ältere Befe-

stigungsmauer bereits zu einem Wall verfallen war. Die einfachen, aus dem Material der Gräben aufgeworfenen Erdwälle sprechen für eine schnelle Ausführung bei einer akuten Bedrohung, wofür alle Kriegszeiten in Frage kommen können. Dies kann noch im Mittelalter oder auch in der Neuzeit geschehen sein.
Zu den Fundangaben eines Terra nigra-Napfes des 4. Jahrhunderts n. Chr. und eines römischen Ein- oder Zweihenkelkruges im Bereich des südlichen Haupttores wurden begründete Zweifel erhoben. Diese Funde dürften wohl nicht von der Alteburg stammen. In jüngster Zeit wurde ein latènezeitliches eisernes Tüllenbeil aufgelesen.
Die Alteburg blieb von starken Beschädigungen weitgehend verschont und ist die beeindruckendste der insgesamt vier Befestigungsanlagen auf den Höhen um das Biebertal.

Literatur:
C. Arnd, Geschichte der Provinz Hanau und der unteren Maingegend (1858) 5. – J. Ph. Dieffenbach, Zur Urgeschichte der Wetterau, zugleich als Beitrag zur Alterthumskunde. Archiv Hess. Gesch. Altkde. 4, 1845, 53f., 59. – U. Fischer, Aus Frankfurts Vorgeschichte (1971) 202. – F.-R. Herrmann, Die Alteburg bei Kassel, Arch. Denkmäler Hessen 109 (1993). – Ders., Frühgeschichtliche Befestigungen in Mittel- und Südhessen. In: H. Roth, E. Wamers (Hrsg.), Hessen im Frühmittelalter. Archäologie und Kunst (1984) 64ff. – Herrmann, Jockenhövel 1990, 325f. – J. F. Knapp, Andeutungen, zur Erforschung des Ursprungs und Zwecks der sogenannten Ringwälle. Archiv Hess. Gesch. Altkde. 2, 1841, 266 Nr. 25. – G. Mende, Geigerzähler testen die Alteburg im Kasseltal. Heimat-Jahrb. Kreis Gelnhausen 1970 (1969), 88f. – G., R. Mende, Die Höhenburgen im Biebertal. In: 976–1976, 1000 Jahre Kassel und Wirtheim (1976) 37ff., bes. 38ff. – G. Mildenberger, Germanische Burgen. Veröffentl. Altkomm. Westfalen 6 (1978) 101. – M. Schäfer, Heimatbuch des Kreises Gelnhausen (^{3}1950) 127f. – J. W. Chr. Steiner, Geschichte und Topographie des Maingebietes und Spessarts unter den Römern (1834) 266. – C. L. Thomas, Die Ringwälle im Quellengebiet der Bieber im Spessart. Nass. Ann. 34, 1904, 179ff., bes. 202ff. – O. Uenze, Alteburg (b. Kassel). In: G. W. Sante (Hrsg.), Hessen Handb. hist. Stätten Deutschlands 4 (^{3}1976) 4.

Hans-Otto Schmitt

Die Alteburg bei Wirtheim

Auf dem Ausläufer des gleichen Bergzuges, auf dem einige Kilometer nordöstlich die mächtige Wallanlage der »Alteburg bei Kassel« liegt, befindet sich über dem Kinzigtal oberhalb von Wirtheim zwischen den Bachläufen der Bieber und des Hirschbaches die Wallanlage »Alteburg bei Wirtheim« (Abb. 26). Sie wird im Volksmund auch als »Ringsel« oder »Kringel« bezeichnet, was von ihrer annähernd kreisrunden Form herrührt. Etwas unterhalb der Kuppe der sog. »Vorderen Alteburg«, vor dem West-Nordwest-Abhang zum Bieber- und Kinzigtal umschließt ein bis zu 2,50 m hoher Wall ein Areal von 0,51 ha. Von den anderen vor- und frühgeschichtlichen Wallanlagen im Gebiet des Biebertales, der Alteburg bei Kassel, dem Burgberg bei Bieber und dem Hainkeller bei Lützel, unterscheidet sich diese Anlage schon allein durch ihre Größe und Form. Das einzige Tor befindet sich im Westen. Die Wallenden sind hier leicht einwärts gekrümmt, was nach F.-R. Herrmann dafür sprechen dürfte, daß der Eingang durch einen Turm gesichert war, den man sich als Holzkonstruktion vorzustellen hat. Dem Wall, Rest einer Mauer, deren Bauweise nicht bekannt ist, ist ein Graben mit äußerer Erdaufschüttung vorgelagert, der im Westen, nördlich des Tores am deutlichsten sichtbar ist. Terrassenförmige Abstufungen innerhalb der Anlage sind Feldgrenzen einer späteren ackerbaulichen Nutzung.

Funde fehlen bislang, doch läßt die Bauform eine Datierung ins frühe Mittelalter zu. Der Bezug der einzigen Toranlage auf den in fränkischer Zeit gegründeten Ort Wirtheim läßt vermuten, daß es sich hier um einen befestigten Verwaltungssitz für ein Königsgut handelt, der zudem vielleicht zur Sicherung des Durchgangslandes entlang der späteren Frankfurt-Leipziger-Straße gedient haben mag.

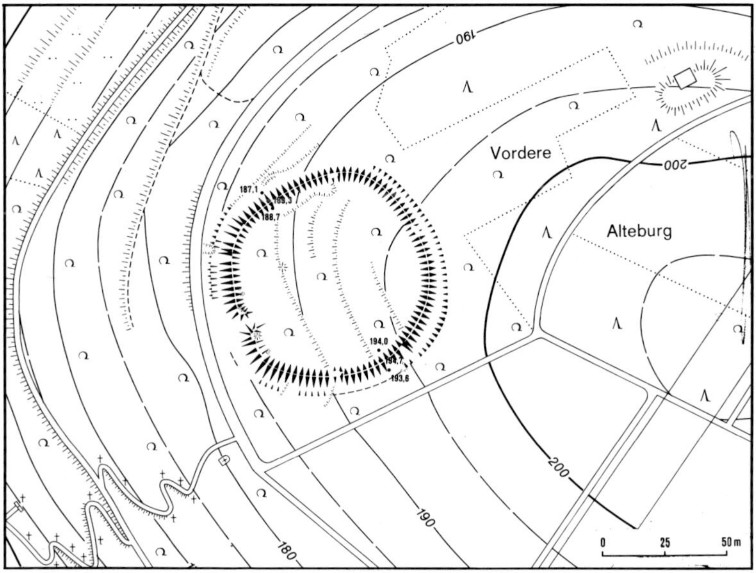

Abb. 26 Biebergemünd. Die Alteburg bei Wirtheim (nach Herrmann 1993).

Literatur:
J. Ph. Dieffenbach, Zur Urgeschichte der Wetterau, zugleich als Beitrag zur Alterthumskunde. Archiv Hess. Gesch. Altkde. 4, 1845, 53. – F.-R. Herrmann, Die Alteburg bei Wirtheim, Arch. Denkmäler Hessen 107 (1993). – J. F. Knapp, Andeutungen, zur Erforschung des Ursprungs und Zwecks der sogenannten Ringwälle. Archiv Hess. Gesch. Altkde. 2, 1841, 266 Nr. 23. – G., R. Mende, Die Höhenburgen im Biebertal. In: 976–1976, 1000 Jahre Kassel u. Wirtheim (1976) 37 ff. – Dies., Vor- und Frühgeschichte. In: G. Diedrich u. K.H. Ehrenberg, Erläuterungen zur Geologischen Karte von Hessen 1: 25 000 Blatt Nr. 5721 Gelnhausen (^{2}1977) 125 ff., bes. 134 f. – M. Schäfer, Heimatbuch des Kreises Gelnhausen (^{3}1950) 128. – K. Schreiber, Aus der Geschichte. In: 976–1976, 1000 Jahre Kassel und Wirtheim (1976) 4 ff. – J. W. Chr. Steiner, Geschichte und Topographie des Maingebietes und Spessarts unter den Römern (1834) 265. – C. L. Thomas, Die Ringwälle im Quellengebiet der Bieber im Spessart. Nass. Ann. 34, 1904, 179 ff., bes. 187 ff. – O. Uenze, in: G. W. Sante (Hrsg.), Hessen. Handb. hist. Stätten Deutschlands 4 (^{3}1976) 477.

Hans-Otto Schmitt

Evangelische Pfarrkirche

Die ev. Pfarrkirche im 1226 erstmals als Dyppach erwähnten, heute zur Gemeinde Erlensee gehörenden Ortsteil Langendiebach ist eine 1860–1863 errichtete Hallenkirche mit dreiseitigem Chor. Der Turm aus spätgotischer Zeit erhielt im 18. Jahrhundert seinen charakteristischen Haubenhelm.
Grabungen des Hanauer Geschichtsvereins, die 1984 im Zuge einer Renovierung des Kirchengebäudes stattfanden, führten im Chor der Kirche zur Aufdeckung einer halbrunden, steingemauerten Apsis mit einer zentralen Steinsetzung, die einst den Altar der Kirche trug (Abb. 27). Außerdem kam unter dem Altar ein gemau-

Abb. 27 Erlensee-Langendiebach. Blick in den Chor der Kirche während der Ausgrabung 1984. Deutlich zu erkennen ist der Grundriß der romanischen Apsis mit verschiedenen Treppen- und Fußbodenbelägen, Reste eines gotischen Altarfundaments mit darunterliegendem gemauertem Schacht.

erter Schacht, der wohl in Not- und Gefahrenzeiten die Reliquien der Kirche aufnahm, zutage. Baugeschichtlich wichtig ist die Tatsache, daß die Fundamente des Turmes jünger sind als die Apsis. Außer einem zugehörigen mittelalterlichen Ziegelsplittestrich als Fußbodenbelag fanden sich die Reste von drei weiteren mittelalterlichen und neuzeitlichen Stein- und Ziegelböden. Für die Datierung der Vorgängerkirche ist eine neben dem Fundament der halbrunden Apsis gefundene mittelalterliche Münze (Denar Heinrich I., 919–936) freilich nur bedingt verwendbar, allenfalls bietet sie einen terminus post quem, der uns darauf hinweist, daß auch Dyppach wesentlich älter als seine schriftlichen Nachweise ist.

Literatur:
Unpubliziert.

Peter Jüngling

Erlensee-Rückingen

Römisches Limeskastell mit Bad und Lagerdorf

Die mit 2,5 ha Flächeninhalt im Vergleich zu anderen Kohortenkastellen mittelgroße Militäranlage von Erlensee-Rückingen wurde von der *Cohors III Dalmatarum pia fidelis* erbaut und belegt (Abb. 28). Die ursprünglich auf dem Balkan aufgestellte und rund 500 Mann starke Truppe wurde zwischen 82 und 90 n. Chr. aus der Provinz Niedergermanien nach Obergermanien versetzt und durchlief in rasch wechselnder Folge eine Reihe von Garnisonsorten (Wiesbaden, Rottweil, Oberscheidental), bis sie zwischen 110 und 125 n. Chr. nach Rückingen verlegt wurde. Dort befand sie sich dann bis zum Fall des Limes und der damit verbundenen Aufgabe des Kastelles im Jahre 260 n. Chr.
Dem in Steinbauweise etwa 300 m hinter dem Limes in der Flur »Alteburg« nahe dem nördlichen Ufer der Kinzig errichteten Kastell ging möglicherweise ein kleinerer, bis jetzt aber noch nicht

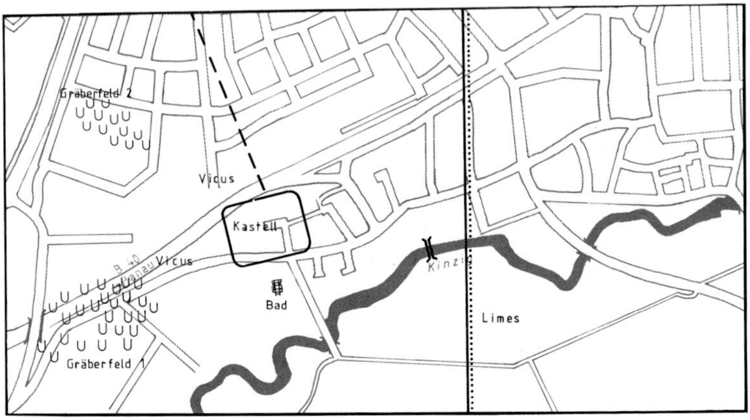

Abb. 28 Erlensee-Rückingen. Übersichtsplan der wichtigsten römischen Befunde im Ortsbereich.

nachgewiesener Militärstützpunkt in Holzbauweise voraus. Die rechteckige Wehranlage des Steinkastelles maß an den Außenseiten der 1,50 m starken Mauern ca. 140 × 180 m. Umgeben war das Lager von zwei je 7 m breiten und mit etwa 1,5 m Tiefe nur relativ flachen Gräben, was möglicherweise mit dem hohen Grundwasserstand zusammenhängt. Das Haupttor des Kohortenkastells war in Richtung des Limes nach Nordosten gerichtet. Von der Innenbebauung des Lagers fand sich lediglich der aus Bruchsteinmaterial erbaute Westflügel des Stabsgebäudes (*principia*) sowie in seiner Mitte das »Fahnenheiligtum«. Die übrigen Gebäude scheinen, wie auch kleinere Grabungen anläßlich der nahezu vollständigen Überbauung des Kastelles im Jahre 1969 zeigten, überwiegend in Fachwerkbauweise errichtet gewesen zu sein.

Außerhalb erstreckte sich nördlich und westlich des Kastells ein ausgedehntes Lagerdorf, in dem sich außer der bisher nur durch gestempelte Ziegel nachgewiesenen Ziegelei der Kohorte auch ein bisher allerdings noch nicht lokalisiertes Mithräum befand. Ein 1950 etwa 200 m nordwestlich des Kastelles im Bereich der heutigen Hainstraße am Rande eines römischen Brunnens entdecktes Mithras-Kultbild und zahlreiche weitere Steindenkmäler aus der

Abb. 29 Erlensee-Rückingen. Vorder- und Rückseite des Mithras-Kultbildes.

Verfüllung dieses Brunnens belegen auch in Rückingen die Verehrung des weitverbreiteten orientalischen Erlöserkultes (Abb. 29).
An den Ausfallstraßen in Richtung Hanau-Kesselstadt und Nidderau-Heldenbergen lagen zwei ausgedehnte Brandgräberfelder, von denen eines mit 325 ausgegrabenen Bestattungen zwischen 1951 und 1962 nahezu vollständig untersucht, bisher aber noch nicht veröffentlicht werden konnte.
Das einzige heute oberirdisch noch sichtbare Baudenkmal aus römischer Zeit sind Teile der Grundmauern einer Therme (Abb. 30). Dieses Kastellbad gehört zu den frühesten ausgegrabenen römischen Ruinen unseres Raumes. Es wurde, nachdem schon vorher einige Zufallsfunde Zeugnis von der römischen Vergangenheit Rückingens ablegten, in den Jahren 1802–04 im Auftrag des Fürsten Karl von Ysenburg-Birstein freigelegt und schon damals zu Recht als »Römerbad« gedeutet. Die Grundmauern des Bades sind

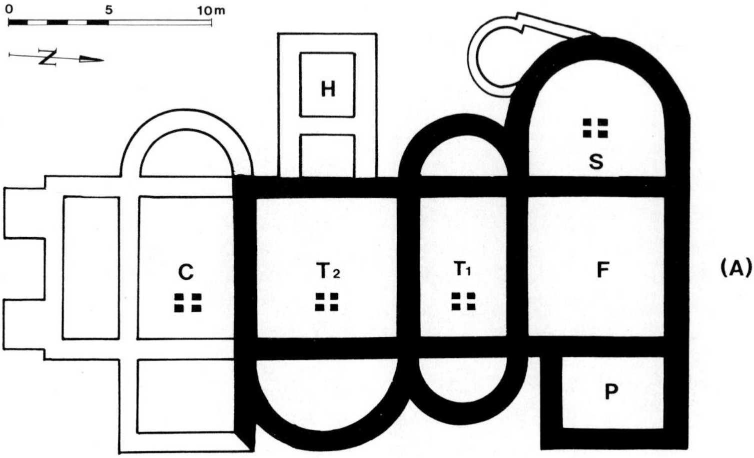

Abb. 30 Erlensee-Rückingen. Grundriß des römischen Bades. (A) Vermutete Lage des Auskleideraums (apodyterium); F Kaltbad (frigidarium) mit P Kaltwasserwanne (piscina), und S Schwitzbad; (sudatorium), T_1 und T_2 Laubad (tepidarium); C Warmbad (caldarium), jeweils mit angebauten Warmwasserwannen in den rechteckigen oder runden Apsiden; H Heizraum (praefurnium). Die schwarz markierten Mauern sind heute konserviert.

seit dieser Zeit mehrfach zerfallen und wieder konserviert worden. Die Gemeinde Erlensee setzt dabei in lobenswerter Weise die Tradition des Hauses Ysenburg-Birstein fort, das sich schon im 19. Jahrhundert um den Schutz des Denkmales bemühte. Die Anlage ist heute in ein kleines Freizeitgelände mit Sport- und Spielplatz integriert und wird vorbildlich gepflegt.

Badeanlagen wie in Rückingen gehörten zu den festen Einrichtungen eines römischen Militärstützpunktes und selbst wesentlich kleinere Einheiten brauchten nicht auf eine Therme zu verzichten. Außer zu hygienischen Zwecken dienten die Bäder vor allem auch der Freizeitgestaltung der Soldaten. Das Rückinger Bad gehörte dem Typ der sog. Reihenbäder an. Diese Bezeichnung bedeutet, daß die einzelnen Räume längs der Gebäudeachse in der Folge ihrer Benutzung aufgereiht liegen. Das römische Militär hatte bis zum 1. Jahrhundert einen bewährten Standardtyp einer Therme entwikkelt, so daß die meisten Bäder der Grenzkastelle, von wenigen Details abgesehen, nur geringfügig variieren.

Literatur:
Baatz, Hermann ^{2}1989, 466ff. – K. Dielmann, P. Jüngling, Das römische Gräberfeld in Erlensee-Rückingen. Hanauer Geschbl. 30, 1988, 113ff. (mit ält. Lit.). – ORL Abt. B II, 2 Nr. 22 (1913) (G. Wolff).

Peter Jüngling

Ehemalige Kirche

Die Planung eines Kinderspielplatzes durch die Gemeinde Erlensee veranlaßte den Hanauer Geschichtsverein 1984/85 zur Ausgrabung der im Jahre 1912 abgebrochenen Rückinger Kirche (Abb. 31). Die urkundlich erstmals 1311 erwähnte Kapelle war im Mittelalter Filiale der Pfarrkirche von Langendiebach. Der älteste Kirchenbau war ein einfacher Rechtecksaal von 12,3 m Länge und 7,3 m Breite, der Anfang des 17. Jahrhunderts auf 18,3 m verlängert und im Renaissancecharakter umgebaut wurde.
Das genaue Datum der Errichtung dieser Kirche ist nicht festzustellen; die Auswertung der ältesten von insgesamt 33 geborgenen Münzen und der übrigen Funde läßt eine Gründung der Kapelle vor dem 13. Jahrhundert unwahrscheinlich erscheinen. 35 Bestattungen, die im Verlaufe der Grabung in der Kirche geborgen werden konnten, lassen sich auf Grablegungen des lokalen Adels und der Besitzer des Dorfes Rückingen zurückführen. Die Fundamente der Kirche wurden nach ihrer Restaurierung in den heutigen Spielplatz integriert.

Literatur:
S. Welte, Vorbericht über die Ausgrabung der ehemaligen Kirche in Erlensee-Rückingen. Neues Magazin Hanau. Gesch. 8, 6, 1986, 295ff.

Peter Jüngling

Abb. 31 Erlensee-Rückingen. Blick von Osten auf den Grundriß der Kirche während der Ausgrabung 1985.

Die Grabhügel von Horbach und Neuses

Die Birkenhainer Straße, eine alte Handelsstraße, die über die Höhen des Spessarts zieht, ist im Bereich des Vorspessarts von einigen kleineren Gruppen von Grabhügeln gesäumt, die der Schnurkeramischen Kultur angehören. Zu Beginn der dreißiger Jahre wurden einige Grabhügel bei Neuses und Horbach von Raubgräbern z. T. beträchtlich gestört. Nachfolgende systematische Nachuntersuchungen erbrachten dennoch wichtige Ergebnisse.

1932, noch im gleichen Jahr der Raubgrabung, wurde ein Hügel bei Horbach von K.-H. Wagner untersucht. Im Zentrum des Hügels konnte als Verfärbung eine 1,60×1,20 m große, Nordost-Südwest ausgerichtete Holzkammer beobachtet werden, die in Pfosten- oder Blockbautechnik errichtet war. Um die Grabkammer verlief ein Kreisgraben von ungefähr 4,50 m Durchmesser, in dem vermutlich Palisaden standen (Abb. 32a). Zu den Grabbeigaben (Abb. 33) zählen zwei facettierte Steinbeile, die aus der Raubgrabung stammen, ferner aus der Nachgrabung eine 22 cm lange Klinge aus Grand Pressigny-Flint – eine sehr qualitätvolle Feuersteinsorte, die in Frankreich an der mittleren Loire in Bergwerken abgebaut und über weite Entfernungen gehandelt wurde – sowie ein fischgrätenverzierter Becher und ein weiteres Gefäß, das als Näpfchen oder als Unterteil eines zweiten Bechers anzusprechen ist. Von der bestatteten Person konnten keine Spuren mehr nachgewiesen werden. Die kleine Holzkammer läßt jedoch darauf schließen, daß es sich um eine Hockerbestattung gehandelt hat.

O. Uenze untersuchte 1938 einen weiteren gestörten Grabhügel bei Neuses. In der Mitte des Hügels, in die ehemals anstehende Oberfläche eingetieft, befand sich die Zentralbestattung, die von einem annähernd quadratischen Gräbchen umgeben war. An den Ecken der Grube stand, als Verfärbung erkennbar, je ein Holzpfosten (Abb. 32b). Die Leiche war völlig vergangen, aber als Leichenschatten in Ost-West-Ausrichtung sichtbar. Zu dieser Bestattung

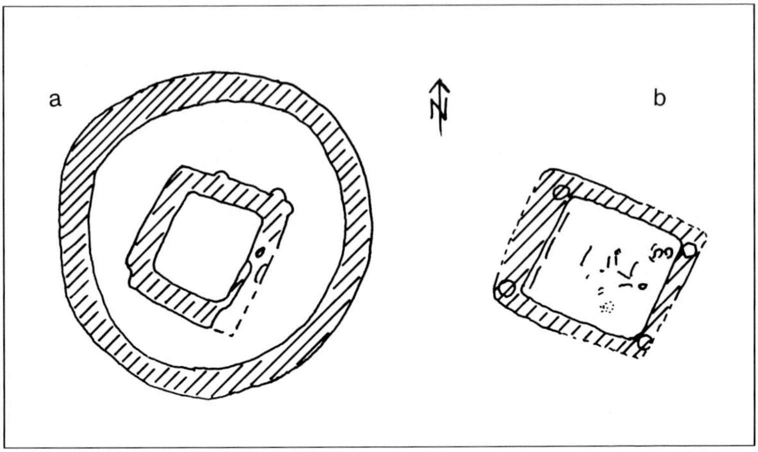

Abb. 32 Freigericht. a: Grabhügel bei Horbach, Grabkammer und Kreisgräbchen. b: Grabhügel bei Neuses, Grabkammer (nach Uenze 1956).

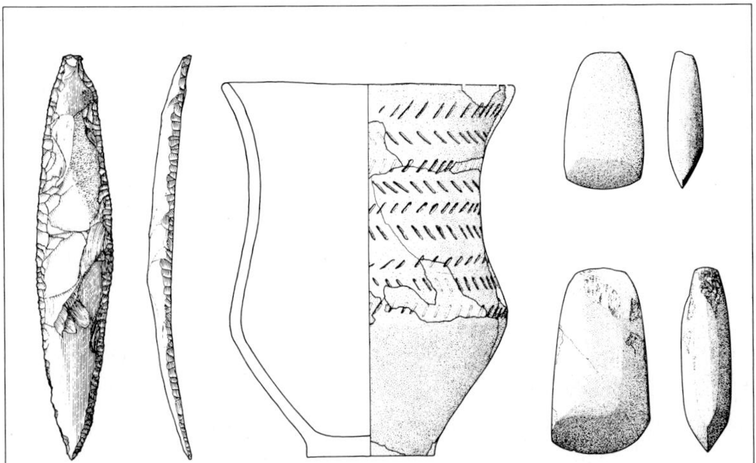

Abb. 33 Freigericht-Horbach. Grabbeigaben. Dolchklingen aus Grand-Pressigny-Feuerstein, Becher, zwei Beile (nach Raetzel-Fabian 1988).

Abb. 34 Freigericht-Neuses. Amphore der Schnurkeramischen Kultur (a) und Glockenbecher (b).

gehörte eine Amphore, die nach Form und Verzierung der Schnurkeramischen Kultur angehört (Abb. 34a), Fragmente eines weiteren Gefäßes und eine Silexklinge. In der Hügelaufschüttung über der Hauptbestattung kam eine Nachbestattung zum Vorschein, von der einer der prachtvollsten Glockenbecher (Abb. 34b) und eine gestielte Silexpfeilspitze stammt. Noch jünger ist eine hallstattzeitliche Nachbestattung mit zwei kleinen Bronzehohlringen mit Anhängern, einem massiven Armring mit annähernd ovalem Querschnitt und Strichgruppen sowie zwei Zinnenringen. Die stratigraphische Abfolge der schnurkeramischen Hauptbestattung und der darüberliegenden Glockenbechernachbestattung gab damals einen der wenigen Anhaltspunkte zum chronologischen Verhältnis der beiden Kulturen.

Literatur:
W. Gebers, Endneolithikum und Frühbronzezeit im Mittelrheingebiet. Katalog (1978) 180f., Nr. 305. – Herrmann, Jockenhövel 1990, 179, 371. – D. Raetzel-Fabian, Die ersten Bauernkulturen. Vor- und Frühgeschichte im Hessischen Landesmuseum in Kassel, H. 2 (1988) 142ff., 154. – Sangmeister 1951, 81, 85. – O. Uenze, Steinzeitliche Grabungen und Funde. In: Kurhessische Bodenaltertümer I (1951) 28ff. – K.-H. Wagner, Spätneolithische Grabhügel bei Horbach, Kr. Gelnhausen. Germania 17, 1933, 252ff.

Hans-Otto Schmitt

Horbach, erstmals 850 urkundlich erwähnt, war bis ins 19. Jahrhundert noch keine eigenständige Pfarrei. Für Gottesdienste diente die kleine St.-Michaels-Kapelle. Nach 1926, mit der Einweihung einer neuen, großen Kirche, wurde sie profaniert; Ende der achtziger Jahre machten Sanierungsarbeiten archäologische Untersuchungen erforderlich.
Hierbei konnten insgesamt vier Bauphasen nachgewiesen werden (Abb. 35). Alle vier Bauten folgen ungefähr dem gleichen rechteckigen, ostnordöstlich ausgerichteten Grundriß. Am deutlichsten sind die vier Phasen an den Chorerweiterungen ablesbar. Für den ersten Bau, ein einfacher Rechtecksaal, fehlen datierende Anhaltspunkte. Der zweite Bau, aus starkem, massivem Bruchsteinmauerwerk, dürfte im 13. Jahrhundert entstanden sein und bis ins ausgehende 14. Jahrhundert bestanden haben, wie es datierende Funde, darunter eine Münze, belegen. Im Grundriß unterscheidet er sich lediglich durch die kleine Apsis von seinem Vorgänger. Die dritte Kapelle, für die eine Nutzung bis ins 17. Jahrhundert angenommen werden darf, erhielt einen größeren, polygonalen Chorraum, der an die Längswände des zweiten Baues angefügt wurde. Die heute noch sichtbare Form erhielt die Kapelle 1700/1701, wie aus einer Urkunde hervorgeht.

Literatur:
L. Bickell, Die Bau- und Kunstdenkmäler im Regierungsbezirk Cassel, Bd. 1, Kreis Gelnhausen (1901) 151 f. Taf. 242. – H.-O. Schmitt, Vorläufiger Bericht über die Ausgrabung in der St. Michaelskapelle in Freigericht-Horbach. Neues Magazin Hanau. Gesch. 9, 3, 1989, 216 ff. – Ders., Die St. Michaelskapelle (Hrsg. Gemeinde Freigericht 1992).

Hans-Otto Schmitt

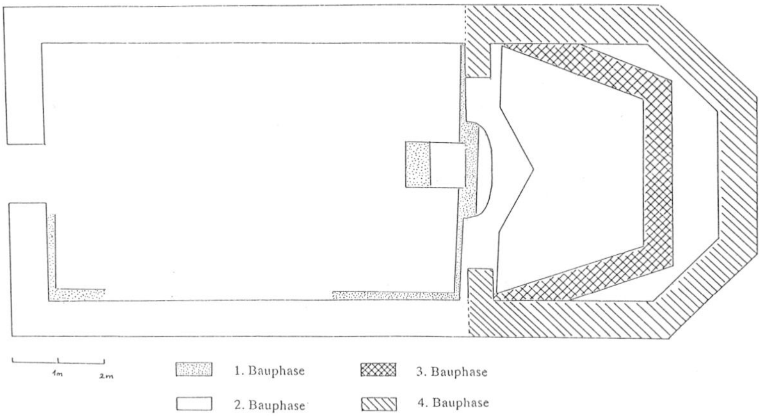

Abb. 35 Freigericht-Horbach. St.-Michaels-Kapelle. Lage und Grundrisse der verschiedenen Bauten (nach Schmitt 1992).

Die Burgruine Hüttelngesäß in Freigericht-Neuses

Am Ausgang des Geiselbachtales in den Kahlgrund, nahe des schon bayerischen Ortes Niedersteinbach, liegt die Ruine der Wasserburg Hüttelngesäß. 1219 wird Hittengeseze erstmals urkundlich genannt. Im 13. Jahrhundert war die Burg als Lehen im Besitz der Herren von Hüttelngesäß und ging durch Erbschaften und Verkäufe in mehrere Hände über. Zu Beginn des 15. Jahrhunderts war sie unter Ulrich von Bergheim ein gefürchtetes Raubritternest und wurde aus diesem Grunde 1405 im Wetterauer Räuberkrieg zusammen mit anderen Burgen von König Ruprecht von der Pfalz zerstört. Noch im 15. Jahrhundert müssen Aufbauarbeiten stattgefunden haben, doch ist schon 1510 von einem verfallenen Schloß die Rede.

Im Gelände schwach sichtbar ist der Verlauf des verfüllten Wassergrabens, der die stellenweise noch sichtbare, wohl ehemals rechteckige Ummauerung der Kernburg umschließt. Darin steht die Ruine eines im Grundriß rechteckigen Wohnturmes mit Eingang im Untergeschoß und schmalen Schießscharten (Abb. 36) sowie

Abb. 36 Freigericht-Neuses. Burgruine Hüttelngesäß. Untergeschoß des rechteckigen Wohnturms.

Mauerreste eines unterkellerten Gebäudes. In einer Verkaufsurkunde von 1510 (im Besitz des Fürstlich Ysenburgischen Archives) ist von weiteren, heute oberirdisch nicht mehr sichtbaren Gebäuden die Rede, nämlich Vieh- und Pferdeställen, Weinkelter, Backhaus, Hühnerhaus, zwei Scheunen und einer Kapelle.

Literatur:
G.-W. Hanna, Burgen und Schlösser im Kinzigtal (1992) 24f. – P. Hupach, Hüttelngesäß. Heimatjahrb. des Kreises Gelnhausen 1967, 75ff. – W. Kempf, Hüttelngesäß. Ein geschichtsträchtiger Ort wird für die Zukunft gesichert. Unser Kahlgrund, Heimatjahrb. 1993, 113ff. – Th. Ludwig, Hüttelngesäß. In: Tour de Burg, Burgen und Schlösser, Villen und Landsitze im Main-Kinzig-Kreis (1993) 33.

Hans-Otto Schmitt

Stadt und Pfalz

Bei dem erstmals 1133 und dann 1151 genannten Gelnhausen muß es sich noch um eine unbedeutende Siedlung gehandelt haben. Die Lage des 1158 vom Erzstift Mainz erworbenen »castrum Gelenhusen« am Platz der späteren staufischen Pfalz ist nicht völlig sicher. Kurz vor 1170 gelangte die Burg an Kaiser Friedrich I. Barbarossa, der eine Pfalz gründete, die in den folgenden Jahrzehnten häufiger Aufenthalt der deutschen Kaiser und Könige war. Insgesamt sind 30 Besuche der Staufer bezeugt, von denen der geschichtlich bedeutendste der Reichstag von 1180 war, auf dem die Reichslehen des geächteten Heinrich des Löwen aufgeteilt wurden. Am 25. Juli 1170 verkündete Friedrich Barbarossa, daß er bei der Burg Gelnhausen eine neue Stadt gegründet habe. Die Gründung einer Pfalz zusammen mit einer Stadt ist ein gutes Beispiel für die erfolgreiche Festigung der staufischen Machtpolitik.

Die heutige Ruine ist von allen staufischen Pfalzen eine der besterhaltenen. Die repräsentative und künstlerische Ausgestaltung überwiegt deutlich gegenüber ihrem fortifikatorischen Charakter. Die im Grundriß unregelmäßig polygonale Ringmauer aus Bukkelquaderwerk paßt sich am Ostende einer langgestreckten Kinziginsel dem Flußlauf an. Auf der Nord- und Westseite umgibt eine geräumige Vorburg mit drei Brückentoren die Kernburg. Trotz mehrfacher Umgestaltungen der Vorburg, vor allem im 15. Jahrhundert, entsprechen die Lage der Tore, Straßenführung und Häuserfluchten der staufischen Gründung.

Man betritt die Kernburg (Abb. 37) durch eine zweischiffige, nach dem Innenhof offene Torhalle, die in je drei Joche gegliedert ist. Das ursprüngliche Kreuzgratgewölbe ist im nördlichen Schiff noch erhalten, im südlichen durch ein Kreuzrippengewölbe in gotischer Zeit erneuert. Das gleiche Gliederungsschema wird im darüberliegenden Geschoß, in dem sich die Kapelle befand, aufgenommen. Aufbau und Fassadengliederung der Innenseite dieses Baukörpers erinnern sicher nicht zufällig an römische Triumphbögen und un-

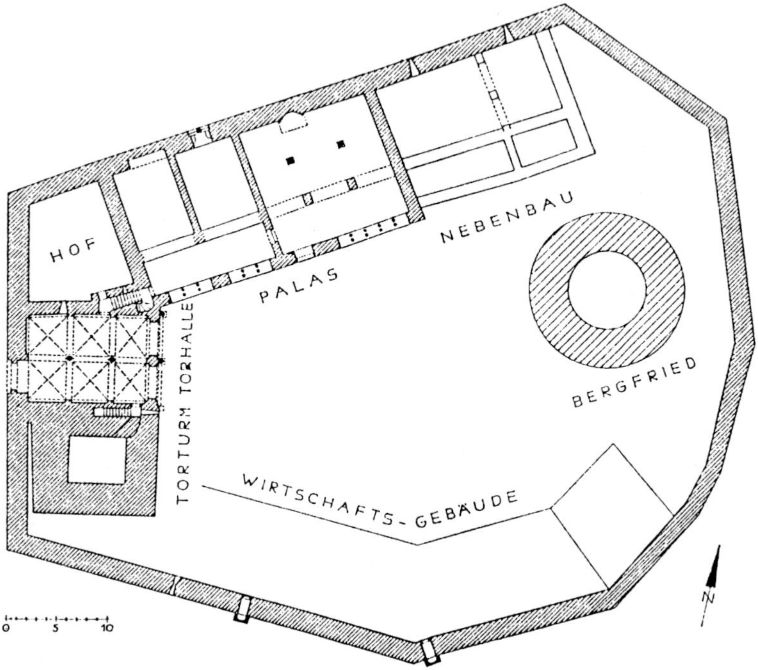

Abb. 37 Gelnhausen. Kaiserpfalz. Grundriß der Kernburg (nach Einsingbach 1980).

terstreichen damit den repräsentativen Charakter der Anlage. Das vorzüglich gearbeitete Adlerkapitell (Abb. 38) der in der Mitte der Torhalle frei vorgestellten Säule symbolisiert den Herrschaftsanspruch des Kaisers. Südlich an Torhalle und Kapelle schließt der Torturm an, in dessen Mauer die Treppe zur Kapelle führt. Der einzige Zugang zum Turm selbst lag aber mehr als 7 m über dem Hofniveau. Der Palas war architektonisch nicht minder aufwendig gestaltet. Der kaum eingetiefte Keller trug zwei Geschosse, von denen das darüberliegende durch die erhaltenen Langseiten noch einen guten Eindruck vermittelt. Das Eingangstor, das über eine

Abb. 38 Gelnhausen. Kaiserpfalz. Adlerkapitell.

hölzerne Freitreppe zugänglich war, wird oben von einem Kleeblattbogen mit reichem Rankenfries abgeschlossen, der wiederum von einem Rundbogen umfaßt wird. Darüber ist der sog. Barbarossakopf (sekundär) eingemauert. Die Gliederung der Fassade ist durch die Funktion der Innenräume bestimmt. Westlich des Eingangs befinden sich zwei Drillingsarkaden mit jeweils vier Säulchen, von denen jeweils zwei hintereinander stehen; östlich davon fünf Arkaden, gleichfalls mit doppeltstehenden Säulchen. Bei gleicher Grundform ist jedes Kapitell anders mit Rankenwerk, Blattornamenten, Menschen- und Tierdarstellungen verziert. An der

Abb. 39 Gelnhausen. Kaiserpfalz. Kamin.

nördlichen Längswand ist ein großer Kamin eingelassen (Abb. 39). Rechts und links davon befanden sich zwei Sitze, deren erhaltene Rückplatten mit reliefiertem Webmuster reich verziert sind. Im Burghof vor der östlichen Ringmauer haben sich Fundamente eines im Durchmesser 16 m großen Rundbaus erhalten, Reste eines Bergfrieds, der vermutlich niemals über den Sockelbereich hinaus gediehen ist.

Die Stadt Gelnhausen (Abb. 42) weist trotz Hanglage und späterer Bebauung ein heute noch erkennbar einheitliches Konzept des Straßensystems auf (Abb. 40). Zwei Hauptstraßenzüge entlang des Hanges von West nach Ost leiten die alte Frankfurt-Leipziger Straße zu den beiden großen Marktplätzen Ober- und Untermarkt. Sie werden von annähernd rechtwinklig verlaufenden Nord-Süd-Straßen geschnitten, ohne den erheblichen Steigungen auszuweichen.

Am Untermarkt steht das sog. Romanische Haus (Abb. 41), in Urkunden Praetorium genannt. Es war der Amtssitz des kaiserlichen Schultheißen, der Sitz der kaiserlichen Stadtverwaltung und

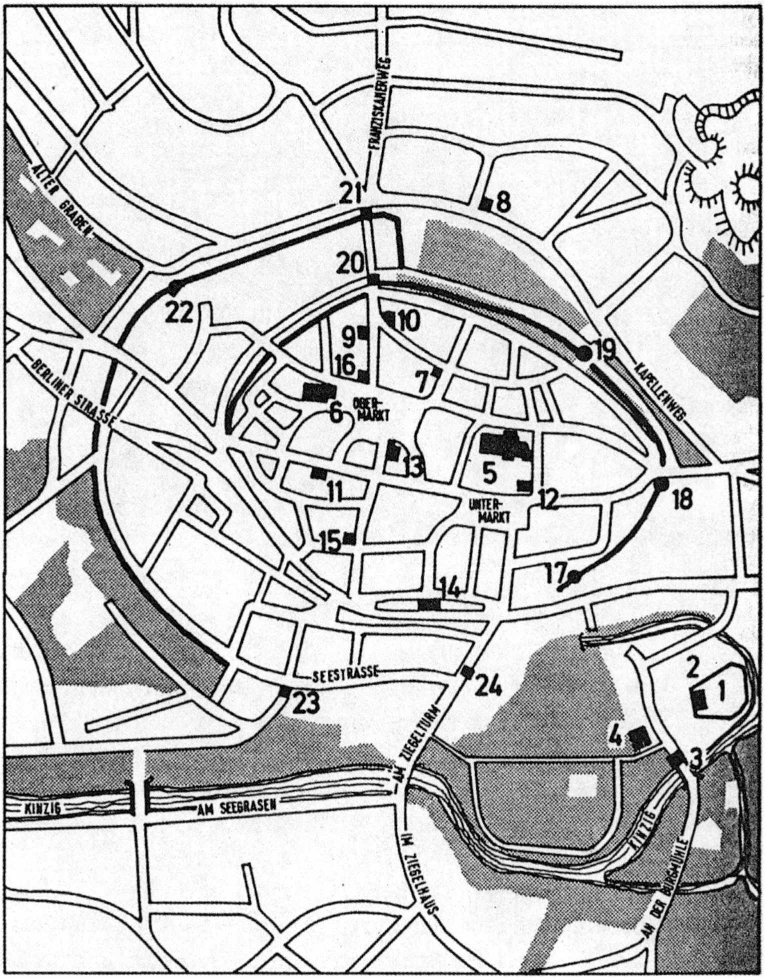

Abb. 40 Stadtplan von Gelnhausen (nach Hotz 1951). Die ehem. Kaiserpfalz: 1 Hauptburg, 2 Vorburg, 3 Haintor, 4 Ehem. Rathaus. Die Stadt: 5 Marienkirche, 6 Peterskirche, 7 Ehem. Franziskanerkloster, 8 Godobertkapelle, 9 Deutschordenshaus, 10 Johanniterhof, 11 Arnsburger Hof, 12 Romanisches Haus, 13 Rathaus, 14 Ehem. Fürstenhof, 15 Gotisches Fachwerkhaus, 16 Haus Symeren, 17 Hexenturm, 18 Oberhaitzer Tor, 19 Halbmond, 20 Holztorturm, 21 Oberes Holztor, 22 Butterturm, 23 Schifftorturm, 24 Ziegelturm.

Abb. 41 Gelnhausen. Untermarkt, vorn Romanisches Haus, im Hintergrund die Marienkirche.

Tagungsort des Stadtgerichtes. Dem zum Marktplatz freiliegenden Erdgeschoß war ehemals eine Rampe auf drei offenen Tonnengewölben mit Zugang über eine Freitreppe vorgebaut. Die darüberliegende zweigeschossige Fassade ist durch Kleeblattportal und Rundbogenarkaden gegliedert. Die Kapitelle sind mit denen der Pfalz verwandt.

Der abschüssige Untermarkt wird beherrscht von der Silhouette der Marienkirche. Sie ist neben der Pfalz das kunstgeschichtlich bedeutendste Bauwerk der Stadt (Abb. 41). Ursprünglich war nur eine kleine einschiffige Kirche des Selbolder Praemonstratenserklosters vorhanden, deren großzügiger Aus- und Neubau mit der Gründung der Reichsstadt einsetzte. Gegen Ende des 12. Jahrhunderts entstand der mächtige Westturm mit betonter Gliederung der zunächst nur vier Stockwerke. Darauf folgte der Neubau des dreischiffigen Langhauses. Um 1225 wurde der formenreiche Ostbau mit Querschiff, Vierungsturm und Chortürmen über den Nebenapsiden und dem Hauptchor begonnen. Ursache für die reiche Ausgestaltung war der vom kaiserlichen Vogt und der Bürgerschaft gleichzeitig durchgeführte Neubau der Peterskirche am Obermarkt, der die Marienkirche in den Schatten zu stellen drohte. Für die Prämonstratenser bedeutete dies ein entschiedenes Abweichen von ihrer Reformidee, verzichteten sie doch auf eine strenge, auf Schlichtheit und Sparsamkeit bedachte Bauform. Der planende Künstler, Heinrich Vingerhut, führte hier verschiedene Kunstströme aus der beginnenden französischen Kathedralgotik und aus mittelrheinischen Formschöpfungen zu einem großartigen, eigenwilligen Bauwerk zusammen. An der Kirche, die als ein im ganzen einheitlicher Bau aus der Zeit des Übergangsstils erscheint, wurden später nur geringe Veränderungen vorgenommen. Dazu gehört die Verlängerung der Seitenschiffe noch im 13. Jahrhundert, die nun den Westturm in den Kirchenraum einbezogen. Im 15. Jahrhundert wurden die Seitenschiffe erhöht und mit einer Reihe von Maßwerkfenstern versehen. Anbauten des 14. und 15. Jahrhunderts sind im Südosten Sakristei und Prozessionskapelle. Fünf Portale führen zum Innenraum. Die beiden Portale am Längshaus und das im 15. Jahrhundert versetzte Portal am Westturm gehören noch zur zweiten, die Querhausportale zur letzten Bauperiode. Das nördliche, später überarbeitete Langhausportal zeigt im Tympanon den richtenden Christus zwischen Maria und Johannes und zwei Heiligen, das nördliche die Kreuzigung mit Maria, Johannes und zwei Erzengeln, das südliche Querhausportal eine thronende Maria zwischen vier weiblichen Heiligen. Außen wie innen steigert sich das Werk von Westen nach Osten in Gliederung, Formenfülle und plastischer Ausgestaltung. Höhepunkt des Innenraumes sind Vierung und Chor. Nach den meisterhaften plastischen Steinmetzarbeiten an den Architekturteilen im Chor nennt man den Künstler »Meister der Chorkonsolen«. Sein Stil unterscheidet sich merklich von einem zweiten, dem »Meister des Lettners«, der durch seine derb-kräftige und ausdrucksstarke Reliefkunst eine stilistische Nähe zum »Naumburger Meister« erkennen läßt. Die bildliche Thematik des Lettners und seine Form folgen dem ehem. Westlettner des Mainzer Domes, einem Frühwerk des Naumburger Meisters.

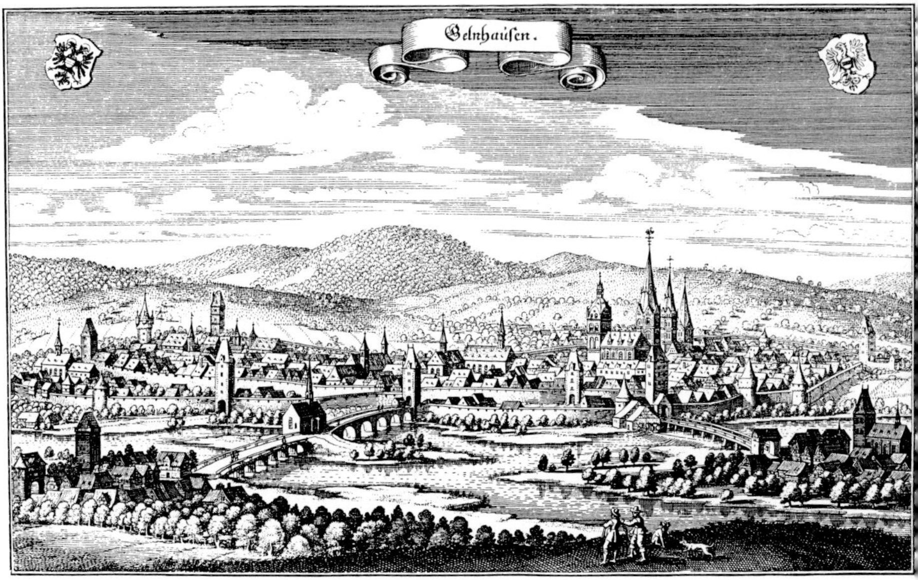

Abb. 42 Stadtansicht von Gelnhausen nach Merian.

Der Lettner der Marienkirche entstand kurz vor der Mitte des 13. Jahrhunderts. Aus der gleichen Zeit stammen die 1934 freigelegten, heute stark verblaßten Fresken und die 1877 stark restaurierten und teilweise neugeschaffenen Glasmalereien der Fenster. In die Zeit um 1500 datieren der große Altarschrein für den Hochaltar, das Kruzifix über dem Lettner, der Kreuzaltar unter dem Lettner, der Annenaltar in der südlichen Nebenapsis, der Altar in der nördlichen Nebenapsis und der Marienaltar im südlichen Seitenschiff.

Die Peterskirche rahmt die Westseite des Obermarktes. Der Bau wurde gegen Ende des 12. Jahrhunderts begonnen, im späten 13. Jahrhundert weitergeführt, aber nicht vollendet. Er diente lange Zeit profanen Zwecken. Erst 1932/38 wurde er für den Gottesdienst ausgebaut. Aus romanischer Zeit stammen noch die Langhausarkaden, die Vierungspfeiler, die Außenwände von Langhaus und Querschiff mit den anspruchsvollen Portalen, um 1180/90, die oberrheinisch-elsässische und burgundische Einflüsse verraten.

Das Petrustympanon des Nordportales wurde 1220 eingefügt.
Vor der Stadtmauer, oberhalb des Holztores, steht die Godobertuskapelle, erstmals 1260 erwähnt. Von dem hohen quadratischen Bau ist die ehemals überwölbte Apsis abgebrochen und der Chorbogen vermauert. Die Kapelle gehörte vielleicht zu einem vorstaufischen Wirtschaftshof oder einer kleinen frühen Dorfsiedlung, die jedoch erst Ende des 14. Jahrhunderts als Godebrechtshusen bezeugt ist.
Das Hospital der Stadt lag zunächst außerhalb der Stadtmauer, wurde aber im 14. Jahrhundert in den äußeren Mauerring einbezogen. Erstmals wird es 1233 in einem Streit zwischen den Spitalbrüdern und dem Kloster Selbold erwähnt. Der heute als Wohn- und Geschäftshaus genutzte Bau zeigt ostseitig noch historischen Baubestand.
Nördlich des Obermarktes befand sich das Franziskanerkloster, das hier bald nach der Ordensgründung entstand. Die Klosteranlage nahm mit zwei Kirchen ein ganzes Straßengeviert ein. Nur von der ersten in Wohnhäusern verbauten Kirche sind Fenstergewände erhalten.
Eine ganze Reihe weiterer kirchlicher und ritterlicher Ordensniederlassungen sowie ehemals stattliche Handelshäuser bestimmen, wenn auch jetzt anders genutzt und teilweise baulich umgestaltet, noch heute das Gesicht der Stadt Gelnhausen.

Literatur:
M. Backes, H. Feldtkeller, Kunsthistorischer Wanderführer Hessen (1962) 149 ff. – L. Bickell, Die Bau- und Kunstdenkmäler im Regierungsbezirk Cassel, Bd. 1, Kreis Gelnhausen (1901) 1 ff. – G. Binding, Pfalz Gelnhausen (1965) – G. Dehio, Handbuch der deutschen Kunstdenkmäler, Hessen (1962) 293 ff. – W. Einsingbach, Gelnhausen Kaiserpfalz. Amtlicher Führer der Verwaltung der staatlichen Schlösser und Gärten, Hessen (1980). – A. Fuhs, Gelnhausen. Stadtgeschichtliche Untersuchungen (1960). – W. Heitzenröder, Reichsstädte und Kirchen in der Wetterau. Stud. Frankfurter Gesch. 16, 1982. – W. Hotz, Gelnhausen. Die kleinen Kunstführer (1951). – K. Schreiber, 800 Jahre Stadt Gelnhausen. Zeitschr. Ver. Hess. Gesch. 80, 1969, 13 ff. – E. Schubotz, Die Marienkirche Gelnhausen. Große Baudenkmäler 168 (1979). – F. Schwind, Reichsstadt und Kaiserpfalz Gelnhausen, in: Bl. dt. Landesgesch. 117, 1981, 73 ff. – H. Stoob, Gelnhausen. Deutscher Städteatlas, Lief. 1 (1973). – S. Tischer, G. Kaiser, B. Kling, Ein Spaziergang durch Gelnhausen (1988).

Hans-Otto Schmitt

Grabhügel im Stadtgebiet

Auf dem Gebiet der Stadt Gelnhausen liegen auf den Höhen beiderseits des Kinzigtales – im Norden auf den Ausläufern des den Vogelsberg begrenzenden Büdinger Waldes, im Süden auf den Bergen des dem Spessart vorgelagerten Ronneburger Hügellandes – eine Anzahl von einzelnen Grabhügeln und kleinen Grabhügelgruppen (Abb. 43). Die öfter anzutreffende Feststellung, daß sie sich vorzugsweise an alten Höhenwegen, den sog. Fernstraßen der Vorzeit, befinden, entbehrt sicherer Grundlagen und träfe auch nur für den »Wolfskippel« genannten Einzelhügel westlich der Kuhruh in der Gemarkung von Gelnhausen-Roth zu, der nahe der vom Vogelsberg herabkommenden und in das Gründau- und Kinzigtal führenden Gelnhäuser Straße liegt. Viel eher ist es so, daß die Grabhügel als weithin sichtbare Male auf hervorgehobener Höhe errichtet wurden, über die auch, ohne direkten Zusammenhang, die alten Verkehrswege führten.

Literatur:
G. Loewe, Fernstraßen der Vorzeit im südwestlichen Vogelsberg. In: Kreis Büdingen. Wesen und Werden (1956) 129ff. – G., R. Mende, Vor- und Frühgeschichte. In: G. Diederich u. K.-H. Ehrenberg, Erläuterungen zur Geologischen Karte von Hessen 1:25000, Blatt Nr. 5721 Gelnhausen (^{2}1977) 125ff., bes. 134. – H. Kreutzer, F.-R. Herrmann, Die archäologische Erforschung einer Kleinlandschaft im mittleren Kinzigtal. Arch. Denkmäler Hessen 21 (1981).

Hans Kreutzer

Grabhügel im Stadtwald

Im Gelnhäuser Stadtwald, 1700 m nördlich des Ortes, findet sich neben dem Steinigen Weg eine kleine Gruppe von (etwa) sechs Grabhügeln. Sie liegen am Geländesattel, der durch steile Seitentälchen gebildet wird, auf der Kuppe des wieder zur Kuhruh hin ansteigenden Bergrückens. Mit Durchmessern zwischen 7 m und 14 m sind sie flach, nur einmal über 1 m erhoben.

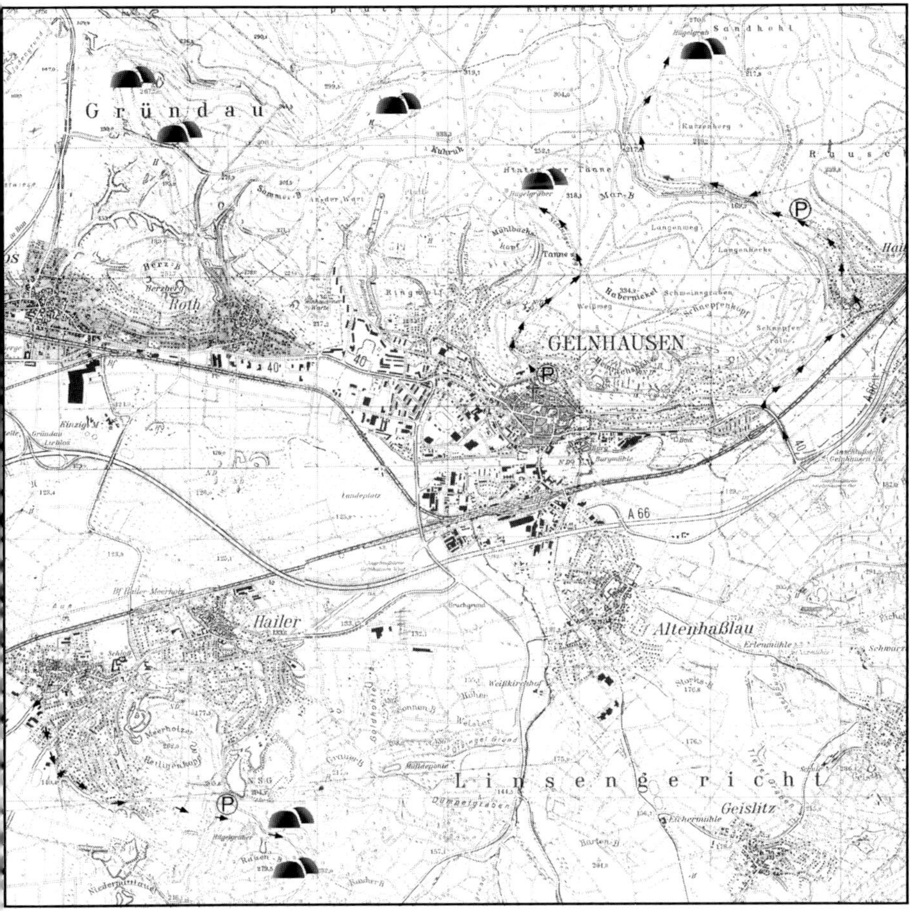

Abb. 43 Grabhügel in der Umgebung von Gelnhausen. Die im Text beschriebenen Denkmäler sind mit Parkmöglichkeiten und Zugangswegen gekennzeichnet

In einem der Hügel wurde 1906 durch den Kasseler Museumsdirektor Johannes Boehlau eine Bestattung der Hallstattzeit (Ha C) aufgedeckt (Abb. 44). Das Grab war relativ reich ausgestattet und enthielt als Urne ein Kegelhalsgefäß mit undeutlicher Graphitbemalung in Form vier- und fünfzeiliger Winkelbänder auf der Schul-

Abb. 44 Gelnhausen. Grabhügel im Stadtwald. Funde einer Bestattung der Hallstattzeit (nach Mainzer Zeitschr. 27, 1932).

ter, vier weitere Becher und Näpfe, eine Bronzespirale aus dünnem Draht (Fingerring?), eine Bronzenadel, eine Bronzepinzette, zwei kleine Bronzeringe und weitere Bronzereste sowie einen fragmentierten Eisenring. Die Bronzenadel, eine kleinköpfige Vasenkopfnadel mit astragaliertem Hals, steht in endurnenfelderzeitlicher Tradition, nach den Gefäßen und sonstigen Beigaben ist aber eine Datierung in die ältere Hallstattzeit gesichert.

Literatur:
W. Kubach, Die Nadeln in Hessen und Rheinhessen. PBF XIII, 3 (1977) 519 Nr. 1319 Taf. 81, 1319; 129, C. – Mainzer Zeitschr. 27, 1932, 90 Abb. 14 (Jahresbericht des RGZM 1931/32). – G. Mende, Vorgeschichte der Gemarkung Gelnhausen. Geschichtsbl. f. Stadt u. Kr. Gelnhausen 1969/70, 69ff., bes. 77ff. Abb. 6. – Mitt. Mitgl. Hess. Ver. Gesch. 1905–06, 86 (Erwähnung).

Hans Kreutzer

Grabhügel am Rauenberg bei Gelnhausen-Hailer und Gelnhausen-Meerholz

Am Nordhang des Rauenberges, knapp 2 km südöstlich von Meerholz und rund 1500 m südlich von Hailer, liegt auf einem kleinen Bergvorsprung in der Gemarkung von Meerholz eine Gruppe von fünf Grabhügeln. Sie sind verflacht, beschädigt und zerrissen, teils durch Ausgrabungen seit dem vergangenen Jahrhundert, teils auch neuerlich durch Forstkultur. An diesen Hügeln fand, vor nunmehr 120 Jahren, die erste überlieferte Ausgrabung im Gelnhäuser Raum statt: »Im Oktober 1874 ließ Landgraf Friedrich zu Ysenburg-Büdingen-Meerholz am Rauenberg südöstlich von Meerholz (1 Stunde von Gelnhausen) drei Hügel im Walde durchsuchen.«
Im ersten Hügel, in dem »eine gebogene Reihe von unbehauenen Sandsteinen« (Rest eines Steinkranzes?) aufgedeckt wurde, fand sich eine Bestattung der Schnurkeramik mit einem Becher als einziger Beigabe (Abb. 45). Er ist 19,4 cm hoch und trägt um den Hals eine achtzeilige Wickelschnurverzierung, von der auf die Schulter dreizeilige Winkelmuster als hängende Dreiecke hinabreichen. Knochen des Skelettes waren, wie auch in den übrigen Hügeln, völlig vergangen. – Von einer Nachbestattung wohl der Hallstattzeit kam aus dem Hügel ein zerbrochener, unvollständiger Bronzering von fast 6 cm Durchmesser.

Abb. 45 Gelnhausen-Meerholz. Der schnurverzierte Becher aus einem Grabhügel am Rauenberg.

»In dem zweiten, niedrigsten Hügel, dem Wege zunächst, fand sich ein Steinkranz und darin unter den Steinen zwei große einfache Armringe von schön patinierter Bronze mit einer glatten Seite an jedem, wo sie aufeinander passen, sodann ein kleinerer Bronzering mit zwei glatt endenden Knöpfen, in deren Mitte eine Vertiefung ist, und ganz unbedeutende Tonscherben.« Die Funde sind nicht erhalten; es dürfte sich um eine Bestattung der Hallstattzeit gehandelt haben.

Im dritten, größten Hügel wurden keine Funde gemacht. Zum Grabbau wird berichtet: »Darin zeigt sich auch eine Einfassung von Steinen, die aber nicht ringsum ging; auf der einen Seite hin gingen zwei Steinreihen parallel bis zum Rande des Hügels, so daß dort ein schmaler Zugang war. In der Mitte des Hügels lag ein länglicher Sandstein und auf demselben ein zweiter, 80 cm hoch und 18 cm breit. Letzterer zeigt Bearbeitung durch Menschenhand.« Es kann kaum ein Zweifel bestehen, daß es sich bei diesem menhirartigen Stein um eine Grabstele gehandelt hat, die ursprünglich den Hügel krönte. Der verschollene Stein trug eingehauene Zeichen, die »in zwei oder drei von oben nach unten und quer über die Breitseite ziehenden Furchen und zahlreichen sie kreuzenden kürzeren Querstrichen« bestanden. Es entzieht sich heute der Beurteilung, was diese Linien bedeuten könnten und ob sie überhaupt, wie vermutet, »zweifellos in bestimmter Absicht eingehauen waren« (Angaben zu dem damals schon nicht mehr vorhandenen Stein aus einem Brief G. Wolffs an H. Birkner vom 30. 4. 1926). Eine Nachgrabung 1974 in den zwischenzeitlich schon stark zerstörten Hügeln erbrachte nur einzelne hallstattzeitliche Scherben.

Rund 600 m südöstlich von dieser Hügelgruppe entfernt liegt am Osthang des Rauenberges auf der Gemarkung von Hailer ein einzelner Grabhügel, der von einem Waldweg angeschnitten ist. Am Fuß des Hügels wurde 1936 von Schulkindern ein Rechteckbeil der späten Jungsteinzeit aufgelesen. Ein damals angelegter kurzer Suchschnitt ergab einen Steinkranz.

Literatur:
Zu den Meerholzer Hügeln: Mitt. Hanauer Bezver. Hess. Gesch. 5, 1876, 208. – Kutsch 1926, 37 Taf. 1, 6. – Sangmeister 1951, 84f. Nr. 15 Taf. 6, 10 (Abbildung unzutreffend). – Zum heutigen Zustand der Hügel: H. Kreutzer, Zerstörungen archäologischer Denkmäler im mittleren Kinzigtal. Arch. Denkmäler Hessen 79 (1989).
Zu dem Hailerer Hügel: Fundber. Hessen 15, 1975, 602 (Fundchronik). – Sangmeister 1951, 95 Nr. 77.

Hans Kreutzer

Grabhügel bei Gelnhausen-Haitz

Die kleine Grabhügelgruppe liegt nördlich von Gelnhausen auf einem Nordnordost-Südsüdwest streichenden, leicht abfallenden Höhenrücken 2,5 km nordwestlich von Haitz (»Forstort Gettenbach«). Sie bestand aus vier teilweise angegrabenen Hügeln, von denen der westlichste, Hügel 1, zu einem Viertel von der dort ziehenden breiten Waldschneise zerstört war und 1936 vollständig ausgegraben wurde (Grabung im Auftrag des Staatlichen Vertrauensmannes durch Hans-Jürgen Hundt). Der Hügel war offenbar am Ende der Jungsteinzeit (Becherkulturen) errichtet worden und enthielt im Zentrum Balken- und Pfosten(?)spuren vielleicht einer hölzernen Grabkammer von 1,20 m Breite und 1,80 m Länge, die Ost-West orientiert war. Als einzige Beigabe des vergangenen Skelettes fand sich nahe der nördlichen Balkenspur ein kleines trapezförmiges Steinbeil. Spätneolithische Scherben aus der Hügelaufschüttung stammen aus der Erbauungszeit.
In den Hügel wurden in der Hügelgräberbronzezeit drei Nachbestattungen eingebracht, deren Skelette ebenfalls vollständig vergangen waren. Nachbestattung 1 (Abb. 46), in die Hügelmitte bis auf die Tiefe des steinzeitlichen Grabes eingegraben, war ein Südost-Nordwest gerichtetes Männergrab. Beigaben waren zwei auf der Brust liegende Bronzenadeln (namengebend: vom Typ Haitz); am rechten Unterarm ein reichverzierter offener Bronzering (ebenfalls namengebend: vom Typ Haitz); in der Gürtelgegend kleine Bronzeklammer wohl von einem Gürtel aus Leder oder Stoff; an

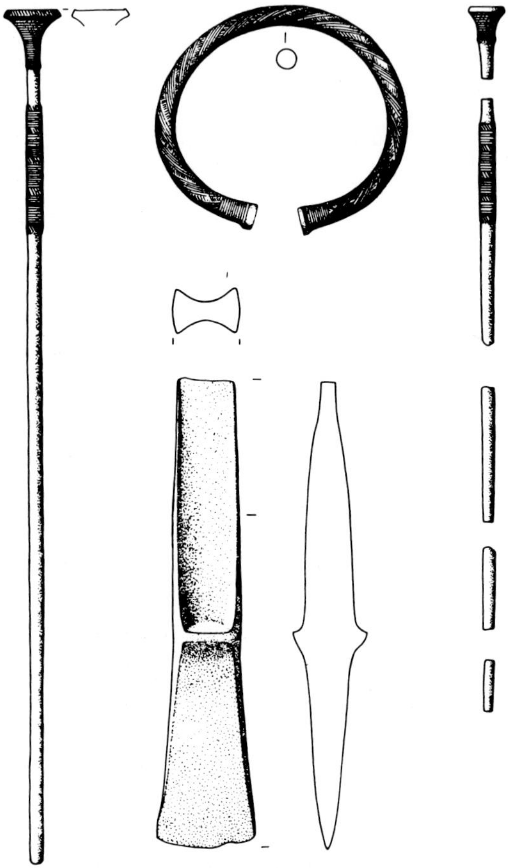

Abb. 46 Gelnhausen-Haitz. Hügel 1 im Forstort Gettenbach. Funde der hügelgräberbronzezeitlichen Nachbestattung 1 mit den namengebenden Nadeln vom Typ Haitz und dem Armring vom Typ Haitz (nach Richter 1970).

der linken Schulter, mit dem größtenteils vergangenen Schaft aus Eichenholz parallel zum Toten, ein bronzenes Absatzbeil.

Nachbestattung 2, vermutlich ein junges Mädchen, lag näher am Hügelrand und war Ostsüdost-Westnordwest ausgerichtet. An den Armen trug sie bronzene Armspiralen, auf der Brust einen Bernsteinschmuck, wohl eine Kette aus 75 großen und kleinen, flach doppelkonischen Bernsteinperlen, zu Füßen stand eine Tasse. Nachbestattung 3 war nur durch eine vereinzelt liegende Bronzenadel vom Typ Haitz gekennzeichnet.

Literatur:
Germania 21, 1937, 132 (Fundchronik). – K. Kibbert, Die Äxte und Beile im mittleren Westdeutschland I. PBF IX, 10 (1980) 266 Nr. 771 Taf. 50, 771. – W. Kubach, Die Nadeln in Hessen und Rheinhessen. PBF XIII, 3 (1977) 276 Nr. 616 Taf. 47, 616; Nr. 623 mit Taf. 48, 623; 277 Nr. 632 Taf. 49, 632 und passim. – I. Richter, Der Arm- und Beinschmuck der Bronze- und Urnenfelderzeit im Hessen und Rheinhessen. PBF X, 1 (1970) 31 Nr. 132. 133 Taf. 7, 132; 98 Nr. 586 Taf. 34, 586 und passim; Taf. 79, A. B. – Sangmeister 1951, 91 Nr. 17 mit Taf. 15, 1; 19, 4. – O. Uenze, Die ersten Bauern (Jungsteinzeit). Vorgeschichte von Nordhessen, 2. Tl. (1956) 94 Abb. 22, 4 (nicht 3). – Ders., Hirten und Salzsieder (Bronzezeit). Vorgeschichte von Nordhessen, Tl. 3 (1960) 169 Taf. 92.

Hans Kreutzer

Großkrotzenburg

Nördlicher Endpunkt des Mainlimes

Großkrotzenburg, wenige Kilometer östlich von Hanau gelegen, kann auf eine Vielzahl archäologischer Hinterlassenschaften zurückblicken. Die ersten Belege menschlicher Siedlungstätigkeit liefern Steingeräte und Scherben der jungsteinzeitlichen Bandkeramik. Auch Grab- und Siedlungsfunde der nachfolgenden Bronze- und Eisenzeit sind bekannt. So kamen 1988 im Ortskern, unter römischen Bauresten, Spuren einer latènezeitlichen Siedlung zum Vorschein.

Nach der Eroberung der Wetterau durch die Römer am Ende des 1. Jahrhunderts n. Chr. gerät auch Großkrotzenburg in den Einflußbereich der neuen Machthaber. Zur Sicherung des Untermaingebietes ist spätestens unter Kaiser Trajan ein Kastell im heutigen Ortskern von Großkrotzenburg errichtet worden (Abb. 47). Als Besatzung ist bisher nur die *Cohors IV Vindelicorum* bezeugt.

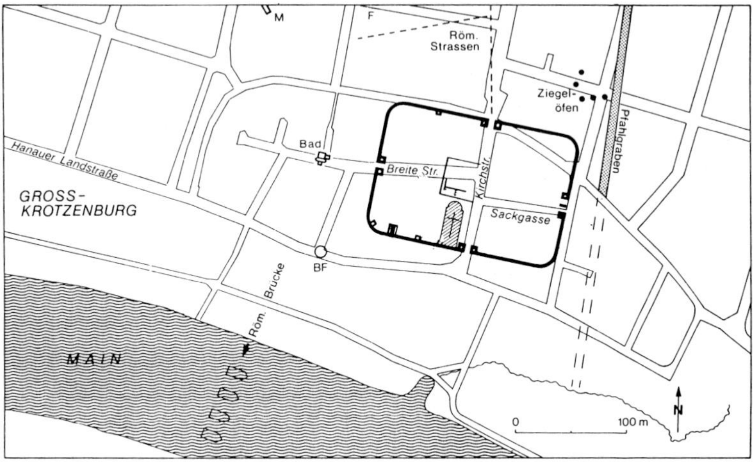

Abb. 47 Großkrotzenburg. Lageplan des Kohortenkastells. BF Fundstelle der Benefiziarierweihungen, M Mithräum, F Friedhof (nach Baatz, Herrmann 1982).

Möglicherweise ging diesem Lager ein kleinerer Vorgängerbau voraus, für den ein 1982 bei Ausgrabungen entdeckter römischer Spitzgraben nördlich des späteren, 2,1 ha messenden Steinkastells sprechen würde. Markante Überreste dieses Steinkastells sind die noch teilweise bestehenden Wehrmauern. Besonders der südwestliche Eckturm, dessen Mauerwerk aus Basaltsteinen noch fast 2 m mißt, ist dafür ein eindrucksvolles Zeugnis. Die gute Erhaltung verdankt dieses Bauwerk dem Umbau und der Weiterbenutzung in nachrömischer Zeit. So wurde der Turm während der Neuzeit als Gefängnis verwendet. Geht man von dort aus in östliche Richtung, stößt man unmittelbar südlich des heutigen Kirchturms auf eine weitere Mauer, deren Kern römischen Ursprungs sein könnte. Zahlreiche Ausbesserungen des Mauerwerks haben den ursprünglichen Zustand jedoch so verändert, daß ihr Alter unsicher bleiben muß. Die Kirche selbst ist ein Bau aus der ersten Hälfte des 19. Jahrhunderts. Von ihrem Vorgänger, einem gotischen Bauwerk, ist oberirdisch nur noch die untere Hälfte des Kirchturms erhalten. In der östlichen Verlängerung des Südportals, am Schnittpunkt mit der Kirchstraße, ragt ein unscheinbarer Steinklotz aus der Begrenzungsmauer des Kirchengrundstückes. Dies ist der letzte sichtbare Rest des einstigen Südtors des Kastells.

Neben den augenfälligen Spuren des Kastells nehmen noch heute einige Straßen des alten Ortskerns die Wegführung des Lagers auf. So folgt die Kirchstraße dem Verlauf der Hauptlagerstraße (*via principalis*). Gleiches gilt für die Sackgasse und die Breitestraße, die sich an die vordere *(via praetoria)* bzw. rückwärtige *(via decumana)* Lagerstraße anlehnen.

Am Standort des römischen Nordtors, früher Begrenzung des kleinen Dorfes, soll nach der mündlichen Überlieferung bis in dieses Jahrhundert ebenfalls ein Tor gestanden haben. Man wird annehmen dürfen, daß dies unter Benutzung des antiken Mauerwerkes geschah. Vermutlich waren umfangreiche Abschnitte der Kastellmauer bis in die Neuzeit Teil der Dorfbefestigung. Im östlichen Museum sind neben interessanten volkskundlichen Exponaten auch zwei Räume der Vorgeschichte und der Römerzeit gewidmet.

Obwohl die Existenz eines römischen Lagers in Großkrotzenburg seit mehr als 100 Jahren bekannt ist, waren bis vor kurzem nur Teile der steinernen Umwehrung und einige fragmentarische Reste des Stabsgebäudes in der Mitte des Kastells bekannt. Erst 1988 gelang es, in seinem Südwestteil weitere Teile der Innenbebauung freizulegen. Zwar erlauben die nur unvollständig erfaßten Gebäudegrundrisse keine Rekonstruktion, doch immerhin weisen Eisenschlacken und Ofenreste auf eine zumindest zeitweise Nutzung des Areals als Werkstatt hin. Daneben war es möglich, mehrere Bauhorizonte zu verfolgen. Eine dieser Bauphasen fiel einem Brand zum Opfer, der frühestens in der Mitte des 2. Jahrhunderts anzusetzen ist, so daß ein Zusammenhang mit den historisch überlieferten Germaneneinfällen nicht auszuschließen ist. Nur wenige Meter nordöstlich des Lagers lokalisierte man die Spuren des mit Wall, Graben und Holzpalisade gesicherten, heute vollständig eingeebneten Limes.

Südwestlich des Kastells, in der Nähe des Mains, entdeckte man zwei von Benefiziariern (Militärpolizisten) gestiftete Weihesteine.

In der unmittelbaren Nachbarschaft befand sich auch eine römische Mainbrücke, weshalb eine Benefiziarierstation, die wohl der Überwachung des Verkehrs diente, an dieser Stelle zu vermuten ist. Die Mainbrücke ist nach der dendrochronologischen Untersuchung ihrer hölzernen Pfahlgründungen während der Regierungszeit Kaiser Hadrians entstanden.
Unmittelbar nördlich des Lagers erstreckte sich die Ziegelei der *Cohors IV Vindelicorum*. Ihr Betrieb begann wohl erst am Ende des 2. Jahrhunderts und trat die Nachfolge der älteren Ziegelei in Frankfurt-Nied an. Die Produkte der 4. Vindelikerkohorte lassen sich von Walldürn im Odenwald bis in das Neuwieder Becken bei Koblenz verfolgen, so daß wir auf eine umfangreiche Produktion schließen können. Bisher sind insgesamt fünf Ziegelbrennöfen aus Großkrotzenburg bekannt. Der bisher letzte fand sich 1982 bei einer Ausgrabung des Hanauer Geschichtsvereins.
Westlich und nordwestlich des Kastells erstreckte sich die zugehörige Zivilsiedlung *(vicus)*. Leider kennen wir, außer einer großen Reihe von Zufallsfunden und dem nicht völlig gesicherten Verlauf zweier Straßen, nur ihre ungefähre Ausdehung. Befunde oder gar Hausgrundrisse liegen nicht vor. Lediglich das Kastellbad, wenige Schritte vom Westtor entfernt, ist teilweise ergraben worden.
Nordwestlich des Vicus ließ sich das vorauszusetzende Gräberfeld lokalisieren. Dort fand sich auch eine kleine Kultstätte des orientalischen Gottes Mithras mit mehreren Steindenkmälern, die jedoch während der Bombardierung Hanaus im Zweiten Weltkrieg zerstört wurden. Ein weiterer Friedhof befand sich nördlich der Siedlung, entlang der Straße zum Kastell Rückingen. Die wenigen dort gemachten Grabfunde lassen an eine eher kleine Nekropole denken. Das Kastell und sein Vicus dürften bis zur Aufgabe des Limes bestanden haben.
Einige Jahrzehnte nach der Räumung des Lagers ließen sich in seinem Inneren neue Bewohner nieder. Erste sichere Funde liegen vom Ende des 4. Jahrhunderts vor. Einige Einzelfunde, jenseits des Limes entdeckt, sind in das 4. und 5. Jahrhundert zu datieren. Es handelt sich hierbei wohl um Gegenstände aus Gräbern. Jüngere Bodenfunde sind uns frühestens aus dem späten 10. oder 11. Jahr-

hundert überliefert. So entdeckte man die Überreste eines Grubenhauses und weitere mittelalterliche Baubefunde in der heutigen Sackgasse. Doch trotz dieser Hinterlassenschaften liegt die Entwicklung des mittelalterlichen Dorfes noch weitgehend im dunkeln.

Literatur:
Baatz, Herrmann 1982, 325ff. (mit weiterer Lit.).

Claus Bergmann

Gründau

Die Grabhügel »Am Vogelherd« bei Mittelgründau

Auf einem Ausläufer des Steinkopfes, dessen Rücken sich mäßig nach Südsüdosten neigt, wo die Hohe Straße die Höhe zwischen Fallbachtal und Gründautal quert, befinden sich 19 Grabhügel (Abb. 48). Sie wurden erst Anfang der achtziger Jahre von H. Kreutzer entdeckt. Sie gehören zu zwei, nur ungefähr 70 m auseinanderliegenden Gruppen. Die südwestliche Gruppe besteht aus 6, die nordöstliche aus 13 Hügeln, wobei sich allerdings beide in ihrem äußeren Erscheinungsbild nicht unterscheiden. Alle Hügel sind ziemlich verschleift. Auch die Höhe der größeren Hügel erreicht kaum mehr als 1 m über dem Geländeniveau, die kleineren gar nur 0,3 m. Die Durchmesser reichen von 6,4 bis 17,4 m. Es ist durchaus möglich, daß noch weitere kleinere Grabhügel vorhanden waren, aber auf der unebenen Geländeoberfläche heute nicht mehr erkennbar sind. Über ihre Zeitstellung ist nichts bekannt.

Hans-Otto Schmitt

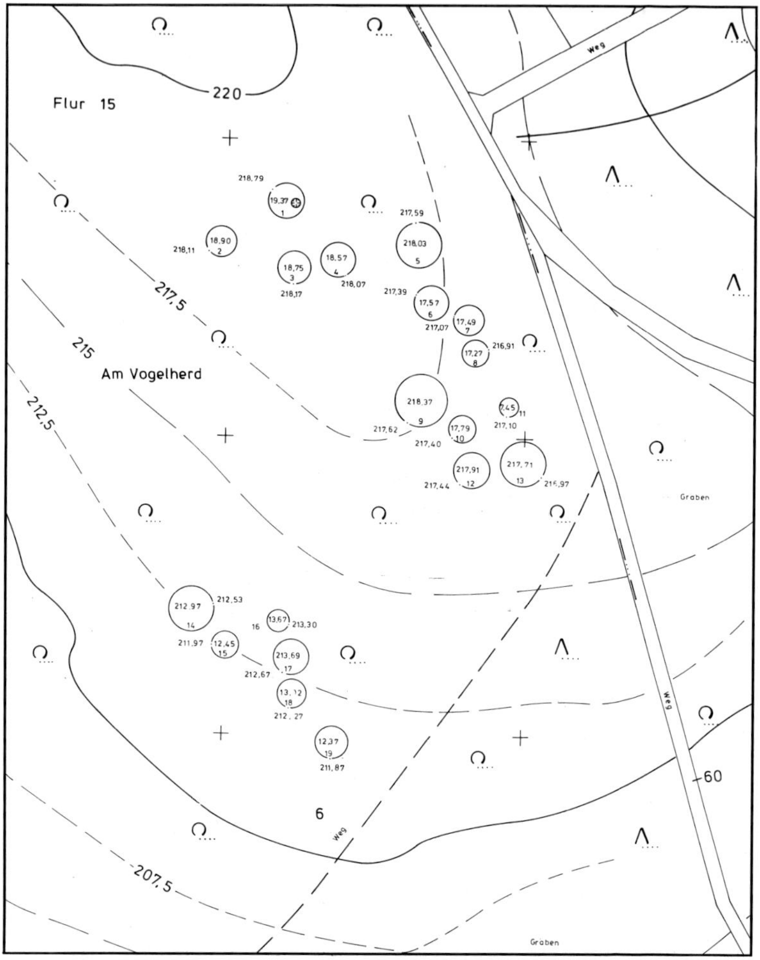

Abb. 48 Gründau. Kartenausschnitt mit Grabhügeln bei Mittelgründau (nach Kartenvorlage des Landesamtes für Denkmalpflege Hessen, topographische Aufnahme Eckle 1982).

Eine linearbandkeramische Siedlung bei Gründau-Niedergründau

In den sechziger Jahren entdeckten G. und R. Mende bei Ackerbegehungen einen Fundplatz der linearbandkeramischen Kultur, etwa auf halber Strecke, östlich der Straße zwischen Nieder- und Mittelgründau. Die Fundstelle liegt auf einem leicht nach Osten, zum Gründaubach geneigten, lößbedeckten Hangrücken, auf dem H. Kreutzer in späteren Jahren bis hin zum von der Straße ungefähr 200 m entfernten Bachlauf Funde aufsammeln konnte. Der Bau eines Fahrradweges entlang der Straße im Jahre 1991 erforderte archäologische Begleitmaßnahmen, die von der Unteren Denkmalschutzbehörde des Main-Kinzig-Kreises durchgeführt wurden und sich über drei Monate erstreckten.

Die Fahrradwegtrasse führt in leicht gekrümmtem Verlauf in Nord-Süd-Richtung über die Kuppe des Hangrückens hinweg. Zwischen der nördlichen und der südlichen Hangseite, auf einer Strecke von 160 m kamen, wenn auch nur begrenzt auf knapp 4 m Trassenbreite, der gesamte Querschnitt des Siedlungsplatzes zum Vorschein (Abb. 49). Außer den zahlreichen Vorrats-, Abfall- und Lehmentnahmegruben, die alle untersucht werden konnten, waren eindeutige Strukturen von Häusern zu erkennen, und zwar ausschließlich im südlichen Bereich, dort wo sich das Gelände leicht auch nach Süden zu neigen beginnt. Es handelt sich dabei um parallele, Nordwest-Südost ausgerichtete Pfostenreihen, die ihrerseits teilweise in ältere Befunde gesetzt sind. Zwei Pfosten stehen in einer größeren, verfüllten Grube, ein weiterer schneidet in ein Gräbchen ein, das zur nordwestlichen Rückfront eines älteren Hauses gehört und gerade noch mit einer Ecke am Ostrand der Fläche erfaßt werden konnte. Einige Meter weiter nördlich wurden weitere vier Pfosten beobachtet, deren Zusammenhang in der schmalen Fläche nicht völlig klar wird, die aber zwischen zwei ungefähr 12,50 m voneinander entfernten, parallel verlaufenden, etwa 5 m breiten Lehmentnahmegruben liegen, was deshalb auf ein drittes Haus hindeutet. Die überaus zahlreichen Keramikfunde aus den Gruben gehören ausnahmslos der jüngeren linearbandkeramischen Kultur an. Das zeitliche Nacheinander der Bauten dürfte nicht

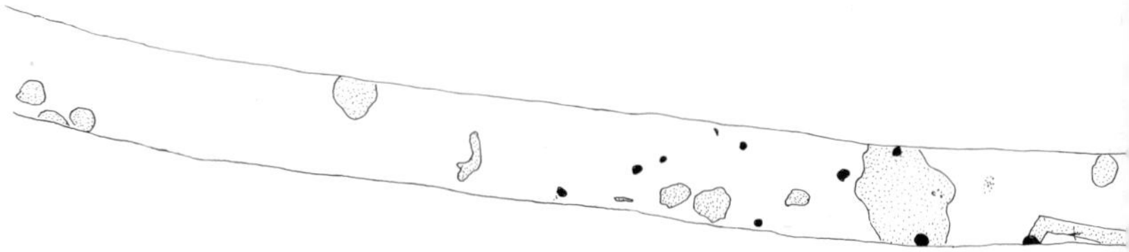

Abb. 49 Gründau-Niedergründau. Linienbandkeramische Befunde in der Fahrradwegtrasse.

allzuweit, vielleicht innerhalb der Zeitspanne von drei bis vier Generationen auseinander liegen.

Daß auch die Randgebiete der fruchtbaren Wetterau zur Zeit der jüngeren Bandkeramik intensiv besiedelt und ackerbaulich genutzt wurden, beweisen nicht nur Siedlungsfunde aus nächster Nähe der beschriebenen Fundstelle. Bei Linsengericht-Lützelhausen, auf einer breit angelegten Trasse für einen Gasleitungsbau, wurden jüngst Siedlungsreste dieser Zeit untersucht, und beim Hofgut Trages bei Freigericht-Somborn kam beim Bau eines Golfplatzes eine weitere Siedlungsstelle zum Vorschein. Letztere Siedlungsplätze sind Beispiele dafür, daß die Bauern der jüngeren bandkeramischen Kultur auch kleinflächige lößbedeckte Areale besiedelten.

Hans-Otto Schmitt

Hammersbach-Marköbel

Römisches Kastell

Der im Jahre 839 erstmals urkundlich überlieferte Hammersbacher Ortsteil Marköbel liegt am Südostrand der Wetterau, am östlichen Ende eines plateauartigen Höhenzuges, der sich zwischen Nidder im Norden, und Main und Kinzig im Süden, aus dem Frankfurter Raum bis zum Beginn des Ronneburger Hügellandes, einem Ausläufer des Vogelsberges, östlich von Marköbel, hinzieht.

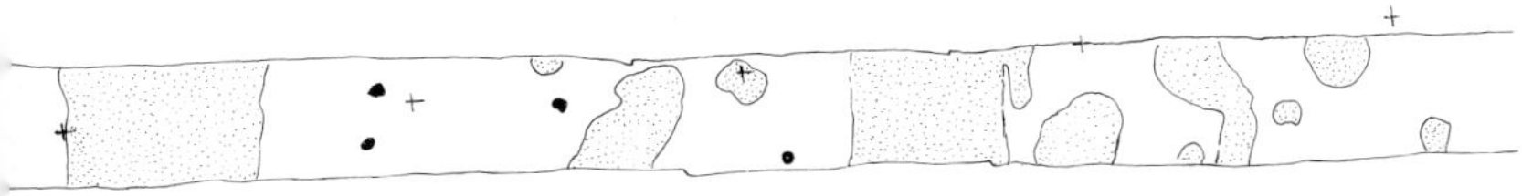

Der Ort liegt auf einem Vorsprung dieses Höhenzuges, der im Norden und Osten zur Niederung des Krebsbaches und im Süden zur Niederung eines schmalen Rinnsals abfällt.
Über den erwähnten Höhenrücken verlief ein von Frankfurt kommender, über Marköbel, den Büdinger Wald und Fulda ins Thüringer Becken führender Verkehrsweg, der seit prähistorischer Zeit bis in die Neuzeit hinein genutzt wurde, die sog. Hohe Straße.
In römischer Zeit verlief der Limes über den östlichen Rand des Vorsprungs, auf dem der alte Ortskern von Marköbel liegt (Abb. 50). Die Hohe Straße kreuzte den Limes an der Stelle, an der der von Altenstadt kommende, geradlinige Limesabschnitt einen stumpfwinkligen Knick machte, um weiter nach Rückingen zu führen. Diese Stelle, an der sich heute eine Straßenkreuzung befindet, war für einen Limesdurchgang, wie er von anderen Limesabschnitten bezeugt ist, geradazu vorgegeben.
Die als notwendig erachtete militärische Überwachung eines solchen Verkehrsweges führte Oberstleutnant F. W. Schmidt während einer seiner Erkundungsreisen am Limes im Jahre 1837 nach Marköbel. Seine 1859 publizierten Reisenotizen berichten von den bezeichnenden, seit dem 14. Jahrhundert nachweisbaren Flurnamen »große« und »kleine Burg« westlich des damals noch in seinen durch die Ringmauer vorgegebenen mittelalterlichen Grenzen bestehenden Ortes, sowie von altem Mauerwerk und von römischen Funden von eben diesen Stellen.
Im Jahre 1881 führten G. Wolff und A. v. Cohausen zum Zwecke der genauen Lokalisierung des vermuteten Kastells eine Feldbege-

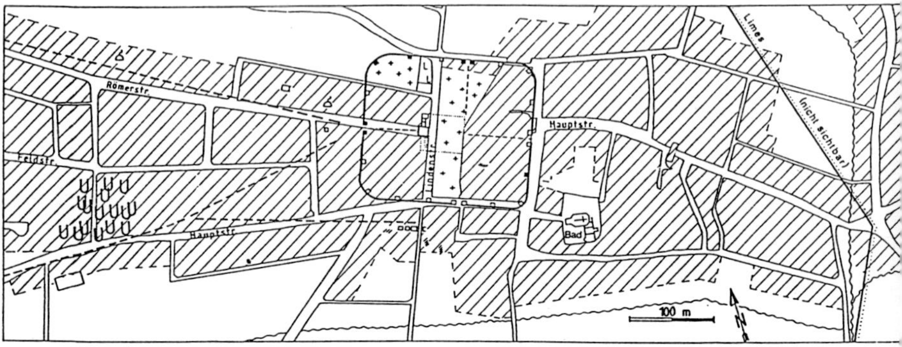

Abb. 50 Hammersbach-Marköbel. Lage des Kastells und der römischen Siedlungsspuren im heutigen Ortsbild.

hung auf den genannten Fluren durch. Die dabei erzielten Ergebnisse bestärkten die noch 1884 von A. v. Cohausen vertretene Ansicht, daß das Kastell auf diesem Gelände gestanden habe.
Grabungen im Jahre 1884 durch G. Wolff erbrachten jedoch den Nachweis, daß das vermutete Kastell weiter östlich, teilweise unter dem mittelalterlichen Ort lag und daß sich an der früher vermuteten Stelle das Lagerdorf erstreckte.
In den Jahren 1892 und 1893 konnte G. Wolff im Auftrag der Reichs-Limeskommission den 1884 weitgehend ermittelten Kastellgrundriß weiter vervollständigen.
In unserem Jahrhundert wurden dann die westlich des mittelalterlichen Ortskernes gelegenen Teile von Kastell und Lagerdorf sowie ein Gräberfeld nach und nach überbaut, ohne daß archäologische Untersuchungen vorgenommen wurden. 1983 konnten das Landesamt für Denkmalpflege Hessen und der Hanauer Geschichtsverein das letzte noch unbebaute Areal des Kastells im Bereich der Nordwestecke vor der Anlage eines neuen Friedhofes untersuchen. Diese Ausgrabung ist jedoch noch nicht abschließend bearbeitet. Reste römischer Bausubstanz sind heute in Marköbel an keiner Stelle mehr sichtbar.
Die römische Präsenz begann in Marköbel wahrscheinlich noch unter Kaiser Domitian (81–96 n. Chr.). Ausschlaggebend für diese

Vermutung sind südgallische Terra Sigillata, Ziegelstempel der *Legio XIV Gemina Martia Victrix*, die 97 n. Chr. von Mainz an die Donau verlegt wurde, und die Notwendigkeit, die oben beschriebene topographische Situation militärisch zu kontrollieren. Den Anfang machte – soweit bekannt – ein Holz-Erde-Lager, von dessen Befestigung 1983 erstmals Spuren in Form eines Eck- und mehrerer Zwischentürme festgestellt wurden. Die Umwehrung dieses Lagers verlief deckungsgleich mit der Umfassungsmauer des wohl unter Kaiser Hadrian (117–138) errichteten bekannten Steinkastells. Dies könnte dafür sprechen, daß das Holz-Erde-Lager bereits die Größe seines Nachfolgers aus Stein hatte, das eine Fläche von fast 3,3 ha bedeckte.

Obwohl die Besatzung des Kastells noch unbekannt ist, könnte man aufgrund dieser Größe an eine berittene oder teilberittene Einheit von 500 Soldaten (*ala* oder *cohors equitata*) denken.

Von den vier zu postulierenden Toren des nach Osten, auf den Limes, orientierten Kastells konnten das rückwärtige Tor, die *porta decumana* (1884 und 1892) und das linke (nördliche) Seitentor, *porta principalis sinistra* (1892) aufgedeckt werden. Beide hatten eine einfache Tordurchfahrt, die beidseitig von Türmen flankiert wurde. Die steinerne Wehrmauer, der auf allen vier Seiten zwei Spitzgräben vorgelagert waren, war mit vier Eck- und zehn Zwischentürmen (bei regelmäßigem Abstand) zusätzlich befestigt. Fragmente halbwalzenförmiger Zinnendecksteine vom Wehrgang aus Büdinger Sandstein zeigen, daß auch das unmittelbare Limesvorland unter römischer Kontrolle und Nutzung stand.

Von der Innenbebauung des Kastells, die wahrscheinlich größtenteils aus Fachwerkgebäuden bestand, sind nur geringe Spuren bekannt. 1892/1893 wurden westlich des Friedhofes, im Bereich der heutigen Einmündung der Römerstraße in die Lindenstraße, Teile des in Stein ausgeführten Stabsgebäudes *(principia)* ausgegraben. Untersucht wurde ein Teil des rückwärtigen Flügels mit Fahnenheiligtum und drei Räumen mit vorgelagerter Portikus, die sich nördlich daran anschlossen. Durch den zu vermutenden symmetrischen Aufbau des Stabsgebäudes ist eine gleichartige Raumflucht südlich des Fahnenheiligtums zu ergänzen. Im Osten wird sich der vierflüglige Gebäudekomplex bis an die zwischen den seitlichen Toren verlaufende Lagerstraße *(via principalis)*, d. h. über das Gelände des Friedhofs bis an die heute noch erhaltene mittelalterliche Ringmauer erstreckt haben.

An weiteren Gebäuden aus dem Lagerinneren ist nur ein Raum mit Hypokaustanlage im südlichen Teil des vorderen Lagerteils *(praetentura)* bekannt. Möglicherweise gehörte dieser Befund zum Wohnhaus des Kommandanten *(praetorium)*. Die Grabung von 1983 in der Nordwestecke des Kastells erbrachte nur geringe Spuren von Holzgebäuden. Reste von Öfen, Schmelztiegeln und Schlacken deuten jedoch darauf, daß sich in diesem Kastellareal der Werkstattbereich *(fabrica)* befand. Ein gemauerter, ehemals überwölbter Kanal, der sich unter der Durchfahrt der Porta decumana und unter der daran anschließenden Lagerstraße *(via decumana)* fand, diente der Frischwasserversorgung des Kastells.

Das zum Kastell gehörige steinerne Badegebäude wurde von H. Birkner 1951 bei Bauarbeiten unter der ev. Kirche entdeckt und in den Jahren 1963–1965 von K. Dielmann teilweise ausgegraben. Die Anlage weist den für Kastellthermen am obergermanischen Limes typischen Grundriß auf, bei dem die für den Badevorgang notwendigen Räume in einer Reihe angeordnet waren. Das mit einer Hypokaustanlage und zwei Warmwasserbecken ausgestattete Warmbad *(caldarium)*, in dem der Badevorgang begann, war im südlichsten Raum des Nord-Süd orientierten Gebäudes untergebracht. Daran schlossen sich zwei ebenfalls hypokaustierte Laubäder *(tepidaria)* und, östlich von diesen, ein Heizraum *(praefurnium)* an. Das nördlich daran anschließende Kaltbad *(frigidarium)* konnte nur teilweise untersucht werden, da es sich unter dem Chor der heutigen Kirche befindet. Nach den gestempelten Ziegeln aus dem Badegebäude, wurde dieses am Beginn des 2. Jahrhunderts n. Chr. erbaut. Gegen Ende desselben Jahrhunderts erfolgten umfassende Ausbesserungsarbeiten. Die angenommenen Anfangsdaten von Kastell und Bad lassen vermuten, daß ein noch unbekanntes, älteres Badegebäude vorhanden war. Zur Wasserversorgung diente möglicherweise der bereits erwähnte Kanal. Eine vom Westhang des Steinkopfes östlich des Limes ausgehende Tonröhrenleitung, die

1887, 1892 und 1976 angeschnitten wurde und bislang als römisch galt, entstammt mit größter Wahrscheinlichkeit der Neuzeit.
Spuren einer ausgedehnten Zivilsiedlung wurden südlich und westlich des Kastells entlang der Ausfallstraßen in Richtung Heldenbergen und Friedberg beobachtet. Beim Anlegen von Suchschnitten zur Lokalisierung der Kastellumwehrung wurden 1884 und 1892 mehrere Steingebäude und steinerne Keller angeschnitten und teilweise untersucht.
Von den wenigen Befunden, die im Kastellvicus ergraben wurden, sind ein magazinartiger Hallenbau am Westrand des heutigen Dorfes, südlich der Hauptstraße, ein Gebäude nördlich der heutigen Römerstraße, bei dem es sich möglicherweise um ein kleines Heiligtum handelt, und vier Steinkeller südlich des Kastells hervorzuheben.
Ein Ziegelbrennofen, der nahe der Westfront des Kastells, nördlich der heutigen Römerstraße, 1884 aufgedeckt wurde, aber leider keine gestempelten Ziegel erbrachte, veranschaulicht die handwerkliche Tätigkeit im römischen Marköbel.
Das einzige bislang bekannte Gräberfeld lag, wie vorgeschrieben, außerhalb des Siedlungsareals, nördlich der in Richtung Heldenbergen führenden Straße. Im Bereich der heutigen Urnenstraße (!), zwischen Hauptstraße und Feldstraße, wurden in den Jahren 1897/1898, 1907–1910 und 1953 im Zuge von Baumaßnahmen mehrere kleine Ausgrabungen vorgenommen. Dabei wurden die Inventare von rund 45 Brandgräbern und vereinzelte Beigaben aus mehreren weiteren Brandgräbern geborgen.
Die sich besonders auch in den Gräbern widerspiegelnde römische Siedlungstätigkeit in Marköbel, dessen antiker Name uns aufgrund des völligen Fehlens epigraphischer Zeugnisse noch unbekannt ist, läßt sich bis ins 3. Jahrhundert hinein verfolgen. Ein Gefäßdepot der Mitte des 3. Jahrhunderts aus dem Kastell steht für dessen Belegung bis zur Aufgabe des Limes im Jahre 260. Daneben kann dieser Fund zusammen mit einem Münzhort aus 5 Aurei und 69 Denaren mit Schlußmünzen des Septimius Severus (193–211), der ebenfalls auf dem Kastellareal gefunden wurde, auch zur Beurteilung der unsicheren Verhältnisse im 3. Jahrhundert herangezo-

gen werden. Ob und wie das Leben in Marköbel nach Abzug des römischen Militärs weiterging, ist noch unbekannt. Die nächsten Zeugnisse menschlichen Lebens, die während der Ausgrabung 1983 gefunden wurden, stammen etwa aus der Zeit der ersten urkundlichen Erwähnung Marköbels.

Literatur:
Baatz, Herrmann 1982, 429ff. – A. v. Cohausen, Der römische Grenzwall in Deutschland (1884) 50ff. – K. Dielmann, D. Baatz, Das römische Kastellbad von Marköbel. Hanauer Geschichtsbl. 20, 1965, 9ff. – P. Jüngling, Ausgrabungen im römischen Kastell und mittelalterlichen Ortsbereich von Hammersbach-Marköbel. Neues Magazin Hanau. Gesch. 8, 3, 1984, 161ff. – P. Jüngling, Die Zeit der Römer. In: Chronik 1150 Jahre Marköbel (1989) 15ff. – ORL B, II, 2 Nr. 21 (1896) (G. Wolff). – ORL A, II, 1, Strecken 4 u. 5 (1936) 153f. (E. Fabricius). – F. W. Schmidt, Lokaluntersuchungen über den Pfahlgraben. Nass. Ann. VI, 1859, 136f. – G. Wolff, O. Dahm, Der römische Grenzwall bei Hanau mit den Kastellen Rückingen und Marköbel. Mitt. Hanauer Bezver. Hess. Gesch. 9, 1885, 63ff.

Marcus Jae

Die Marienkapelle in Hirzbach

Mehrere große Bauernhöfe aus altem Klosterbesitz bilden den Kern der kaum 100 Einwohner zählenden Siedlung Hirzbach, heute ein Ortsteil von Hammersbach. Urkunden belegen uns eine abwechslungsreiche Geschichte der am südwestlichen Ortsrand gelegenen Marienkapelle, bis sie schließlich 1840 in Privatbesitz geriet und als Scheune genutzt und umgestaltet wurde. Vor Beginn von Sanierungsarbeiten führte der Hanauer Geschichtsverein zwischen 1989 und 1992 archäologische Ausgrabungen durch, um die Vergangenheit des alten Bauwerkes aufzuhellen.
Hirzbach wurde erstmals 1128 erwähnt; die Kapelle von Hirzbach kommt zuerst in einer Urkunde von 1254 vor. Sie ist ein typisches Beispiel dafür, daß baugeschichtliche und historische Forschungen in der Regel auf recht späten Erzeugnissen einer Entwicklung

beruhen, die ihren Anfang zumeist im dunkeln der Frühgeschichte nahm. Archäologische Untersuchungen belegen immer wieder, daß man aus schriftlichen Quellen nur selten Rückschlüsse auf das genaue Alter einer Kirche ziehen kann. Fraglos ist die romanische Kapelle von Hirzbach eines der ältesten erhaltenen Baudenkmäler im Main-Kinzig-Kreis (Abb. 51). Dennoch ist die uns so ungewöhnlich alt erscheinende Kirche bereits das dritte Gotteshaus an dieser Stelle!

Unsere Grabungen ließen die Substruktionen von zwei Vorgängerbauten erkennen, deren auffälligstes Merkmal zunächst ihre starke Abweichung von der üblichen Ost-West-Achse ist. Gräber und andere Hinweise deuten darauf hin, daß der erste Kirchenbau bereits in karolingischer Zeit errichtet wurde. Seine bescheidenen Spuren fanden sich nun als eine schmale Verfärbung im Erdboden, in der früher einmal die Schwellbalken eines Kirchengebäudes in Holzbauweise eingegraben waren. Zu dieser Kirche gehörten mehrere der insgesamt weit über 100 ausgegrabenen Gräber, darunter

Abb. 51 Hammersbach-Hirzbach. Die romanische Kapelle während der Ausgrabung (1989).

ein herausgehobenes Grab mit den Resten eines goldbrokatverzierten Gewandes, das ursprünglich im Innenraum der einstigen Kirche angelegt worden war.
Weitere Bestattungen konnten dem zweiten Kirchenbau zugeordnet werden, der sich durch eine stellenweise deutlich als Bodenverfärbung erkennbare Ausbruchsgrube steingemauerter Fundamente zu erkennen gab. Dieser Graben wurde offensichtlich verfüllt, als man das Bauwerk, wahrscheinlich eine rechteckige Saalkirche, abgebrochen hatte und die jetzt noch stehende Kirche errichtete.
Im 11. oder 12. Jahrhundert legte man diese Kirche nieder und errichtete ein neues Gotteshaus: Die noch heute in Teilen erhaltene romanische Kapelle, eine steingemauerte einfache Saalkirche mit rechteckigem Schiff und geringfügig eingezogenem, annähernd quadratischem Chor. Ihr ursprünglicher Eingang befand sich auf der Nordseite.
Der Altarraum im Osten der Kapelle von Hirzbach wurde durch einen auf zwei Säulen gestellten Bogen vom Schiff der Kirche getrennt. Der 1906 abgebrochene Chorbogen bildet den bemerkenswertesten Teil der Kirche von Hirzbach. Er bestand aus zwei verzierten hohen Basen, auf denen stark kannelierte Säulen standen. Sie trugen kräftige Würfelkapitelle in ungewöhnlicher Rechteckform, auf denen aus den Pfeilern hervortretende Kämpferplatten ruhten. Diese waren reich verziert und trugen einen doppelten Plattenbogen, der durch Bindersteine verbunden war. Momentan ist noch nicht sicher, wann der möglicherweise aus zwei verschiedenen Werkstätten stammende Chorbogen entstand.
Die Kapelle von Hirzbach, zugehörige Höfe und Rechte sowie ein offenbar recht ausgedehnter Grundbesitz scheinen irgendwann im Mittelalter in den Besitz der Herren von Hanau gelangt zu sein; jedenfalls konnte Reinhard I. von Hanau im Jahre 1254 das Kloster der Antoniter in Roßdorf (heute Bruchköbel) mit der Kirche und den ihr zugeordneten Rechten ausstatten. Wie verschiedene Hinweise am Bauwerk selbst, aber auch archäologische Funde zeigten, hat man die Kapelle wohl im Zusammenhang mit dieser Schenkung noch in der Mitte des 13. Jahrhunderts völlig umgestaltet. Dabei blieb ihr Grundriß unverändert. Damals entstand ein Altar-

fundament, unter dem sich zwei Münzen aus der ersten Hälfte oder der Mitte des 13. Jahrhunderts fanden. Ornamentierte Fliesen, von denen im Schutt der Ausbruchsgrube des erst 1906 abgebrochenen Chores zahlreiche Bruchstücke gefunden wurden, hat man als Bodenbelag verlegt. Bisher sind sechs verschiedene Verzierungstypen nachgewiesen, deren jüngster allerdings erst im 15. Jahrhundert entstanden ist und uns Umbauarbeiten des späten Mittelalters dokumentieren.

Literatur:

P. Jüngling, Zur Fortsetzung der Ausgrabungen an der Kapelle in den Hirzbacher Höfen, Gemeinde Hammersbach. Neues Magazin Hanau. Gesch. 1990 (1991) 2ff. (Vorbericht; mit ält. Lit.).

Peter Jüngling

Hanau

Die Stadt in Mittelalter und Neuzeit

Eine Mainzer Urkunde vom 20. März 1143 nennt den Edelfreien »Tammo de Hagenouwe« als einen unter vielen Zeugen. Es ist die erste Erwähnung Hanaus. Hanau war damals eine Burg auf einer Kinziginsel (heute Bereich des Schloßgartens), und diese Burg hatte ihren Namen von einem Wald. »In silvis Hagenowe et Bulahe« (in den Wäldern Hanau und Bulau) heißt es in Urkunden: Das Waldgebiet nördlich der Kinzig war »die Hanau«, benannt nach einem »Hagen« (eingefriedeten Gelände) in einer »Au« (Land am Wasser), südlich des Flusses lag »die Bulau«, deren Name heute noch geläufig ist. Sie läßt sich von »Buchlohe« ableiten, vielleicht aber erhielt sie ihren früheren Namen »Pohlau« auch vom römischen Limes, dem »Pfahlgraben«, der den Wald durchzieht.

Die Herren von Buchen-Hanau, dann Hanau-Dorfelden, schließlich von der Mitte des 13. Jahrhunderts ab nur noch Hanau verstanden es, ihren Besitz zu halten und durch eine geschickte Heiratspolitik beträchtlich zu mehren. Reinhard I. heiratete vor 1250 Adelheid von Münzenberg, ihr Sohn Ulrich I. gut 30 Jahre später Elisabeth von Rieneck: Ursprünglich Münzenberger bzw. Rienecker Gebiete waren wesentliche Teile der Herrschaft, ab 1429 Grafschaft Hanau.

Am 2. Februar 1303 erhielt die südlich der Burg liegende Siedlung Stadtrechte, diese kleine Stadt hieß später die »Alte Stadt«, im Unterschied zu der Ende des 16. Jahrhunderts durch das Zusammenwirken des Grafen Philipp Ludwig II. mit Glaubensflüchtlingen aus den Spanischen Niederlanden gegründeten Neustadt Hanau.

Nicht nur Festungswerke trennten Alt- und Neustadt voneinander: bis ins 19. Jahrhundert hinein waren beide Städte selbständig, hatten ihre jeweils eigene Verwaltung, ihre eigenen Räte und Bürgermeister.

Als Philipp Ludwig II. die Gründung der Neustadt vorantrieb und nach 1600 auch eine Judengemeinde privilegierte, war das Haus Hanau in zwei Linien geteilt. Um den durch das Kränkeln des kleinen Grafen Philipp des Jüngeren gefährdeten Fortbestand des Territoriums zu sichern, war dessen eigentlich für den geistlichen Stand vorgesehener Onkel Philipp der Ältere auf Brautschau gegangen und hatte 1458 Anna von Lichtenberg im Elsaß geheiratet. Seit dieser Zeit gab es die beiden Linien Hanau-Münzenberg und Hanau-Lichtenberg. Die Namen »Hanauer Land« in Baden und »Pays d'Hanau« im Elsaß erinnern heute noch an dieses Ausgreifen der Hanauer Grafenfamilie.

Die Hanau-Münzenberger Linie endete 1642 im Mannesstamm, und für fast ein Jahrhundert unterstanden nun alle Hanauer Gebiete den Lichtenberger Grafen. Mit dem Tod Graf Johann Reinhards III., des »alten Hanauers«, auf dessen Ableben die Erbberechtigten so lange gewartet hatten, erlosch das Hanauer Grafenhaus; die Hanau-Münzenberger Gebiete fielen an Hessen-Kassel, die Lichtenberger Teile an Hessen-Darmstadt. Als Kassels Erbprinz Wilhelm Ende des 18. Jahrhunderts die verwaltungsmäßig immer noch eigenständige Grafschaft Hanau regierte, erlebte Hanau noch einmal die »güldene Zeit« einer kleinen absolutistischen Residenz. Aus heutiger Sicht ist diese Phase überschattet durch den Soldaten-

handel des Erbprinzen, der seinem Vetter, dem König Georg III. von England, Soldaten für den Krieg gegen die aufständischen Nordamerikaner lieferte, gegen Bares versteht sich. Doch profitierten damals alle Hanauer von dem englischen Geld.
Während der napoleonischen Zeit war Hanau für kurze Zeit ein Departement des zum Rheinbund gehörenden Großherzogtums Frankfurt unter Carl von Dalberg, und die damals begonnenen Reformen (etwa die Gleichberechtigung der Konfessionen) ließen sich auch nach 1813 durch die reaktionäre Politik des alten und neuen Landesherrn, des Kurfürsten Wilhelm (des früheren Erbprinzen), nicht ganz rückgängig machen.
Im Kurfürstentum Hessen war Hanau eine politisch wie wirtschaftlich eher vernachlässigte Randprovinz. Als Gewerbe- und Industriestadt war Hanau auf freie Handelswege angewiesen, nach dem Wiener Kongreß aber war es von Landesgrenzen umgeben, war es eingezwängt zwischen dem Königreich Bayern, dem Großherzogtum Hessen und der Stadt Frankfurt. Wirtschaftliche Not und Armut waren die Folge, und die daraus resultierende allgemeine Unzufriedenheit machte sich Luft in den Krawallen 1830 und dann in den Revolutionsjahren 1848/49. Die bewaffnete Hanauer Turnerwehr war im Sommer 1849 maßgeblich an den Kämpfen in Baden gegen preußische Truppen beteiligt.
1866 wurde Kurhessen von dem im Deutschen Krieg siegreichen Preußen annektiert, seit dieser Zeit war Hanau preußisch. Nach der Reichsgründung 1871 hatte die Stadt teil an dem allgemeinen wirtschaftlichen Wachstum. Hanaus Industrie nahm einen beträchtlichen Aufschwung. Dies war begleitet von einem raschen Bevölkerungszuwachs, was wiederum zur Erweiterung des bebauten Stadtgebietes weit über die von den alten Festungswerken vorgegebenen Grenzen führte.
Hanau war in dieser Zeit ein wichtiger Eisenbahnknotenpunkt, um 1900 wurde es zu einer bedeutenden Garnisonsstadt: stationiert waren hier ein Ulanen- und ein Infanterieregiment, vor allem aber die Eisenbahnpioniere. Eine starke amerikanische Garnison hat seit dem Zweiten Weltkrieg bis in unsere Zeit diese Tradition fortgesetzt. Wiederbelebt wurde die Tradition der Zuwanderung von

Menschen aus fremden Ländern in den Jahren des wirtschaftlichen Aufschwungs der Bundesrepublik Deutschland durch den Zuzug vieler ausländischer Arbeitskräfte und ihrer Familien, und wir wünschen von Herzen, daß auch die Hanauer Tradition der Toleranz gegenüber Menschen anderer Sprache und Sitte erhalten bleiben möge.

Die dramatischen Ereignisse der großen Geschichte berührten Hanau wiederholt. Als wichtige Festung wurde es 1635/36 während des Dreißigjährigen Krieges von kaiserlichen Truppen unter General Lamboy belagert (an den Entsatz am 13. Juni 1636 erinnert heute noch das Lamboyfest), Ende Oktober 1813 errang Napoleon auf dem Rückzug von der verlorenen Völkerschlacht von Leipzig hier seinen letzten Sieg auf deutschem Boden, an den revolutionären Bewegungen der Jahre 1830 und 1848/49 hatte Hanau bedeutenden Anteil, und während des Umsturzes 1918/19 gab es auch in Hanau Arbeiter- und Soldatenräte. Die größte Katastrophe ihrer Geschichte erlitt die Stadt ganz kurz vor dem Ende des Zweiten Weltkrieges: nach dem Luftbombardement vom 19. März 1945 lag Hanaus Innenstadt in Schutt und Asche.

Auf alten Plänen und Ansichten zeigt Hanau geradezu beispielhaft die bauliche Entwicklung einer einem kleinen Landesherren unterstellten deutschen Stadt auf. An die herrschaftliche Burg, gewissermaßen die »Keimzelle« Hanaus, lehnt sich die spätmittelalterliche Altstadt mit ihren verwinkelten Gassen, ihrer Stadtmauer aus dem 14. Jahrhundert, ihrer großen Kirche und ihrem Rathaus an. Außerhalb ist eine Vorstadt entstanden. Im 16. Jahrhundert ist die Altstadt durch Befestigungsanlagen mit Rondellen verstärkt worden, daran schließt sich die Neustadt mit dem geometrisch als Wappenschild mit schachbrettartigem Straßenmuster konstruierten Grundriß einer Gründungsstadt an, und umgeben wird alles von den mächtigen Festungsanlagen des 17. Jahrhunderts (Abb. 52). Weit außerhalb liegen das gräfliche Barockschloß Philippsruhe, die Badeanlagen und die Fasanerie von Wilhelmsbad.

Vieles davon ist heute verschwunden. Ende des 18. Jahrhunderts ließ Erbprinz Wilhelm seine Residenzstadt modernisieren. Die Fachwerkhäuser wurden verputzt, auch verschwanden die Wallan-

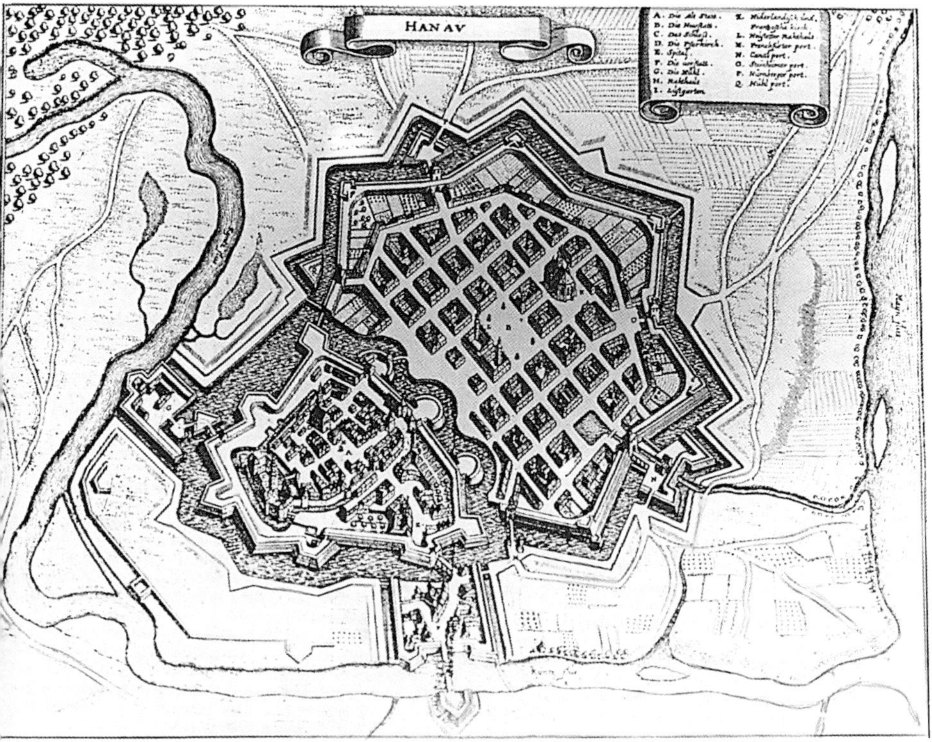

Abb. 52 Merians Kupferstich zeigt Hanau zwischen 1634 und 1636. An die herrschaftliche Burg im Norden (hier links) schließen sich die Alt- und die Vorstadt an, durch eigene Befestigungswerke getrennt von der nach einem einheitlichen Plan angelegten Neustadt. Die Festung Hanau galt als eine der stärksten ihrer Zeit.

lagen zwischen Alt- und Neustadt. An ihrer Stelle entstand ein großer Platz (Paradeplatz und Esplanade) mit dem Zeughaus und dem »Kollegiengebäude«. Zur Zeit Napoleons wurden die Festungswälle und einige Tore geschleift. Um 1830 ließ Kurfürst Wilhelm II. die letzten mittelalterlichen Stadttore und die von Graf Philipp Ludwig II. mit Renaissancegebäuden erweiterte alte Burg abtragen, dort wurde der Schloßgarten angelegt. Im Zuge des Wiederaufbaus nach dem Zweiten Weltkrieg wurden die Ruinen des unter den Hanau-Lichtenberger Grafen erbauten Stadtschlosses

für den Bau der Karl-Rehbein-Schule und des Bürgerhauses neben der Stadthalle abgetragen. Auch verschwanden die Ruinen des Zeughauses, des Stadttheaters und der in der »Reichskristallnacht« im November 1938 in Brand gesetzten Synagoge.
Trotz all dieser tiefgreifenden Veränderungen sind aber doch bemerkenswerte Baudenkmäler des alten Hanau erhalten geblieben. In der Altstadt zeigen manche Häuser der fünfziger Jahre Spolien aus der zerstörten Stadt. Den Schloßplatz rahmen die Stadthalle und das alte Regierungsgebäude ein. Lichtenberger Grafen waren die Bauherrn beider Gebäude mit ihren für Hanau charakteristischen dunklen Basaltmauern und Fenstereinfassungen, Eckquadern und Portalen aus rotem Mainsandstein. Die *Stadthalle* ist der alte Marstall des Grafen Johann Reinhard III., das beachtliche große Portal der Südseite zeigt das gräfliche Wappen und seitlich gute Reliefs von allerlei Reitutensilien. Das Hanauer Gesamtwappen aus der Lichtenberger Zeit besteht in der oberen Reihe aus den Hanauer Sparren, den Rienecker Balken und dem roten Zweibrücker Löwen in goldenem Feld, in der unteren Reihe aus dem geteilten Münzenberger Schild, dem schwarzen Lichtenberger Löwen im rot eingefaßten silbernen Schild und den silbernen Ochsensteiner Balken in rotem Feld. Der Herzschild zeigt das gold umrandete rote Bitscher Wappen. 1926–1928 wurde der Marstall unter Oberbürgermeister Kurt Blaum zur Stadthalle umgebaut.
Das alte *Regierungsgebäude* beherbergt heute die Stadtbibliothek, das Stadtarchiv und die Räume des Geschichtsvereins und der Wetterauischen Gesellschaft; das Portal zum Schloßplatz trägt das Allianzwappen des Grafen Philipp Reinhard und seiner Pfälzer Gemahlin Magdalene Claudine. Der an das Regierungsgebäude angelehnte *Wasserturm* war einst die Überleitung von der Burgbefestigung zur Stadtmauer der Altstadt.
Das 1945 ausgebrannte *Altstädter Rathaus*, heute Deutsches Goldschmiedehaus, am Altstädter Markt wurde Mitte der fünfziger Jahre wieder aufgebaut; in seinen Räumen sind wechselnde Ausstellungen zu sehen, die sich auf Hanaus Tradition als »Stadt des edlen Schmuckes« beziehen. Das Rathaus wurde 1537/38 errichtet, in der ursprünglich offenen Halle des Untergeschosses waren für

die Stadt wichtige Dinge wie die Stadtwaage, Feuerlöschgeräte u. ä. untergebracht. Rechts der Freitreppe ist ein Längenmaß, die »Hanauer Elle« angebracht, bemerkenswert sind die reliefverzierten Konsolsteine aus Sandstein für die Fachwerkknaggen des Obergeschosses. Vor dem Rathaus erinnert der *Gerechtigkeitsbrunnen* auf dem Marktplatz an Hanaus eigene Gerichtsbarkeit: Justitia mit Waage und Schwert steht zwischen zwei Löwen, welche die Wappen der Grafschaft Hanau-Münzenberg und der Altstadt halten. Die Bestandteile des Hanauer Wappens vor der Lichtenberger Zeit sind die rot-goldenen Sparren, der rot-gold geteilte Münzenberger Schild und die rot-goldenen Balken von Rieneck. Das Wappen der Altstadt ist ein gespaltener Schild mit den halben Hanauer Sparren und einem goldenen Löwen im schwarzen Feld.

Die große *Marienkirche*, früher »Hochdeutsch Reformierte Kirche«, hinter dem Rathaus ist die älteste Kirche Hanaus. Bemerkenswert sind die Glasfenster, das Gestühl und das wappenverzierte Deckengewölbe des hohen Chores aus der Mitte des 15. Jahrhunderts und weiter die Grabdenkmäler von Mitgliedern des Grafenhauses und Angehörigen Hanauer Beamten- und Honoratiorenfamilien. Gelegentlich ist eine Besichtigung der Krypta unter dem Chor möglich. Als der lutherische Lichtenberger Graf Friedrich Casimir Landesherr des reformierten Hanau geworden war, ließ er 1658 für die zunächst sehr kleine lutherische Gemeinde eine eigene Kirche, die *Johanneskirche*, bauen, die ihren Namen von dem bei der Grundsteinlegung anwesenden Kurfürsten Johann Georg II. von Sachsen erhielt. Ihre Westseite wurde auf die überflüssig gewordene alte Stadtmauer aufgesetzt, eine im modernen Putz der Südfassade ausgesparte Stelle zeigt das Profil der Stadtmauer.

Diese erste *Stadtmauer* Hanaus ist noch an einigen Stellen erhalten. Am schönsten gleich nahe der Johanneskirche in der Schlendergasse, dann im Innenhof eines Wohnblocks der Großen Dechaneigasse, weiter in einem Seitengäßchen östlich der Marktstraße und schließlich mit einem Turmstumpf am Knick der Nordstraße, der alten Judengasse. Hier befindet sich auch der Gedenkstein für die im November 1938 zerstörte alte Hanauer Synagoge.

Der große Freiheitsplatz an der Stelle der Befestigungswerke des

16. Jahrhunderts trennt Alt- und Neustadt. Das *Behördenhaus* an der Ostseite ist die alte Infanteriekaserne, zu der das Kollegiengebäude des Erbprinzen Wilhelm im 19. Jahrhundert ausgebaut worden war.

Im Zentrum der Neustadt liegt der große Marktplatz mit dem *Neustädter Rathaus*. Es wurde 1725–1733 nach Plänen des Architekten Christian Ludwig Hermann errichtet; Bauherr war Graf Johann Reinhard III., und der Giebel des Mittelrisalits zeigt deshalb das Allianzwappen des Grafen und seiner Gemahlin Dorothea Friederike von Brandenburg-Ansbach. Im Balkongeländer des ersten Stockes ist das Wappen der Neustadt, die vor den Hanauer Sparren sitzende »Belgia«, zu sehen. Der Bau des 18. Jahrhunderts wird eingerahmt von den modernen Funktionsgebäuden des heutigen Rathauses der Stadt Hanau. Das Denkmal der in Hanau geborenen Brüder Jacob und Wilhelm Grimm vor dem Rathaus wurde im Jahr 1896 errichtet. Von den vier alten Brunnen, die ursprünglich in den Ecken des Marktplatzes standen, ist der »Schwanenbrunnen« erhalten geblieben, er ist heute an der Südseite des Platzes in der Achse Rathaus-Paradiesgasse aufgestellt. Das bürgerliche Wappen des Portals am Haus Nr. 19 zeigt einen Diamantring, für uns eine Erinnerung an die Tradition Hanaus als Schmuckstadt.

Die Paradiesgasse, die vom Markt zur Wallonisch-Niederländischen Kirche führt, trägt ihren Namen nach dem ersten Haus der Neustadt, dem Haus *Zum Paradies*, dessen Bauinschrift erhalten blieb:

DAS ERSTE GEBAVT HAVS BIN ICH
ZVM BAREDEIS MAN HEISET MICH
VOR BRANT VND NOT MICH GOT BEIWAR
DAS SELBICHE AVCH AN MEINEN NESTEN NIT SBAR
1 · 5 · 9 · 7 ·

Die große *Wallonisch-Niederländische Kirche* mit zwei voneinander getrennten Kirchenräumen für die Wallonische und die Niederländische Gemeinde war mit ihrem hohen Dach einst das markante Wahrzeichen der Neustadt. Auch heute noch setzt die Wallonisch-Niederländische Gemeinde die Tradition der Neustadtgründer fort. Der kleinere niederländische Kirchenraum ist wieder als Kir-

che aufgebaut worden, die Ruine des größeren wallonischen Raumes mahnt an die Verwüstungen und Zerstörungen des Zweiten Weltkrieges. Südlich der Kirche erinnert das von Max Wiese zum 300jährigen Neustadtjubiläum 1897 geschaffene Denkmal des Hanau-Münzenberger Grafen Philipp Ludwig II. an die Gründung der Neustadt.
Der schachbrettartige *Straßengrundriß* der Neustadt überliefert das planerische Wollen der Stadtgründer, und die *Wohnblocks* zeugen wie die der Altstadt von der großen Aufbauleistung nach dem Krieg, als es galt, binnen kurzer Zeit sehr viel Wohnraum zu schaffen. Damals wurde diese Blockbebauung viel gescholten (man nannte Hanau sarkastisch »Blockhausen«), doch können wir sie heute als ein gelungenes Zeugnis des Wiederaufbauwillens bewerten. Diese teilweise gute Architektur vor allem der fünfziger Jahre mit einigen schönen geschlossenen Innenhöfen und viel Grün ist als durchaus denkmalwürdig anzusehen.
Außerhalb der Stadt lagen die alten Friedhöfe. Der *Jüdische Friedhof* (Abb. 53) zwischen Jahnstraße und Mühltorweg ist nahezu unversehrt erhalten geblieben. Die älteren Grabsteine tragen ausschließ-

Abb. 53 Hanau. Grabsteine des Jüdischen Friedhofs.

lich hebräische Inschriften und zeigen neben den Händen der Priester und den Kannen der Leviten auch Reliefs der alten Hauszeichen. Die hebräisch-deutsche und schließlich fast ausschließlich deutsche Beschriftung der neueren Steine zeugen von der allmählichen Angleichung der Judengemeinde an ihre Umwelt, die zur Gleichberechtigung zu führen schien und durch die Mordpolitik der nationalsozialistischen Diktatur so schrecklich endete.

An der Nußallee sind in der Martin-Luther-Anlage Steine des *Französischen Friedhofs* (der Wallonisch-Niederländischen Gemeinde) und rund um die Justizgebäude Grabdenkmäler des *Deutschen Friedhofs* erhalten.

Mit dem *Frankfurter Tor* gegenüber dem Deutschen Friedhof wollte Graf Johann Reinhard III. 1722 ein repräsentatives Eingangstor für seine Residenzstadt schaffen. Der Baumeister war wie bei dem Neustädter Rathaus Christian Ludwig Hermann, und wie das Rathaus zeigt auch das Frankfurter Tor das Allianzwappen des Grafen und seiner Gemahlin.

Einige Grabdenkmäler der alten christlichen Friedhöfe wurden nach deren Schließung 1846 auf den neuen Hauptfriedhof südöstlich der Stadt überführt. Der 1775 errichtete schlanke Obelisk vor dem Hauptfriedhof, die sog. *Ehrensäule*, sollte nach dem Willen des Erbprinzen Wilhelm den Ausgangspunkt zweier Fernstraßen, der Birkenhainer Straße und der Straße nach Dettingen, markieren.

An die mit dem Namen des damaligen Oberbürgermeisters Kurt Blaum verbundene Baupolitik der zwanziger Jahre erinnern die guten Wohngebäude am *Beethovenplatz* (im Volksmund »Zirkus Blaum« genannt) und der bedeutende Hanauer *Mainhafen*.

Nennen wir noch die Baudenkmäler außerhalb des alten Hanau. *Wilhelmsbad* mit seinen Bauten vom Ende des 18. Jahrhunderts, dem großen Park, den künstlichen Ruinen trägt den Namen des Bauherrn, des Erbprinzen Wilhelm, der glaubte, hier ein wirtschaftlich florierendes Bad schaffen zu können. Der Fürstenbahnhof Wilhelmsbad liegt an einer der ältesten Eisenbahnstrecken Deutschlands, der 1848 eröffneten nordmainischen Bahnlinie Frankfurt-Hanau; Architekt des reizvollen Gebäudes war der kurhessische Landbaumeister Julius Eugen Ruhl.

Auch das Anfang des 18. Jahrhunderts errichtete *Schloß Philippsruhe* in Kesselstadt trägt den Namen des Bauherrn, des Grafen Philipp Reinhard. Ab 1875 wurde es nach Plänen des dänischen Architekten Ferdinand Meldahl ausgebaut, heute beherbergt es u. a. das aus den Sammlungen des Hanauer Geschichtsvereins hervorgegangene Historische Museum der Stadt Hanau.
Kesselstadt wurde im Krieg nicht zerstört. Es zeigt ein buntes Nebeneinander von Wohnbauten verschiedener Zeitepochen. Anfang des 20. Jahrhunderts wurde die alte Kesselstädter Kirche durch die neugotische *Friedenskirche* ersetzt; die heute als Versammlungsraum genutzte Reinhardskirche ist eine jener zahlreichen Kirchen, die der letzte Hanauer Graf Johann Reinhard III. für seine lutherischen Untertanen bauen ließ.
An der Philippsruher Allee, die das ursprünglich ja an der Kinzig liegende Hanau seit dem 18. Jahrhundert städtebaulich mit dem Main und Kesselstadt verband, sind bemerkenswert der schlanke Wasserturm für Schloß Philippsruhe und das heutige Olof-Palme-Haus, ein alter Adelssitz, den ein in Amerika zu Geld gekommener Hanauer im 19. Jahrhundert im amerikanischen Südstaatenstil ausbauen ließ.

Literatur:
H. Bott, Gründung und Anfänge der Neustadt Hanau 1596–1620. Hanauer Geschichtsbl. 22/23, 1970/1971. – Hanauer Geschichtsverein e. V. (Hrsg.), 675 Jahre Altstadt Hanau (1978). – E. J. Zimmermann, Hanau Stadt und Land. (Letzte vermehrte Aufl. 1919, Neudr. 1978).

Eckhard Meise

Limesverlauf und Kleinkastell Neuwirtshaus

Nach der endgültigen Inbesitznahme der Wetterau und Südhessens durch die Römer galt es, das eroberte Territorium abzusichern. Zunächst begnügte man sich damit, an der Grenze, dem sog. Limes, einen durch Holzwachttürme geschützten Weg zu errichten. Dies erfolgte in der Ostwetterau vermutlich erst in der Regierungszeit Kaiser Trajans. Die Türme wurden in regelmäßigen Abständen erbaut und hatten zur besseren Überwachung des Limes untereinander Sichtkontakt. Damit konnte jeder Grenzübertritt ohne Schwierigkeiten beobachtet werden. Dies dürfte zweifellos die entscheidende Aufgabe des Limes gewesen sein, denn zu einer ernsthaften Verteidigung der Anlage gegenüber einem vielköpfigen Gegner waren die Besatzungen der Wachttürme, man rechnet mit 4–6 Soldaten in jedem Turm, viel zu schwach. Hierzu hätte man die Hilfe der in den benachbarten Kastellen stationierten Truppen benötigt. Wohl unter Kaiser Hadrian wurde vor dem Grenzweg eine hölzerne Palisade errichtet, die baufällig gewordenen Holztürme ersetzte man in der Mitte des 2. Jahrhunderts durch steinerne Konstruktionen. Seine endgültige Gestalt erhielt der Limes frühestens am Ende des 2. Jahrhunderts, als man hinter der Palisade einen Graben aushob und mit der dadurch gewonnenen Erde einen Wall errichtete.

Auch im Main-Kinzig-Kreis sind Teile des Limes, der ihn vom Kastell Marköbel bis zum Kastell Großkrotzenburg durchzieht, noch heute sichtbar (Abb. 54). Eine lohnende Besichtigung dieser Überreste kann man am Kastell Großkrotzenburg beginnen lassen. Folgt man dem Limes von Großkrotzenburg nach Norden, so stößt man nördlich der sog. Schifflache, einem alten Mainarm, auf die ersten oberirdisch sichtbaren Reste des Walles. Wandert man auf dem heute als Weg dienenden römischen Wall weiter nach

Abb. 54 Limesverlauf in der Ostwetterau, Strecke 5, Wachtposten 1–16 (nach Baatz, Herrmann 1982).

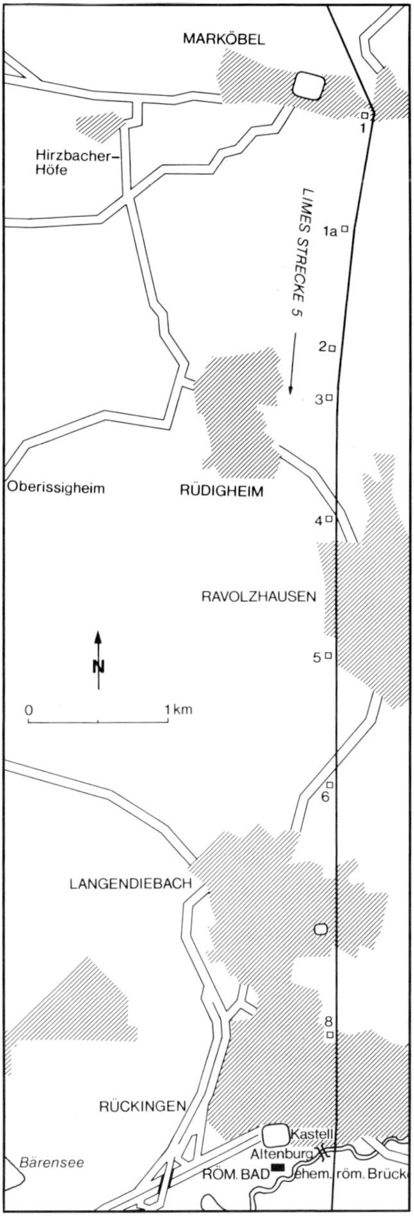
MARKÖBEL
Hirzbacher-
Höfe
1
1a
LIMES STRECKE 5
2
3
Oberissigheim
RÜDIGHEIM
4
RAVOLZHAUSEN
N
5
0
1 km
6
LANGENDIEBACH
8
RÜCKINGEN
Kastell
Altenburg
RÖM. BAD
ehem. röm. Brück
Bärensee

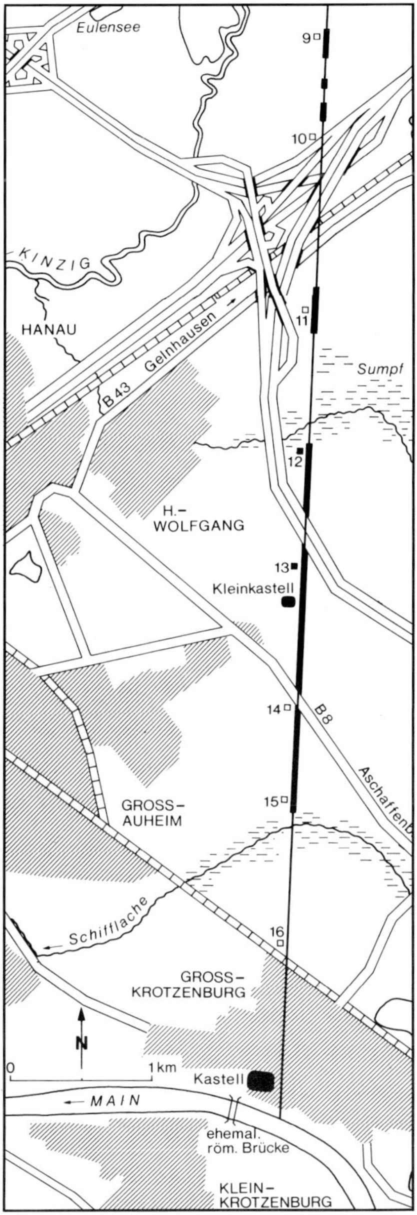
Eulensee
9
10
KINZIG
HANAU
11
Gelnhausen
B 43
Sumpf
12
H.-
WOLFGANG
13
Kleinkastell
14
B8
Aschaffenb
15
GROSS-
AUHEIM
Schifflache
16
GROSS-
KROTZENBURG
N
0
1 km
Kastell
MAIN
ehemal.
röm. Brücke
KLEIN-
KROTZENBURG

Norden, so überquert man zunächst die Bundesstraße 8. Nach wenigen hundert Metern liegt, 87 m vom Limes entfernt (300 römische Fuß), in einem zur Zeit nur schwer zugänglichen Dikkicht, das Kleinkastell Neuwirtshaus. Die gut erhaltene Anlage führte schon in der Mitte des letzten Jahrhunderts zu ersten Schürfungen. Weitere Untersuchungen folgten, ließen jedoch aufgrund der damals ungenügenden Grabungsmethoden eine befriedigende Interpretation des Lagers nicht zu. Erst eine 1977 durchgeführte Ausgrabung erlaubt eine Rekonstruktion des ursprünglichen Kastells. Im Inneren der 21 × 25 m großen Anlage stand wahrscheinlich ein hufeisenförmiger Gebäudekomplex, der sich nach Osten, zum Limes hin, öffnete. Dort befand sich auch in der ansonsten ca. 3,5–4 m mächtigen Umwehrung ein Tordurchlaß. Entgegen der hier gezeigten Rekonstruktion (Abb. 55) könnte dort auch ein Torturm gestanden haben. Der Wall selbst war an seiner äußeren Front mit Rasensoden verkleidet, vielleicht gilt dies auch für die Innenseite. Darüber hinaus dienten wohl hölzerne Bauelemente der Verstärkung des Walles, dem zwei Gräben vorgelagert waren. Während man den äußeren auch heute noch gut sehen kann, ist der innere Graben durch den Versturz des Walles weniger gut zu erkennen. Da das Kleinkastell den Abstand zu den nächstliegenden Wachttürmen erheblich verringert, kann sein Bau erst nach der Errichtung der Limeswachtposten erfolgt sein. Auch das bisher zutage gekommene Fundmaterial weist auf eine Entstehung in

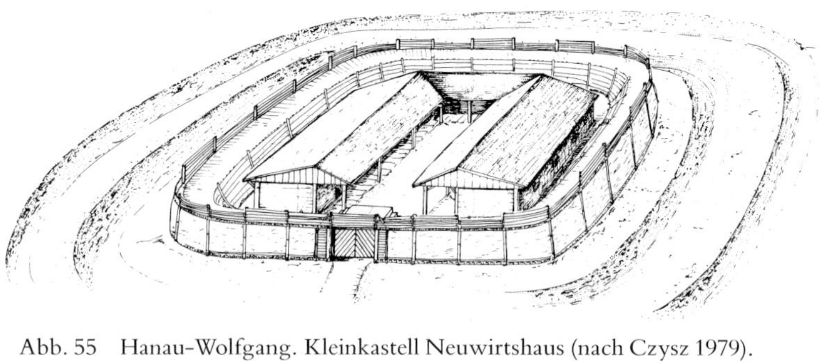

Abb. 55 Hanau-Wolfgang. Kleinkastell Neuwirtshaus (nach Czysz 1979).

hadrianischer Zeit hin. Man vermutet, daß das Kleinkastell der Kontrolle eines nicht weit entfernten, wohl schon in vorgeschichtlicher Zeit begangenen Fernweges diente.
350 m nördlich des Kastells sind hinter dem Limes die Überreste eines hölzernen und steinernen Wachtturmes als flache Hügel im Wald erkennbar. Will man dem Limes weiter folgen, muß man die Autobahn auf einer benachbarten Brücke überqueren. 400 m nördlich der Autobahn liegt ein weiterer Wachtturm, der, da durch Raubgräber bereits angegraben, in den achtziger Jahren vollständig untersucht wurde. Das hier beginnende Sumpfgebiet zwang die Römer zur Anlage eines Knüppelweges mit einer davor liegenden Palisade, statt des sonst üblichen Ausbaus. Nördlich dieses Sumpfgebietes, bis südlich des Kastells Rückingen, setzt sich der Limes, auch hier als Wall erkennbar, weiter fort. Leider ist er hier durch den Autobahn- und Straßenbau mehrfach zerschnitten und an vielen Stellen nur noch schwach zu sehen. Zwischen den Kastellen Rückingen und Marköbel ist der Limes oberirdisch nicht mehr erkennbar und eine Begehung dieser Strecke wenig ergiebig.

Literatur:
Baatz, Herrmann 1982, 337 ff.; 411 ff. – W. Czysz, Der römische Limes zwischen Kinzig und Main. Arch. Denkmäler Hessen 3 (1979).

Claus Bergmann

Römische Militäranlagen und Vicus

Am Ende des 1. Jahrhunderts errichteten römische Truppen am östlichen Rand der Wetterau Militärstützpunkte, die mit gut ausgebauten Straßen verbunden wurden. In unserer Nähe befanden sich solche Kastelle in Heldenbergen und Kesselstadt, später auch in Altenstadt, Marköbel, Rückingen und Großkrotzenburg, wo der Limes den Main erreichte. Der Fluß bildete im 2. und 3. Jahrhundert bis in die Nähe von Miltenberg die römische Staatsgrenze.

Nach einigen Einzelfunden, die bereits am Anfang des vergangenen Jahrhunderts zu Recht auf eine römische Anlage auf dem Salisberg zurückgeführt wurden, hat man 1847 beim Bau der Eisenbahn ein römisches Gräberfeld entdeckt. In den achtziger Jahren des 19. Jahrhunderts wurden südlich des heutigen Köppelweges Gebäudereste ausgegraben, die man damals noch für Teile eines römischen Gutshofes *(villa rustica)* hielt. Im heutigen Ortskern von Kesselstadt entdeckte Georg Wolff 1886 ein großes Steinkastell und im Bereich rund um den »Hopfengarten« und die heutige Castellstraße wurden Ende des 19. und Anfang des 20. Jahrhunderts zahlreiche Grabfunde eines weiteren römischen Gräberfeldes aufgedeckt (Abb. 56).

Bereits 1845 und später wieder 1875 konnten auf der Steinheimer Mainspitze die Reste römischer Gebäude freigelegt werden. Zwischen 1961 und 1965 grub der Steinheimer Heimatforscher Karl Kirstein erneut in dieser Siedlung. Eine 1886 etwas oberhalb der Kinzigmündung bei Baggerarbeiten entdeckte römische Mainbrücke verband beide Seiten des Flußufers. Ihre Ausbaggerung führte zur Auffindung zahlreicher Gebrauchsgüter aus dem 1.–3. Jahrhundert n. Chr.

Das 1913 bei der Anlage des heutigen Friedhofes entdeckte römische Bad wurde vor und nach dem Ersten Weltkrieg durch Georg Wolff ausgegraben. Die letzte Konservierung der Grundmauern dieser Badeanlage konnte erst 1989 abgeschlossen werden

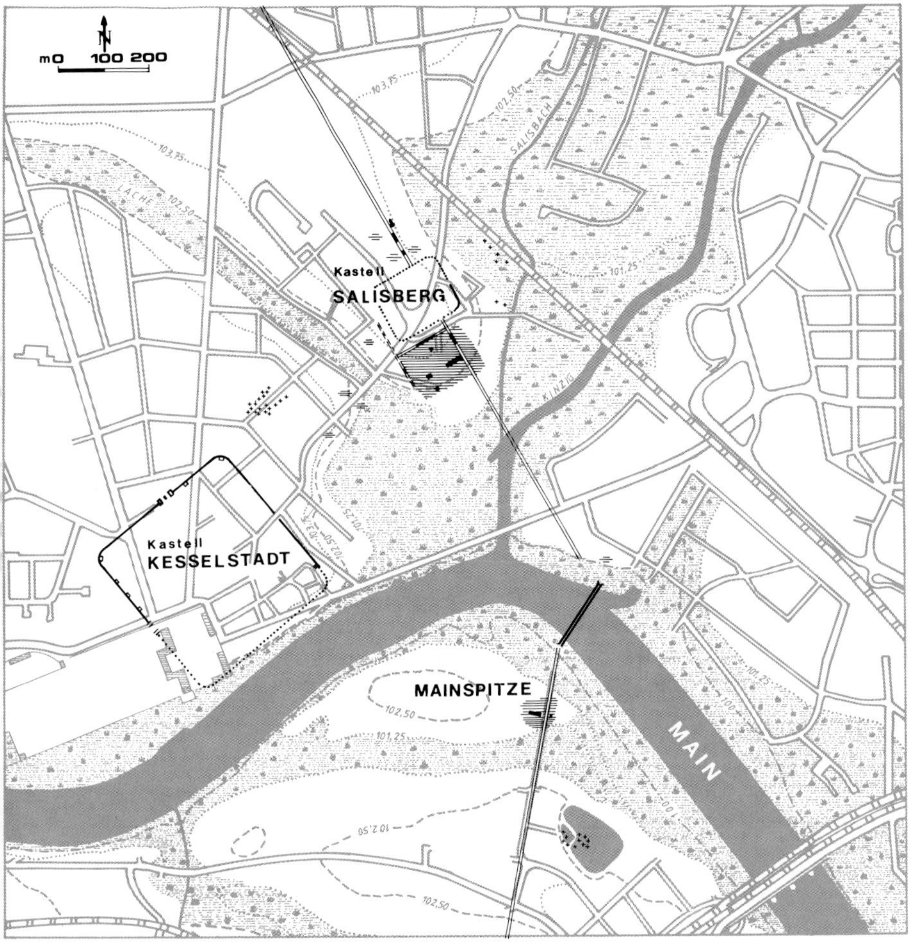

Abb. 56 Hanau. Lage der wichtigsten römischen Befunde in Kesselstadt und Steinheim.

(Abb. 57). 1931–1935 folgten umfangreiche archäologische Untersuchungen unter der Leitung von Heinrich Ricken, in deren Verlauf im Bereich der damaligen Brauerei Kaiser die Südostecke eines schon lange gesuchten römischen Kastells ermittelt wurde. Ricken grub wie schon zuvor Wolff auch Teile der westlich und südlich des Kastells liegenden Zivilsiedlung aus. Leider sind uns von seinen Grabungen keine Pläne überliefert.

Neben einigen Notbergungen nach dem Zweiten Weltkrieg durch Hugo Birkner und Hans Kroegel konnte der Hanauer Geschichtsverein erst wieder 1978/79 und 1986 im Zuge der Bebauung der Gutzkowstraße größere Untersuchungen auf dem »Salisberg« durchführen, bei denen neben vorgeschichtlichen Funden Teile der römischen Zivilsiedlung entdeckt wurden. Auch anläßlich der dringend notwendig gewordenen Restaurierung der römischen Fundamente des Bades im heutigen Friedhof wurde von 1988–1990 durch Sabine Wolfram eine archäologische Nachuntersuchung durchgeführt. Von 1992 an veranlaßte die geplante Überbauung eines großen Teiles des südlich vom Salisweg liegenden römischen Vicus den Geschichtsverein zu weiteren Ausgrabungen.

Die Fundamente eines etwa 14 ha großen Steinkastelles befinden sich unter dem alten Ortskern von Kesselstadt. Es handelt sich dabei nach Rottweil um das größte bisher bekannte römische Kastell im rechtsrheinischen Obergermanien. Bislang ist jedoch noch nicht eindeutig geklärt, wann es errichtet wurde und ob es jemals mit römischen Truppen belegt worden ist. Einige Hinweise deuten eher darauf hin, daß der Standort noch während des Baus der Anlage wieder aufgegeben werden mußte. Auf dem Salisberg standen jedoch nacheinander mindestens zwei Kohortenkastelle.

Zu der Militäranlage gehörte auch ein größeres Badegebäude, dessen Fundamente 1913 im heutigen Friedhof gefunden wurden und das ausweislich der geborgenen Ziegel um 92 n. Chr. errichtet und noch vor der Wende zum 2. Jahrhundert nach einem Brand erneuert werden mußte. Wohl noch zu Beginn des 2. Jahrhunderts, spätestens aber in der Regierungszeit Kaiser Hadrians, scheint das Militär abgezogen zu sein. Wohin die bisher unbekannte Einheit verlegt wurde, wissen wir nicht.

Abb. 57 Hanau-Kesselstadt. Freilegung (und anschließende Konservierung) der bereits 1913–1919 ausgegrabenen Fundamentmauern des römischen Bades im Friedhof auf dem Salisberg im Jahre 1989.

Eine anscheinend recht ausgedehnte Zivilsiedlung erstreckte sich südlich, westlich und vielleicht auch östlich des Kastells. Hier standen die Gaststätten, Wohnhäuser und Geschäfte der Handwerker, Gewerbetreibenden, Kaufleute und vielleicht auch von Landwirten, Fischern und Schiffahrern. Der Vicus vom Salisberg bestand auch nach Aufgabe der militärischen Anlagen weiter. Wann er endgültig aufgegeben wurde, ist momentan noch nicht bekannt. Eine Münze des Alexander Severus (222–235 n. Chr.) bildet den vorläufigen Schlußpunkt der kleinen Münzreihe.
Die bereits erwähnte Mainbrücke verband den Vicus vom Salisberg mit einer weiteren Siedlung auf der Steinheimer Mainspitze. Haupterwerbsquelle der Bewohner dieser Ansiedlung, die offenbar bis zum endgültigen Fall des Limes bestand, dürfte die Verarbeitung des Steinheimer Basaltes zu Werksteinen und Gebrauchsgerät gewesen sein. Auch auf der Steinheimer Seite konnte ein kleines Badegebäude ausgegraben werden, das sich ca. 50 m östlich eines großen Hallenbaus von 45,5 × 18,6 m Ausdehnung befand.

Ein Denar des Alexander Severus aus den Jahren 222–228, der mit anderen Funden aus der ersten Hälfte des 3. Jahrhunderts in einer Kellerverfüllung unter den Fundamenten des Bades entdeckt wurde, datiert dessen Errichtung in die Zeit der Alamannenkriege. Etwa 200 m südlich der Siedlungsstelle fand sich in einer ehem. Sandgrube das zugehörige Gräberfeld.

Literatur:
Baatz, Herrmann [2]1989, passim.

Peter Jüngling

Friedenskirche

Kesselstadt, das 1059 erstmals als Chezsilstat erwähnt wurde und dessen Name wahrscheinlich auf einen römischen Militärstützpunkt zurückgeht, liegt etwas unterhalb der Kinzigmündung, nur wenige Meter nördlich des Mainufers, auf einer weitgehend hochwasserfreien Erhebung. Die heutige Friedenskirche steht an der Stelle ihres 1903 abgebrochenen Vorgängerbaus. Erstmals im Jahre 1275 erwähnt, wurde die der hl. Katharina geweihte Kirche 1353 ausdrücklich als Pfarrkirche bezeichnet; sie gehörte bis zur Reformation der Diözese des Erzbistums Mainz an. 1554 wurde die Reformation eingeführt; Filialkirche war bis 1720 die Kirche von Dörnigheim. Im Zuge einer Ortssanierung führten Ausgrabungen des Hanauer Geschichtsvereins 1985 östlich der Kirche u. a. zur Entdeckung einer frühlatènezeitlichen Siedlung. Unter dem ehem. Chor fand sich außerdem ein karolingisches Grubenhaus, das in der zweiten Hälfte des 9. Jahrhunderts aufgegeben und verfüllt wurde. Ungebrannte Webgewichte weisen zusammen mit anderen Funden auf den profanen Charakter dieses Funktionsbaus hin. Die frühesten geborgenen Funde der mittelalterlichen Siedlung, von der wir freilich außer dem Grubenhaus, einigen Pfostenlöchern und verlagerten Keramikscherben keine weiteren Belege kennen, sind kaum vor das 8. Jahrhundert zu datieren.

Ob der Auflassung des Grubenhauses unmittelbar die Errichtung einer Kirche folgte, bleibt ungewiß. Auf jeden Fall kann man wohl um oder bald nach 900 mit einem ersten Sakralbau rechnen (Abb. 58). Zahlreiche Gräber umgaben bereits den ersten Kirchenbau. Bestattet wurde auf diesem Friedhof bis 1839, dann war er zu klein geworden und mußte verlegt werden. Von den 134 zur Auswertung gelangten Grabbefunden sind nur 16 völlig ungestört. An zwei Stellen fanden sich auf engstem Raum Gruppen von Kindergräbern. Bemerkenswert sind eine ganze Reihe von Beigaben wie Trachtbestandteile, Werkzeuge, Tonpfeifen, Schmuck oder auch Münzen in den Gräbern, da die »heidnische« Sitte der Mitgabe von persönlichen Gegenständen mit dem Aufkommen des Christentums weitgehend erloschen war.

Abb. 58 Hanau-Kesselstadt. Friedenskirche. Blick auf die Grabungsfläche mit den Befunden der Vorgängerbauten. Die frühromanische Kirche wird durch eine halbrunde Apsis dokumentiert, deren ausgebrochenes Fundament sich deutlich vom umliegenden Boden abzeichnete. Ferner fanden sich die Substruktionen eines Chores mit dreiseitigem Schluß und einer an der Nordseite angebauten Sakristei, die zu einer 1470/71 errichteten Saalkirche gehörten. Beide Befunde sind heute in einer kleinen Grünanlage markiert.

Die anthropologische Untersuchung der menschlichen Skelettreste bietet trotz der in einem mittelalterlichen Friedhof naturgemäß sehr schwierigen Bearbeitungsbedingungen einen Überblick über die ehemaligen Bewohner von Kesselstadt. Nicht unerwartet stellen wir eine sehr hohe Kindersterblichkeit und wesentlich geringere Lebenserwartung als heute fest. Erstaunlich ist die überdurchschnittliche Körpergröße der erwachsenen Bevölkerung, die sich nur wenig von den heute üblichen Werten unterscheidet. Für diese vom Rahmen des Erwarteten abweichenden Ergebnisse werden vorwiegend ernährungsspezifische Gründe verantwortlich gemacht, die vor allem in eiweißhaltiger Nahrungsmittelversorgung (Fisch!) zu suchen sein dürfte. Im gleichen Zusammenhang fallen einige Erkrankungsformen auf, die man mit dem modernen Begriff »Berufskrankheiten« belegen möchte und die auf die Tätigkeit vieler Kesselstädter als Fischer zurückzuführen sein werden.

Literatur:
P. Jüngling, Vom mittelalterlichen Weberhaus zur zweischiffigen Friedenskirche. Neues Magazin Hanau. Gesch. 8, 6, 1986, 293ff. (Vorbericht) – Zur Kirche: Festschrift zur Einweihung der Friedenskirche in Kesselstadt am 25. September 1904 (1904, 2 erw. Aufl. 1979).

Peter Jüngling

Hanau-Klein Auheim

Bandkeramische Siedlung

Im Zuge von Bauarbeiten wurden im Frühjahr 1985 im Gewann Reitweg bandkeramische Siedlungsreste entdeckt und zunächst im Rahmen von Notbergungsmaßnahmen, später in einer mehrjährigen Rettungsgrabung, untersucht. Dabei wurde eine 800 m^2 große Fläche ergraben, in der mindestens fünf bandkeramische Hausgrundrisse freigelegt werden konnten.
Da der Siedlungsplatz auf der Niederterrasse des Mains in einer alten, in der Jungsteinzeit schon weitgehend trockengefallenen Mainschleife gelegen ist, erhielt sich der alte Laufhorizont zumin-

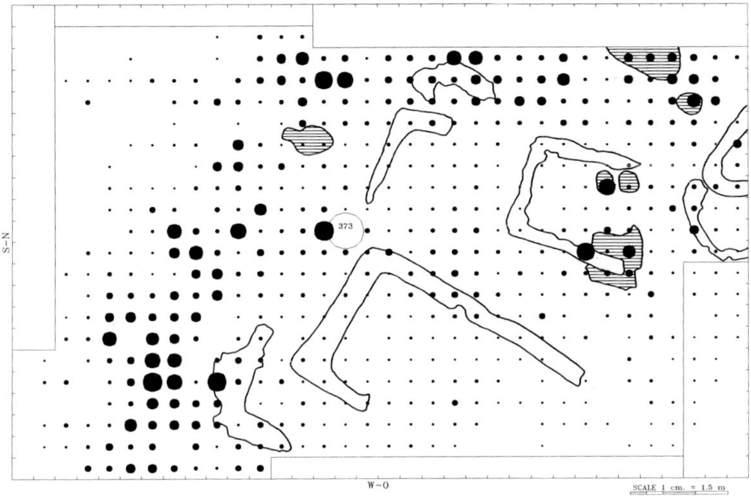

Abb. 59 Hanau–Klein Auheim. Spätbandkeramische Siedlung. Verteilung der Silexartefakte, max. Fundzahl = 373 Stück.

dest teilweise. Er war mit einer 40–60 cm mächtigen Schicht von Hochflutsanden überdeckt, die im oberen Bereich mit Dünensedimenten vermischt waren. Die Lage in der Niederaue des Mains ist in der späten Bandkeramik des Rhein-Main-Gebietes durchaus nicht selten, wie eine Reihe anderer Fundplätze in vergleichbarer Lage, z. B. Frankfurt-Fechenheim, Offenbach-Rumpenheim, Mühlheim Kläranlage oder Raunheim Maingewann belegen. Da sich hier die einmalige Gelegenheit bot, die Fundverteilung auf einer bandkeramischen Laufoberfläche zu untersuchen, wurde das Substrat nach Quadratmetern getrennt, in 10 cm mächtigen Abhüben abgetragen und komplett geschlämmt. Ein feineres Raster der Fundbergung wäre wünschenswert gewesen, ließ sich aber unter Notbergungsbedingungen nicht verwirklichen.

Die bandkeramische Fundschicht ist zwischen 20 und 30 cm mächtig und liegt direkt auf einer Schotterterrasse. Wohl deshalb fehlen die für die Bandkeramische Kultur typischen Gruben weitgehend. In dem sandigen Substrat zeichnen sich die Hauswände als eine

dünne, nur wenige Millimeter dicke Humusschicht unterhalb der eigentlichen Fundschicht ab. Pfostenlöcher fehlen weitgehend, doch wurden einige Pfostenverkeilungen ergraben. Es konnten nur die nordwestlichen Hausteile nachgewiesen werden, doch weist die Fundverteilung darauf hin, daß es sich um die üblichen bandkeramischen Langhäuser handelt. Überschneidungen von Hausgrundrissen belegen eine längere Siedlungsdauer, doch ist die Keramik sehr homogen und insgesamt der Stufe Meier-Arendt 4/5 zuzuweisen. Das Hausinnere ist immer recht fundleer.
Besonders im westlichen, von Hausbefunden freien Bereich der Siedlung befinden sich eine dichte Ansammlung von Silices und mehrere Schlagplätze, was auf eine funktionale Trennung der verschiedenen Siedlungsbereiche hinweisen könnte (Abb. 59). Leider ist der ergrabene Ausschnitt zu klein, um hier sichere Aussagen machen zu können. Der hohe Zusammensetzungsgrad innerhalb dieser Schlagplätze belegt die relativ vollständige Fundüberlieferung. Insgesamt wurden in den Abhüben 2 und 3 über 18000 Silices gefunden. Dabei handelt es sich vornehmlich um Süßwasserquarzit, der wohl aus der unmittelbaren Umgebung der Fundstelle stammt. Der geringe Geräteanteil (ca. 2%) sowie die große Menge an Rohknollen, Kernen und Klopfern belegen, daß die Fundstelle hauptsächlich als Werkstattsiedlung zur Primärzerlegung des Quarzits diente. Dieses Rohmaterial ist in der späten Bandkeramik im gesamten östlichen Rhein-Main-Gebiet verbreitet. Daneben beweisen Rohlinge aus Buntsandstein auch eine örtliche Mahlsteinproduktion.
Die Lage und Funktion des Fundplatzes läßt an eine saisonale Nutzung denken; leider sind Knochen und botanische Makroreste, die diese These unterstützen könnten, nur schlecht erhalten.

Literatur:
Meier-Arendt 1966 – U. Sommer, Prähistorische Siedlungsreste aus Hanau-Klein-Auheim. Neues Magazin Hanau. Gesch. 9, 1, 1987, 27ff. – Dies., Weitere Ausgrabungen bandkeramischer Siedlungsreste in Hanau-Klein-Auheim. Neues Magazin Hanau. Gesch. 9, 3, 1987, 200ff. – Dies., Eine jungsteinzeitliche Werkstattsiedlung, Ausgrabungen in Hanau-Klein-Auheim. Mitt. Hess. Museumsverbandes (1991), 32ff. – Dies., Der bandkeramische Siedlungsplatz von Hanau-Klein-Auheim. Un-

tersuchungen über die Silices und die Fundverteilung (in Vorb.) – S. Wolfram, Der bandkeramische Siedlungsplatz von Hanau-Klein-Auheim. Die Keramik (in Vorb.) O. Spieler, Die Herkunft von Quarzporphyr-Mahlsteinen im Frankfurt-Dieburger Raum. Unpubl. Diplomarbeit (1993).

Ulrike Sommer

Hanau-Mittelbuchen

Bandkeramische Siedlung

Der Fundplatz im Bereich zwischen dem Simmichborn, der Kilianstädter Straße und der Planstraße bzw. dem Weg »Hinter dem Hain« am nordwestlichen Rand des Ortskerns von Mittelbuchen wurde aufgrund von Oberflächenfunden entdeckt, weshalb die Arbeitsgemeinschaft Vor- und Frühgeschichte des Hanauer Geschichtsvereins eine kleine Testfläche öffnete. Als der gesamte an die Bebauung nach Westen anschließende Bereich als Baugelände ausgewiesen wurde, fand 1992 und 1993 mit Mitteln der Stadt Hanau, der Baugrundbesitzer und der Denkmalpflege eine Ausgrabung des Seminars für Vor- und Frühgeschichte der Universität Frankfurt statt.

Die Bodenerhaltung auf dem Fundplatz ist sehr unterschiedlich. Im oberen Hangbereich befindet sich unter dem Pflughorizont ein 40–50 cm mächtiges Kolluvium, unter dem sich ein bis zu 20 cm mächtiger Rest des B-Horizonts erhalten hat. An der Hangschulter fehlen das Kolluvium und der B-Horizont, so daß unter dem Pflughorizont unmittelbar der C-Horizont ansteht. Im unteren Hangbereich, wo heute das Gefälle bereits wesentlich abnimmt, ist wieder ein B-Horizont mit zunehmend kolluvialer Überdeckung ausgeprägt.

Die ältesten menschlichen Hinterlassenschaften liegen aus der Zeit der ältesten Bandkeramik vor. Damals, um etwa 5500 v. Chr., begann man hierzulande mit Ackerbau und Viehzucht. Aus dieser Zeit stammen in Mittelbuchen drei Häuser, die somit zu den ältesten in unserem Raum gehören. Sie werden durch die Funde aus zugehörigen Längsgruben und anderen Befunden genauer zu datieren sein. Zwei von diesen Häusern konnten in ihrer Gesamtausdehnung vollständig erfaßt werden. Sie sind mit den Bauten von Friedberg-Bruchenbrücken und Frankfurt-Niedereschbach zu vergleichen.

Eine deutlich größere Anzahl von Befunden stammt aus der späteren Bandkeramik etwa der Phasen IV–V nach Meier-Arendt. Ein fraglicher Hausgrundriß ist wegen einer Überschneidung sicher nicht mit einer Grabenanlage gleichzeitig. Dieser Spitzgraben wurde in der Grabung auf einer Strecke von etwa 40 m erfaßt und ist mit 3 m Tiefe bei 4 m Breite gut erhalten. Durch zusätzliche Magnetometermessungen ist sein Verlauf heute auf 160 m Länge bis zur Kilianstädter Straße bekannt. Außer einem Durchlaß zeigte sich, daß er aufgrund seiner geringen Krümmung zu den ganz großen Anlagen von sicher über 200 m Durchmesser gehört. Mehrere vermutlich gleichzeitige Gruben enthielten große Mengen Rotlehm. Bei einer von ihnen handelt es sich am wahrscheinlichsten um den geringfügig umgelagerten verziegelten oberen Teil einer zylinderförmigen Grube. Vielleicht gelingt es, mit Hilfe der gleichzeitigen, gut erhaltenen Befunde mit zahlreichen Fundstükken die Funktion dieser immer noch rätselhaften Grabenanlagen, die zu den großen Gemeinschaftsarbeiten der Jungsteinzeit gehören, besser zu verstehen. Gleichzeitige Häuser fehlen jedenfalls in der bisher ausgegrabenen Fläche von über 5000 m^2.

Zu den Funden gehören sehr gut erhaltene, verkohlte Pflanzenreste, wie einige bereits geschlämmte Proben zeigen. A. Kreuz von der Komm. für arch. Landesforsch. Hessen (KAL) bestimmte Emmer, Einkorn, Gerste und Erbsen. Von besonderer Bedeutung könnten Funde von Dinkel in einer der Gruben der späteren Bandkeramik sein. Möglicherweise gehören sie zu den ältesten Belegen dieser Kulturpflanze in unserem Raum.

Zwei größere Befunde sind in die Latènezeit zu datieren. Einer von ihnen ist wohl als Grubenhaus zu deuten, weil er einen rechteckigen Grundriß, einen flachen Boden und einen Pfosten an einer Schmalseite besitzt. Ihre Zeitstellung ist durch vier Fibeln vom Spätlatène-Schema, darunter eine Nauheimer Fibel, sowie einen blau-gelben

Glasarmring gut zu bestimmen. Große Befunde und besonders die mit viel Rotlehm oder Metallfunden zeichnen sich trotz der mächtigen kolluvialen Überlagerung gut in den Magnetometermessungen ab, die von der KAL vor der Ausgrabung in einem südlichen Teil der später aufgedeckten Fläche durchgeführt wurden.
Pingsdorfer Keramik oder Nachahmungen stammen aus einer Reihe von hellgrau verfüllten zylinderförmigen Gruben aus der dem Ort nächstgelegenen Grabungsfläche und können vorläufig grob in den Zeitraum zwischen der Mitte des 9. und das frühe 13. Jahrhundert eingeordnet werden.
Im ausgegrabenen Bereich kamen zwei Wasserleitungen zutage. Eine verlief etwa Nordost-Südwest ungefähr in der Richtung des größten Gefälles. Sie bestand wohl aus Holzrohren, die in regelmäßigen Abständen von Eisenklammern zusammengehalten wurden. Die andere Wasserleitung aus hellgrauen Keramikrohren verläuft etwa Nordwest-Südost und somit hangparallel. Für eine vergleichbare Leitung ist ein naturwissenschaftliches Datum von 1570 ± 50 bekannt. Möglicherweise besteht ein Zusammenhang mit der Gründung der Neustadt Hanau im Jahr 1597.
Zwei parallel laufende Gräben werden bei der Belagerung Hanaus 1635–1636 im Dreißigjährigen Krieg angelegt worden sein, da aus einem der Gräben eine Münze mit dem Prägedatum von 1633 stammt.

Literatur:
R. Dietrich, Die Wasserleitungen am Kinzigheimer Hof und bei Marköbel. Hanauer Geschichtsbl. 29, 1985, 289 ff. – A. Hampel, Ein ältestbandkeramischer Siedlungsplatz. Frankfurt am Main Niedereschbach. Tl. 1, Die Befunde. Beitr. zum Denkmalschutz in Frankfurt am Main 5, (1992). – P. Jüngling, Das Bruchstück einer bandkeramischen Idolfigur aus Hanau-Mittelbuchen. Neues Magazin Hanau. Gesch. 1992, 4 ff. – Ders., Jahresbericht der archäologischen Bodenforschung 1992. Ausgrabungen. Hanau-Mittelbuchen. Neues Magazin Hanau. Gesch. 1993, 52 f. – J. Lüning, Die Anfänge der Landwirtschaft vor 7000 Jahren: Ausgrabungen in Friedberg-Bruchenbrücken. In: V. Rupp (Hrsg.), Archäologie der Wetterau. Aspekte der Forschung (1991) 95 ff. (= Wetterauer Geschichtsbl. 40, 1993). – Meier-Arendt 1966.

Andreas Zimmermann

Hanau-Steinheim/Mühlheim-Dietesheim

Gräbergruppen der Bronze- und Urnenfelderzeit

Im bewaldeten Dünengebiet zwischen Hanau-Steinheim und Mühlheim-Dietesheim liegen mehrere Gräbergruppen, die sich in der Gemarkung Steinheim über die Fluren Buchhecke, Galgenbruch und Galgentanne und in Dietesheim über die Waldabteilungen 90 (Teufelskaute) und 85 erstrecken (Abb. 60). Insgesamt 88 Gräber wurden zwischen 1950 und 1980 von dem ehrenamtlichen Bodendenkmalpfleger Karl Kirstein (gest. 1974) und der Archäologischen AG Mühlheim untersucht. Eine umfassende Bearbeitung und Publikation der Befunde und Funde steht leider noch aus, obwohl die relativchronologische Bedeutung der Gräber (Übergang Hügelgräber- zur Urnenfelderzeit) schon früh hervorgehoben wurde.
Das Dünengebiet beiderseits der Gemarkungsgrenze wurde in der ausgehenden Hügelgräberbronzezeit erstmals für Bestattungen genutzt und weist hauptsächlich Gräber der frühen und älteren Urnenfelderzeit auf. Die herausragende Bestattung der jüngeren Hügelgräberbronzezeit (Stufe Bessunger Wald) ist das Frauenkörpergrab Gr. 34 (Teufelskaute) mit für das Rhein-Main-Gebiet typischen Trachtbeigaben (Abb. 13).
Besonders gut dokumentiert ist in Steinheim/Mühlheim der Übergang von der für die Hügelgräberbronzezeit typischen Körperbestattung zur urnenfelderzeitlichen Brandbestattung. Die frühe Urnenfelderzeit (Stufe Wölfersheim) ist mit mehr als einem Dutzend Körpergräbern ohne erkennbaren Hügel und Flachbrandgräbern, beide z. T. mit Steineinfassungen unterschiedlicher Art versehen, belegt. Zu den besonders typischen Grabfunden zählen die Bestattungen Teufelskaute Grab 5 von 1972 und Galgentanne Grab 27. Bei letzterem handelt es sich um ein Doppel(?)körpergrab in sorgfältig gebauter Steinkammer (Abb. 61).
Stellvertretend für die Bestattungen der älteren Urnenfelderzeit sei

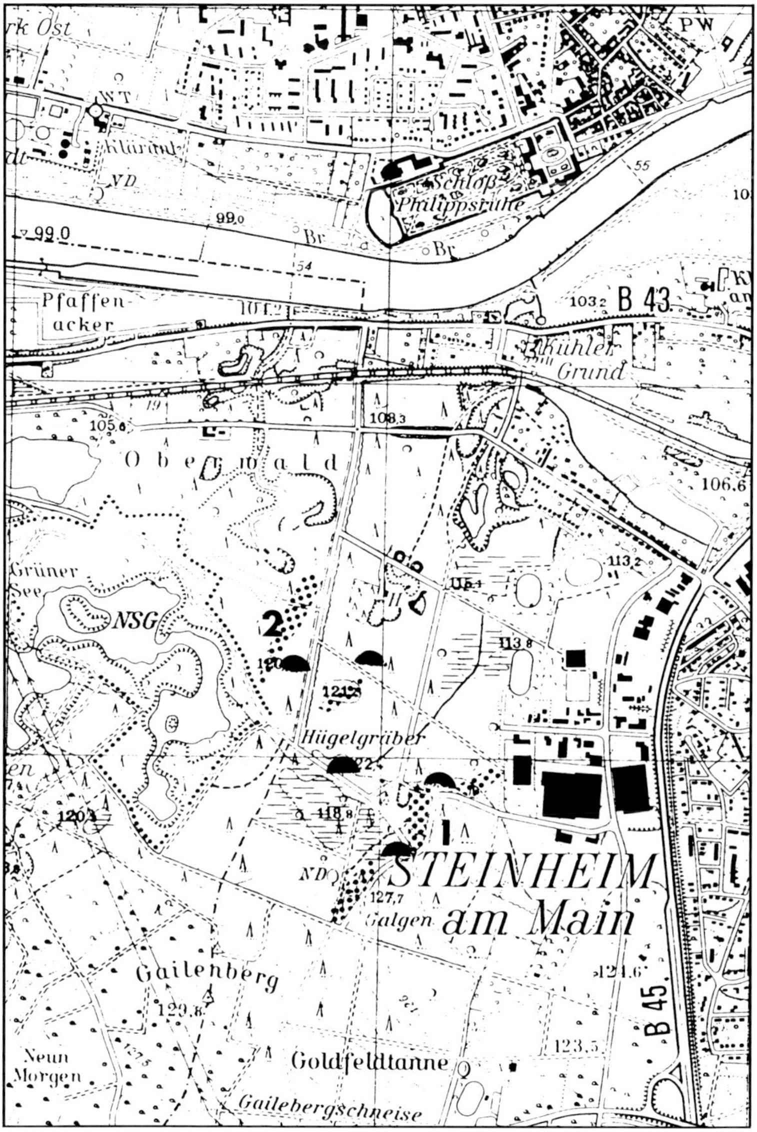

Abb. 60 Lage der Gräbergruppen an der Gemarkungsgrenze Hanau-Steinheim (1) und Mühlheim-Dietesheim (2).

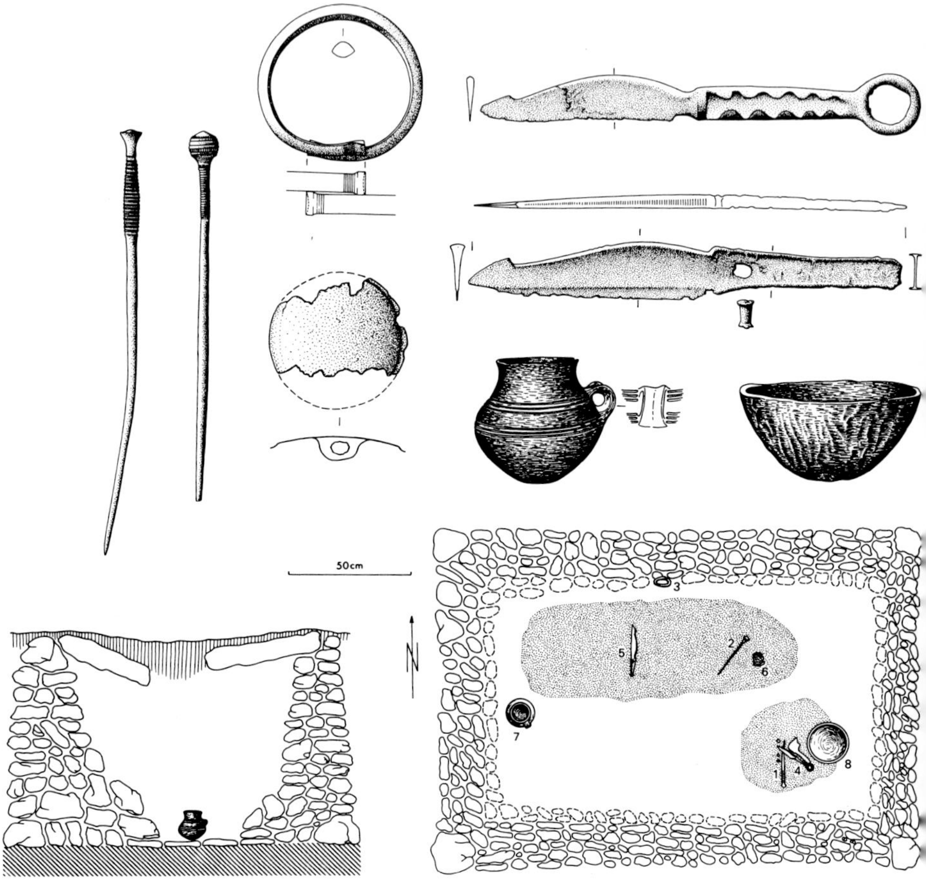

Abb. 61 Hanau-Steinheim. »Galgentanne« Grab 27 (nach Kubach 1984).

das Urnengrab Galgentanne Gr. 46 genannt. Neben charakteristischer Grabkeramik enthielt es eine Nadel mit aufgegossenem Kopf und geripptem Hals sowie einen mit Tannenzweigmuster verzierten Armring.

Neben den bronze- und urnenfelderzeitlichen Gräbern kamen im Bereich der Gräbergruppen auch endneolithische Funde und eine frühmittelalterliche Bestattung zutage.

Literatur:
Herrmann 1966, 192. – Herrmann, Jockenhövel 1990, 402. – H. J. Hundt, Jungbronzezeitliches Skelettgrab von Steinheim, Kr. Offenbach. Germania 34, 1956, 41 ff. – W. Kubach, Der Übergang von der Hügelgräber- zur Urnenfelderzeit im Rhein-Main-Gebiet (Stufe Wölfersheim). Fundber. Hessen 15, 1975, 129 ff. – W. Kubach, Die Nadeln in Hessen und Rheinhessen, PBF XIII, 3 (1977). – Ders., Die Stufe Wölfersheim im Rhein-Main-Gebiet, PBF XXI, 1 (1984) 36 f. – K. Nahrgang, Die Bodenfunde der Ur- und Frühgeschichte im Stadt- und Landkreis Offenbach am Main (1967) 134; 213 f. – I. Richter, Der Arm- und Beinschmuck der Bronze- und Urnenfelderzeit in Hessen und Rheinhessen, PBF X, 1 (1970). – U. Wels-Weyrauch, Schmuckausstattungen aus Frauengräbern der jüngeren Hügelgräberbronzezeit in Deutschland (14. Jahrhundert v. Chr.). Ausgrabungen in Deutschland, Tl. 3. RGZM Monographien 1, 3 (1975) 300 ff.

Sabine Wolfram

Über Geschichte und Denkmäler der Stadt Steinheim

Die Besiedlung der Gemarkung Steinheim (Ober und Niedersteinheim) läßt sich archäologisch von der jüngeren Altsteinzeit bis in das frühe Mittelalter nachweisen.
Die historische Überlieferung setzt mit einer Urkunde vom 19. Dezember 1222 ein, in der die auf einer Basaltkuppe am Südufer des Mains gelegene Burg Steinheim erstmals erwähnt wird, um den Ort Hausen (heute Krs. Offenbach) zu lokalisieren. Dieser Ort gehörte zum Herrschaftsbereich der Herren von Hainhausen, die wohl in der Mitte des 12. Jahrhunderts die Burg Steinheim gründeten. Nachdem die Herren von Hainhausen zwischen 1180 und 1190 in den Besitz der Burg Eppstein samt Herrschaftsgebieten im Taunus gelangt waren, nannten sie sich Herren von Eppstein, und diese wurden in einer Urkunde von 1254 dann ausdrücklich als Eigentümer der Burg Steinheim genannt. Die Burg war für sie Mittelpunkt des Amtes Steinheim, das sich von Alzenau bis nach Mühlheim und südlich nach Jügesheim erstreckte. Unter den Herren von Eppstein wurde zwar die Burg 1301 im Zuge kriegerischer Auseinandersetzungen zwischen den rheinischen Kurfürsten und dem deutschen König Albrecht von Habsburg durch den königstreuen Ulrich I. von Hanau zerstört (und sogleich wieder aufgebaut) und im 13.

und 14. Jahrhundert mehrfach verpfändet, aber die bei der Burg gelegene Siedlung erlebte einen Aufschwung. 1320 bekamen die Herren von Eppstein von König Ludwig dem Bayern die Stadtrechte für Obersteinheim verliehen. – Niedersteinheim, am Fuße der Basaltkuppe gelegen und Sitz der Pfarrei (bis 1449), behielt weiterhin den Status eines Dorfes. – Die Erlaubnis zur Ansiedlung von handelstüchtigen Juden folgte 1335, 1336 empfingen sie den Main als Lehen, 1355 das Münzprägerecht und 1358 das Recht, am Main Zölle zu erheben. Dennoch zogen sich die Herren von Eppstein aus ihrem ursprünglichen Herrschaftsgebiet zurück und verkauften Burg, Amt und Stadt Steinheim 1425 für 38 000 rheinische Gulden an das Kurfürstentum Mainz (Kurfürst Konrad von Daun), für das der Erwerb Steinheims als Bindeglied zwischen Mainz und Aschaffenburg einen deutlichen Machtausbau am Main bedeutete. Sogleich wurde mit der Erweiterung der Burganlage begonnen, und bis zum Niedergang des Kurstaates 1802 bestimmten Festung und Verwaltung Wohl und Weh der Stadt Steinheim. So brachten der Bauernkrieg (1525), der Schmalkaldische Krieg (1546–1547) sowie der Dreißigjährige Krieg (1618–1648) Not über die Stadt. Bis 1630 hatte Steinheim durch Einquartierungen unter dem Dreißigjährigen Krieg zu leiden, dann wurde es 1631 durch den schwedischen König Gustav Adolf belagert und schließlich eingenommen. – Matthäus Merian thematisierte die Belagerung in seinem Stich für die Topographia Hassiae von 1646 (Abb. 62). – 1632 schenkte Gustav Adolf Steinheim an die Grafen von Hanau, in deren Besitz es bis 1635 blieb, und im Zuge der Belagerung Hanaus 1635/36 durch den kaiserlichen General Lamboy wurde auch Steinheim verwüstet. Danach ging es, wie Hanau nach seiner Befreiung durch Wilhelm V. von Hessen-Kassel, noch einmal kurzzeitig in schwedischen Besitz. Bis zum Ende des Krieges erlebte Steinheim abermals die Einquartierung von Truppen, mal französischen, mal kaiserlichen. Unter dem Kurfürsten Johann Philipp von Schönborn (reg. 1647–1673) konnten sich Burg und Stadt erholen, bis die Not sie durch die Schlesischen Kriege wieder einholte. 1782 nahm die Stadt Steinheim dann aber einen erneuten kurzen Aufschwung, als sie Sitz des kurmainzischen Oberamts wurde. Der endgültige

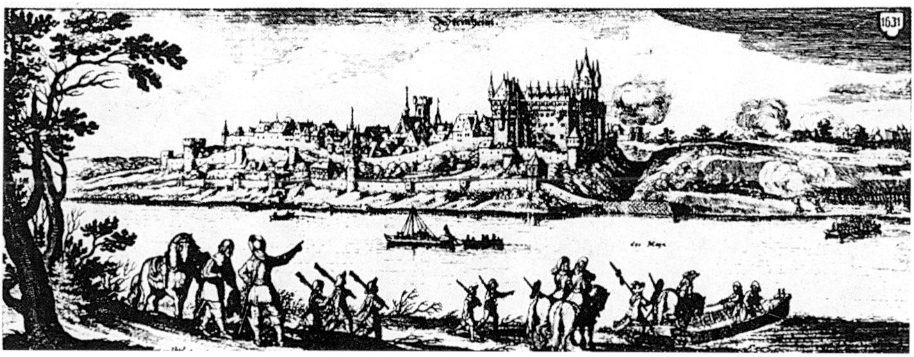

Abb. 62 Hanau-Steinheim. Lithostein für Postkarte nach Matthäus Merian, Topographia Hassiae (1646), um 1900 (seitenrichtige Wiedergabe des Motivs), Privatbesitz.

Niedergang Steinheims kam mit Napoleons Sieg (1800/01 lagen seine Truppen in Steinheim) über das deutsche Reich, der u. a. zur Säkularisation führte. – 1813, auf dem Rückzug nach Frankreich, focht Napoleon seine letzte erfolgreiche Schlacht auf deutschem Boden: die »Schlacht bei Hanau«. Schloß Steinheim diente dabei österreichischen Truppen als Lazarett.

1802 fiel der kurmainzische Besitz an das Großherzogtum Hessen-Darmstadt, das bald schon mit dem Abbau der Amtstadt begann. Steinheim verlor das Oberamt, 1830 das Justizamt und 1870 das Steuerkommissariat. Wirtschaftlich getragen wurde Steinheim ab Mitte des 19. Jahrhunderts durch Zigarrenfabrikation und in deren Zuge angesiedelte lithographische Kunstanstalten.

Aus der jüngeren Geschichte Steinheims sind zwei Daten von Bedeutung: 1938 wurden Ober- und Niedersteinheim zur Stadt Steinheim verbunden und 1974 wurde diese nach Hanau eingemeindet. Im Gegensatz zu Hanau haben die historischen Bauten Obersteinheims den Zweiten Weltkrieg unbeschadet überstanden und vermitteln heute noch einen Eindruck von der mittelalterlichen/frühneuzeitlichen Stadt.

Das herausragende Baudenkmal Steinheims ist Schloß Steinheim (Abb. 63). Die Burg wurde im 12. Jahrhundert gegründet und

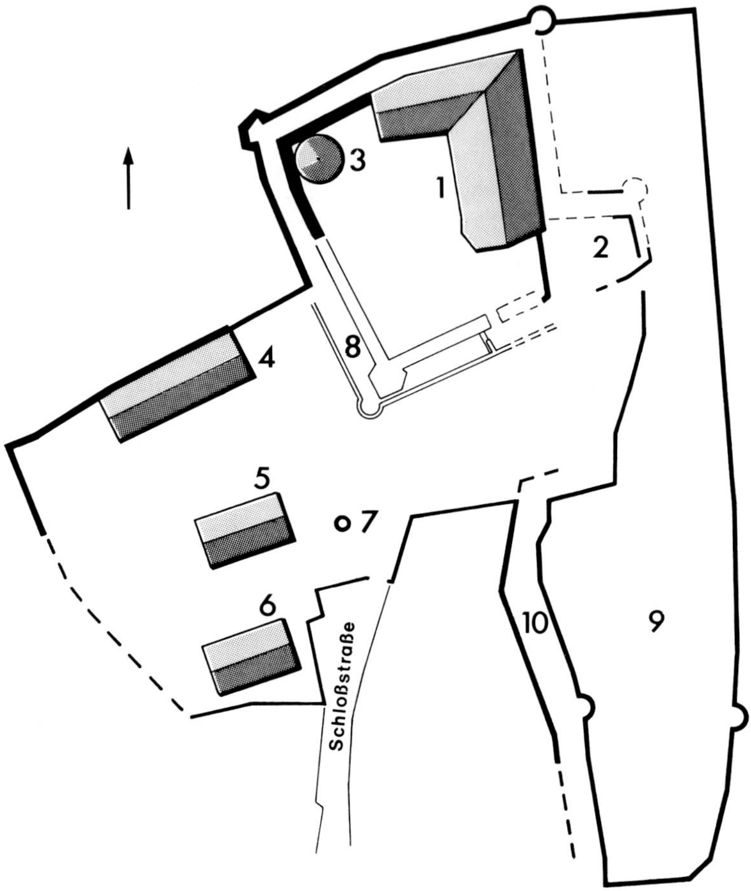

Abb. 63 Schloß Steinheim. Gesamtplan mit Markierung von Ausgrabungsbefunden 1889/90: 1 Hauptgebäude, 2 Ostflügel (Abriß Ende 18. Jh.), 3 Bergfried, 4 Marstall, 5 Amtsregistratur, 6 Amtshaus (Abriß 1839), 7 Brunnen, 8 Burgbefestigung (nicht sichtbar), 9 Schloßgarten, 10 Stadtmauer.

bestand in eppsteinischer Zeit aus dem mainseitigen Teil des Nord-Süd orientierten Schloßflügels, der Burgbefestigung, wie sie z. T. 1989/90 ausgegraben wurde und einem Bergfried, auf dessen Überresten vermutlich Kurfürst Konrad von Daun (gest. 1434) den heute noch stehenden Turm von Frankfurter Baumeistern errichten ließ. Ohne Zweifel begann mit Konrad von Daun der Ausbau der Burg zu einer kleinen Residenz (Schloß Steinheim). Es wurde der Ostflügel angebaut und in ihm 1431 eine kleine Kapelle geweiht. Um 1450 ließ dann Kurfürst Dieter I. Schenk von Erbach den Nordflügel anbauen, den Nord-Süd-Flügel auf die heutige Hoftiefe verdoppeln und im »Rittersaal« ein Kreuzgratgewölbe einziehen. Erneut wurde z. Z. Daniel Brendels von Homburg (reg. 1555–1582) am Schloß gebaut: 1555 am Amtshaus, 1562 am Marstall, 1564 wurde der Brunnen vor der Amtsregistratur errichtet und 1572 ein Renaissance-Treppenhaus an das Schloß angebaut. Als Matthäus Merian seine Ansicht von Schloß Steinheim anfertigte, stand die Anlage auf dem Höhepunkt ihrer baugeschichtlichen Entwicklung (Abb. 62). Ihr Niedergang vollzog sich unter dem letzten Mainzer Kurfürsten Karl Joseph von Erthal, der 1786 das Inventar des Schlosses versteigern und noch vor 1800 weite Teile der Anlage für einen geplanten, dann aber nie realisierten Umbau abtragen ließ. Zwischen 1808 und 1813 lebte Prinz Georg von Hessen im Schloß und ließ im Hauptgebäude Umbauten im klassizistischen Stil durchführen. Nach 1813 wurde das Schloß von Hessen-Darmstadt nie mehr bewohnt und das Mobiliar 1825 abgezogen. Der Abriß des Amtshauses erfolgte 1839. Im weiteren Verlauf des 19. und 20. Jahrhunderts bot das Schloß einem Betsaal, einer Schule, Wohnungen und Museum Platz.

Bedeutend für Steinheim ist auch seine fast vollständig erhaltene Stadtbefestigung, mit deren Bau wohl bald nach der Stadterhebung (1320) begonnen wurde. Sie besitzt heute zwei Türme, Pestilenz- und Dilgesturm sowie zwei von ehemals drei Toren: Maintor, Mühltor und Obertor. Das Maintor ersetzte 1564 eine schwächere Konstruktion und erlebte nach dem Dreißigjährigen Krieg verschiedene Umbauten. Die Doppeltoranlage des Mühltores ist in seiner heutigen Form um 1500 entstanden und bereits nach 1550

zugemauert worden. Um diese Zeit wurde das Obertor in seiner überlieferten Form errichtet. Es wurde 1817 abgebrochen.
Die ältesten, dendrochronologisch datierten Bauten in Steinheim sind das Haus Volk in der Harmoniestraße (1395) und das Zunfthaus der Fischer und Schiffer (1414). Ebenfalls gotisch ist der Wenksche Hof und wohl die Zehntscheuer an der mainseitigen Stadtmauer sowie der Fronhof. Letzterer geht in seiner jetzigen Form aber auf den Kurfürsten Anselm Franz von Ingelheim (1679–1695) zurück. Ihren Ursprung im 15. Jahrhundert haben der Pfarrhof und die Gedächtniskirche, deren »Wehrturm« allem Anschein nach älter als das Obertor ist. Nicht mehr erhalten ist das 1376 erstmals erwähnte Rathaus auf dem Platz des Friedens, es wurde 1771 abgerissen und 1773 durch einen Neubau in der Hans-Sachs-Straße ersetzt. Die Anfänge des Stadtwirtshauses liegen im dunkeln, der jetzige Bau stammt von 1731.
Steinheim besitzt schließlich auch eine Reihe stattlicher Wohnhäuser des 16.–18. Jahrhunderts: das Anwesen des Amtmannes Frowin von Hutten mit seinem Renaissance-Hauptbau, das Leonrodsche Haus (Hauszeichen von 1590), das sog. Schönbornhaus aus dem 18. Jh., der Bickenhof.
Zwischen 1687 und 1690 wurde die Stadt Steinheim erstmals seit ihrer Gründung erweitert, es entstanden die Hofraiten in der Steinheimer Vorstadt. Im 18. Jahrhundert folgte dann die »Villa Stokkum« auf dem Hainberg. Hier entstand schließlich 1860 die Zigarrenfabrik Hosse, eine der wirtschaftlichen Stützpfeiler Steinheims des späteren 19. Jahrhunderts.

Literatur:
W. B. Kaiser, Steinheim. Denkmäler und Geschichte (^{2}1991). – Stadt Steinheim am Main (Hrsg.), 650 Jahre Stadtrecht Steinheim (1970). – S. Wolfram et al., Schloß Steinheim, Kleiner Kunstführer Nr. 1981 (1992).

Sabine Wolfram

Klosterruine St. Wolfgang

Folgt man aus Hanau kommend der B 43 in Richtung Gelnhausen, so unterquert man hinter dem Ortsteil Wolfgang zwei Autobahnen, die den südlichen Teil des Hanauer Kreuzes bilden. 200 m weiter überquert die Straße den Limes, weitere 575 m dahinter biegt ein Forstweg nach rechts mit dem Hinweis »Hessisches Forstamt« ab. Auf diesem Weg, der nicht befahren werden darf, gelangt man nach 750 m an die Ruinen mehrerer Gebäude.

Als erstes fällt ein nahezu quadratischer Turm von 4×4,10 m Grundfläche ins Auge, dessen pyramidenförmige Betonspitze einen optisch höchst mißlungenen Versuch zum Schutze des Gemäuers vor Wasserschäden darstellt.

Ein kleines rechteckiges Gebäude, 5,60×4,30 m, wird als Sakristei der ehem. Klosterkirche angesprochen, deren Grundmauern sonst nur von Boden- bis Kniehöhe erhalten sind. Diese für Lage und

Abb. 64 Hanau-Wolfgang. Klosterruine St. Wolfgang.

angeblich – nach schriftlichen Quellen – geringe Bedeutung des Klösterchens große Kirche stellt auf keinen Fall die Kapelle zu Ehren des hl. Wolfgang dar, die der Trompeter, Hoffourier und spätere Forstmeister des Grafen Philipp d.J. von Hanau (1449–1500) Erasmus Hasefuß (nach anderer Quelle: Erasmus Josefus) im Jahre 1468 gestiftet hatte. Sichtbar sind die Außenmauern in einer Länge von rund 22 m. Die Breite des Schiffs beträgt 8,80 m, weitere Anbauten unbestimmbarer Funktion an beiden Längsseiten fügen nochmals mindestens 5,50 m hinzu.
Ob eine neu aufgemauerte runde Brunnenmündung nördlich der Sakristei einem Originalbefund entspricht, ist nicht bekannt. Ebenfalls ist fraglich, in welcher Beziehung der freistehende Turm zur Kirche gesehen werden muß. Im Gegensatz zur geosteten Kirche (Altarraum in Richtung Jerusalem) steht er zu ihr in einem Winkel von 45°, seine Diagonalen entsprechen den Himmelsrichtungen.
Unsicher ist bereits die Jahreszahl der Gründung, da die Bezugschronik Zimmermanns aus dem Jahre 1780 ausdrücklich sagt: »Die Zeit, wann dieses geschehen ist, kann ich wohl nicht bestimmt angeben, es soll aber gegen das Jahr 1468 geschehen sein.«
Auch die weiteren Ereignisse um das »Klösterchen« lassen Zweifel an der Vollständigkeit und dem Wahrheitsgehalt der Schriftquellen aufkommen. So sei durch milde Beiträge und Kollekten aus der Kapelle allmählich ein »Klösterlein« entstanden, das mit Mönchen des Augustinerordens besetzt worden sei. Zimmermann betont an dieser Stelle »nicht Servitenmönche oder Marienknechte«, während die Originalurkunde gerade Serviten als Träger des Klosters nennt. Dabei ist allerdings zu beachten, daß der volle Name des Ordens »fratres ordinis servorum beati mariae virginis secundum regulam et instituta Agustini« lautet, also alle drei Elemente enthält.
Von den folgenden Ereignissen sicher scheint nur noch das Datum der Plünderung während des Bauernkrieges 1525 durch eine Schar des Schultheißen von Rodenbach und die völlige Zerstörung im Jahre 1527.
Auch die Aufhebung des Klosters und seine Vereinigung mit dem

Spital in Hanau 1502 ist in der geschilderten Absolutheit unwahrscheinlich, da 1515 vier Priester von St. Wolfgang beim Leichenbegängnis Katharinas von Schwarzburg, der Gemahlin Graf Reinhards IV. von Hanau, mitwirken und 1520 nochmals ein Prior und Brüder von St. Wolfgang genannt werden. Im selben Jahr seien die Privilegien des Klosters erneuert worden.

Wenigstens genauso interessant wie die Ruine ist ihre Umgebung, die bisher wenig beachtet wurde (Abb. 64). Das Gebiet um das Kloster weist weitere Bodendenkmäler auf, die z. T. mit ihm in Verbindung zu bringen sind. Viereckige Wälle um Vertiefungen sind mit Sicherheit Gebäudereste, wie eine bei Waldarbeiten zutage getretene Mauerecke belegt, die ein rund 4×4 m messendes Fundament erschließen läßt. Trichterförmige Eintiefungen zeigen die kurz erwähnten Schürfarbeiten der Mönche auf Raseneisenerz an, das hier in geringer Tiefe von etwa 0,80 bis 1 m ansteht.

Jüngste Bodendenkmäler bilden die z. T. über zwei Meter tiefen Bombentrichter aus dem Zweiten Weltkrieg.

Da nahezu keine verwertbaren Unterlagen vorhanden sind, und die Sichtung der Quellen bereits eine größere Auswertung fordert, wurde durch die Archäologische Denkmalpflege im Landesamt für Denkmalpflege Hessen eine Aufmessung eingeleitet, die zunächst Grundlagen erstellen soll, auf denen dann eine Bearbeitung aufbauen kann.

Literatur:
Bl(um), Von dem Wolfgangs-Kloster in der Buhlau. Hanau. Magazin 3, 1780, 427 ff. – A. Calaminus, Das Wolfgangkloster bei Hanau. Zeitschr. Ver. Hess. Gesch. 6, 1854, 305 ff. – G. Schwitalla, Das ehemalige Servitenkloster St. Wolfgang in der Bulau. Arch. Denkmäler Hessen 114 (1994). – E. J. Zimmermann, Hanau Stadt und Land (^{2}1917).

Guntram Schwitalla

Grabhügel Abtshecken und Rödelberg

Nordöstlich von Langenselbold beginnt das dicht bewaldete Hügelland der Vogelsbergausläufer. Im Walddistrikt »Abtshecken« zwischen Langenselbold und Rothenbergen liegt ein kleines Gräberfeld mit drei Hügeln (Abb. 65). Eine Untersuchung im Jahre 1910 erbrachte Skelettreste und Funde des Endneolithikums. Die genauen Fundumstände sind nicht bekannt, ebenso ist nicht klar, ob alle drei Hügel untersucht wurden.
An Funden liegen ein Becher mit zylindrischem Hals und Verzierung aus Schnurrhomben, einige Scherben mit Fischgrätmuster sowie Bruchstücke von Gefäßen mit Tupfen- und Leistenzier vor.

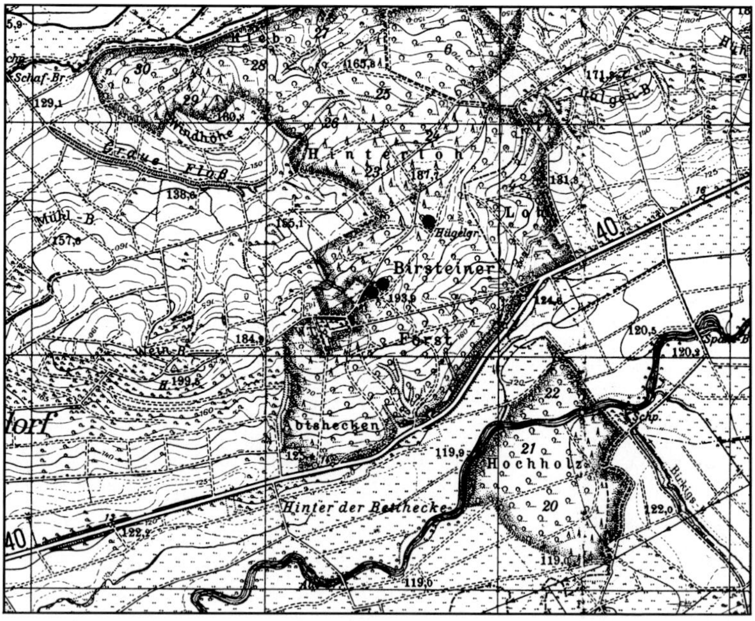

Abb. 65 Langenselbold. Lage der Hügelgräber in den Abtshecken. (Ausschnitt aus der Top. Karte Langenselbold, Bl. 5820).

Die Grabhügel in den Langenselbolder Abtshecken zeigen uns mindestens eine Begehung, möglicherweise auch eine Besiedlung der Region im Endneolithikum an. Auffällig ist die Lage des Gräberfeldes im Bereich des alten Kinzigtalweges, der sicher schon in vorgeschichtlicher Zeit begangen wurde. In diesem Zusammenhang sind auch weitere endneolithische Fundplätze in der Umgebung Langenselbolds zu erwähnen. So liegen ein Rechteckbeil vom Südhang des Rödelbergs und schnurkeramische und Michelsberger Gefäßfragmente aus einer Sandgrube in der Nähe des Bahnhofs sowie vom Südabhang des Weinbergs vor. Ebenfalls dem Endneolithikum könnte ein kleines Rechteckbeil aus reinem Kupfer vom nordwestlichen Ortsrand von Langenselbold angehören.
Ob alle drei Hügel in den Abtshecken dem Endneolithikum zuzurechnen sind, ist unklar, zumal auch einige hallstattzeitliche Funde von dem Platz vorliegen. Bei diesen kann es sich jedoch auch um Nachbestattungen handeln.
Nördlich von Langenselbold liegt auf der Anhöhe des Rödelbergs im Wald ein größeres Gräberfeld mit etwa 20 Hügeln (Abb. 66). Bereits 1876 und 1880 wurden einige der Hügel ausgegraben. Die Berichte über die Grabungsarbeiten wurden in den »Mitteilungen des Hanauer Bezirksvereins für Hessische Geschichte und Landeskunde« 1876 und 1880 veröffentlicht. Bei dem 1876 zuerst untersuchten Hügel handelt es sich wahrscheinlich um den größten der am weitesten südlich gelegenen Hügelgruppe, der noch heute einen Durchmesser von 25 m und eine Höhe von über 2 m hat. Die Grabungsschnitte ergaben eine umlaufende Steinpackung aus Quarziten, im Zentrum des Hügels lag – nur von wenig Erde bedeckt – eine verzierte Sandsteinstele. Der Stein wurde zwar beschrieben, mußte aber den Aussagen des Grabungsprotokolls zufolge wegen seines Gewichts liegengelassen werden. Bestattungsreste wurden in diesem Hügel nicht beobachtet.
1880 und 1926 folgten dann weitere Untersuchungen, die einige Grabfunde zutage brachten. Zwei Kegelhalsgefäße, drei Schalen, ein kleiner Napf und einige Eisenfragmente mit hohlen Bronzeknöpfen stammen aus einer Hauptbestattung und einer Körper-Nachbestattung. Eine der Schalen enthielt Wildschweinzähne. Der

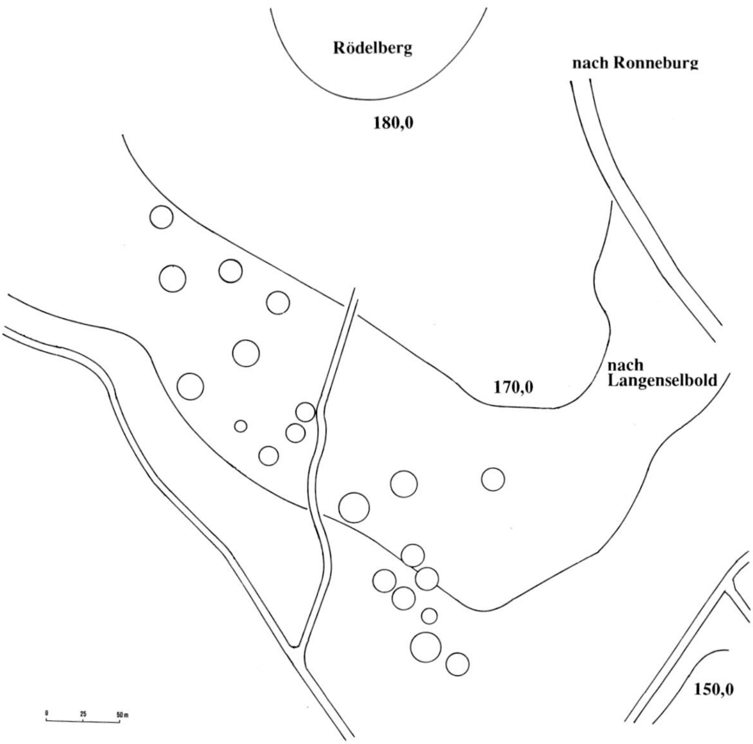

Abb. 66 Langenselbold. Karte des Hügelgräberfeldes am Rödelberg. (Landesamt für Denkmalpflege Hessen, Abt. Arch. und Paläont. Denkmalpflege, Top 177, Vermessung Eckle 1983, arch. nicht redigiert).

1926 untersuchte Hügel enthielt ein ähnliches, aber reichhaltigeres Inventar. Wiederum zwei Kegelhalsgefäße gesellten sich zu vier Schalen, einem Spitzbecher sowie zwei Bronzearmringen und einem Eisenmesser.

Nach Aussage der Funde wurde auf dem Rödelberg von der Urnenfelderzeit bis in die frühe Latènezeit bestattet. Das Gebiet um Langenselbold erweist sich durch zahlreiche weitere Funde als kontinuierlich besiedelt. Mindestens ein weiterer Bestattungsplatz der späten Bronzezeit ist durch zwei Steinplattengräber an der Hanauer Straße bekannt, Siedlungsfunde liegen aus dem Ortsbereich (Klosterbergstraße) vor. Einige Fundplätze mit hallstattzeitlichem Material sowie Grab- und Siedlungsfunde der Latènezeit, darunter eine Münze, belegen die günstigen Siedlungsverhältnisse im Bereich des heutigen Langenselbold.

Literatur:
Abtshecken: Sangmeister 1951, 84. – Ders., K. Gerhardt, Schnurkeramik und Schnurkeramiker in Südwestdeutschland. Bad. Fundber., Sonderh. 8, 1965, 15; 43.– Ch. Willms, Zur absoluten Chonologie des Neolithikums in Hessen. Fundber. Hessen 1982 (im Druck). – Wolff 1913, 63.
Rödelberg: W. Adam, Zur Vorgeschichte der Wetterau. Bericht über die Ausgrabungsergebnisse der beiden letzten Jahre. Monatsschr. Kinzigtaler Ver. Heimatforsch. 7/8, 1926. – Herrmann 1966, 69. – Kutsch 1926, 51; 61 f. – Müller-Karpe 1948, 72 f.; Taf. 25. – Ders., Frühlatène-Gräber aus dem Hanauer Land. In: Ders., Hessische Funde von der Altsteinzeit bis zum frühen Mittelalter. Schr. z. Urgesch. 2 (1949) 51 ff. – H. Schönberger, Die Spätlatènezeit in der Wetterau. Saalburg Jahrb. XI, 1952, 121. – Schumacher 1972, 170 ff. – Wolff 1913, 63.

Christof Krauskopf

Das Prämonstratenserchorherrenstift Selbold

Graf Dietmar von Selbold gründete im Jahre 1108 »bei dem Selbold genannten Ort« ein Chorherrenstift für sein eigenes Seelenheil und das seiner verstorbenen Frau Adelheid. Mit der Bestätigung der Gründung durch Papst Paschalis II. treten uns sowohl der Ort Selbold als auch die Grafenfamilie erstmals aus den Schriftquellen gegenüber. Näheres über die Grafen, die sich seit 1133 von Gelnhausen nannten, ist nicht bekannt, bereits nach 1158 wird die Familie nicht mehr genannt. Ebenso unbekannt sind sowohl der ursprüngliche Sitz der Grafen in Selbold als auch die Lage ihrer Burg in Gelnhausen.
Das 1108 als religiöses Zentrum der Rodungsherrschaft der Grafenfamilie gegründete Stift, von dem heute keine obertägigen Reste mehr zu sehen sind, ist dagegen seit jeher durch die Bezeichnung Klosterberg lokalisiert.

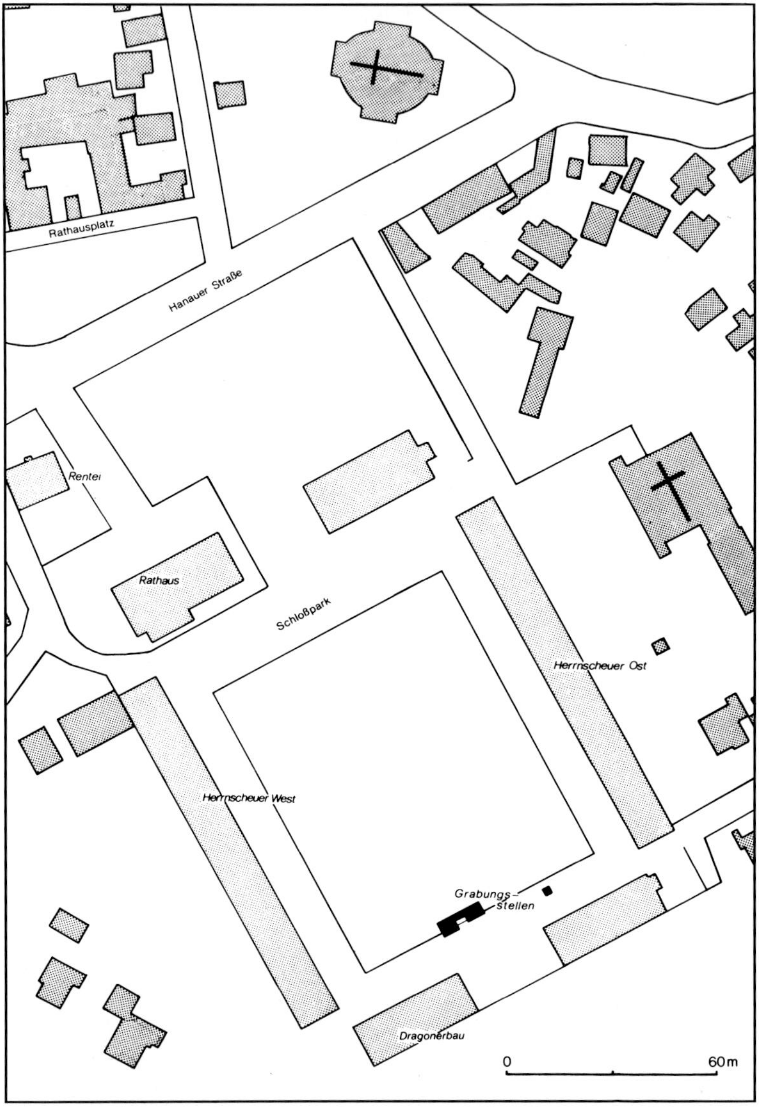

Abb. 67 Langenselbold. Plan des Klosterberges mit der barocken Schloßanlage und der Lage der Grabungsflächen (nach: Arch. Denkmäler Hessen 37).

Abb. 68 Langenselbold. Luftaufnahme der Grabungsfläche. 1 Hofbereich; 2 Eingang und Kellertreppe, spätes 14. Jh.; 3, 4 Wasserrinnen; 5 Ecke eines Gebäudes.

1982 ergab sich die Gelegenheit, einen kleinen Bereich des Langenselbolder Schloßparks zu untersuchen (Abb. 67). Dabei wurde deutlich, daß durch die Planierung des Klosterberges zur Anlage des Barockschlosses Grundmauern und Keller des Stiftes unter den aufgebrachten Planierungshorizonten gut konserviert worden sind (Abb. 68). Im untersuchten Bereich wurden mehrere Hofplanierungen seit dem 13. Jahrhundert freigelegt. Als erstes Gebäude war im späten 14. Jahrhundert ein unterkellertes Haus mit steinernem Untergeschoß und Fachwerkoberbau errichtet worden. Der gut erhaltene Kellerabgang bestand aus einer breiten Sandsteintreppe, unter der ein gemauerter Kanal vom Hof her in den nicht untersuchten Kellerraum führte. Den Hof vor dem Haus durchzog eine gemauerte Wasserrinne, zu deren Aufbau Spolien einer um 1200 datierten älteren Bauphase verwendet worden waren. Nach der Errichtung eines weiteren Gebäudes wurde die Wasserrinne unbrauchbar und durch eine neue ersetzt.
Nach der Säkularisierung des Stifts im Jahre 1543 waren die Gebäude noch längere Zeit intakt. Im 18. Jahrhundert wurden die letzten Stiftsgebäude abgebrochen, um Platz für die barocke Schloßanlage

zu machen. Heute erinnern nur noch einige Spolien in den Nebengebäuden des Schlosses sowie das vermutlich spätmittelalterliche Untergeschoß der am nördlichen Rand des Schloßareals stehenden Rentei und der daran angebrachte Grabstein eines der letzten Äbte an das Stift.

Durch die mehrfache Planierung des spätmittelalterlichen Hofbereichs wurden gute Voraussetzungen für die Bergung stratifizierten Keramikmaterials geschaffen. Die Keramikfunde aus zehn Horizonten lassen genauere Aussagen zur hoch- und spätmittelalterlichen Keramikentwicklung im unteren Kinzigtal zu (Abb. 69).

Über die Innenausstattung der Stiftsgebäude gibt uns eine größere Anzahl von verzierten Fußbodenfliesen Aufschluß. Die Gebäude waren mit Kachelöfen ausgestattet. Die Ofenentwicklung kann

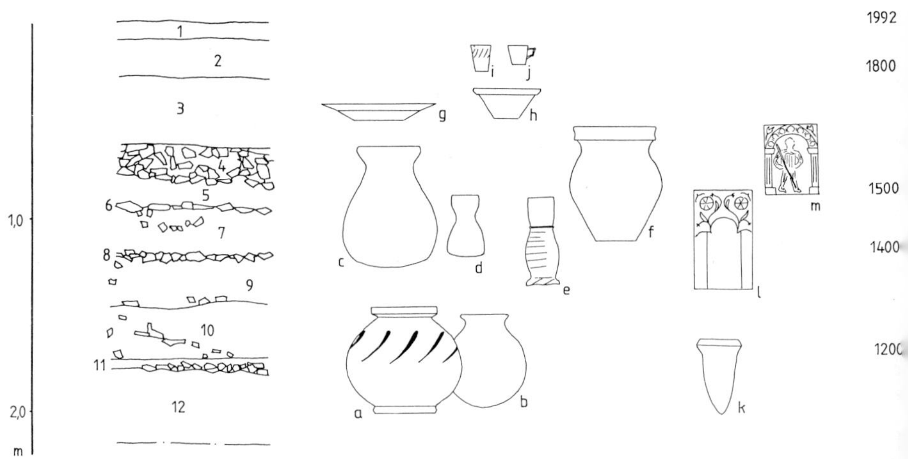

Abb. 69 Langenselbold. Schichtenprofil vom Klosterberg in Langenselbold mit der festgestellten Keramikformenabfolge. Bodenschichten: 1 Heutige Parkoberfläche; 2, 3 Humusschicht und Planierschicht des barocken Parks; 4 Abbruchschutt der Klostergebäude; 5, 7, 9–11 Kulturschichten; 6, 8 Hofplanierungen; 12 anstehender Boden. Gefäßkeramik: a rotbemalte Ware, Feingeschirr; b Glimmerware, Kochtopf; c rauhwandige Ware, Kochtopf; d rauhwandige Ware, Krause; e Steinzeug, Trinkbecher (Siegburg); f innenglasierte Ware, Kochtopf; g, h Malhornware, Teller und Schüssel; i Glasbecher mit Schliff; j Wedgwood-Steingut, Kaffeetasse. Ofenkeramik: k Spitzkachel; l Nischenkachel; m Plattenkachel.

von der Verwendung von spitzbodigen Becherkacheln über spätmittelalterliche grün glasierte Nischenkacheln bis zu einer Neuausstattung mit Plattenkacheln im 16. Jahrhundert – also noch wenige Jahre oder Jahrzehnte vor der Schließung des Stifts – nachvollzogen werden (Abb. 69). Einige Fenster des ausgegrabenen Gebäudes waren verglast. Es kamen sowohl Bruchstücke von Butzenscheiben als auch kleine farbige Glasplättchen vor. Die spärlichen Metallfunde, vor allem Hufeisen, Hufnägel, Radnabenstecker, Ketten und Werkzeugfragmente, belegen im weitesten Sinne landwirtschaftliche Tätigkeiten.
Als wichtigstes Ergebnis der Untersuchungen ist – neben der Keramikchronologie – die Erfassung der baulichen Reste zu werten. Die Grabungen haben gezeigt, daß das Stift als gut erhaltenes archäologisches Denkmal zu gelten hat, auf das bei Baumaßnahmen und Erdarbeiten Rücksicht zu nehmen ist.

Literatur:
H. Büttner, Zur Geschichte von Stift Selbold und seinen Beziehungen zu den Erzbischöfen von Mainz im 12. und 13. Jahrhundert. Archiv Hess. Gesch. u. Altkde. N. F. 20, 1938, 262ff. – A. Calaminus, Zur Geschichte des ehemaligen Klosters Selbold. Zeitschr. Prov. Hanau 1, 1839, 389ff. – Isenburger Urkunden. Regesten zu Urkundenbeständen und Kopiaren der fürstlichen Archive in Birstein und Büdingen. 3 Bde. Repertorien des hess. StaA Darmstadt (1976). – Ch. Krauskopf. Archäologische Untersuchungen 1982 im Bereich des ehemaligen Stifts Selbold. Arch. Denkmäler Hessen 37 (1983). – Ders., Die Ausgrabungen im ehemaligen Stift Selbold (ungedr. Manuskr.). – Ders., Archäologie des Mittelalters und der Neuzeit im Main-Kinzig-Kreis. In: Archäologie und Bodendenkmalpflege im Main-Kinzig-Kreis. Hg. vom Hessischen Institut für Lehrerfortbildung (im Druck). – H. Philippi, Territorialgeschichte der Grafschaft Büdingen. Schr. Hess. Amtes gesch. Landeskde. 23 (1954).

Christof Krauskopf

Linsengericht-Großenhausen

Der Hainkeller bei Lützel

Obwohl in der Gemarkung Linsengericht-Großenhausen gelegen, ist die Wallanlage wegen der Ortsnähe als »Hainkeller bei Lützel« in die Literatur eingegangen (Abb. 70). Der Bergsporn des Hainkellers ist ein Ausläufer der »Rauen Heil« und ragt in das Lützeltal, ein etwa Nord-Süd verlaufendes Seitental der Bieber, vor, über dem er sich um knapp 200 Höhenmeter erhebt. Nach Norden, Osten und Süden fallen Steilhänge zum Tal ab, nach Westen ist er durch einen flachen Sattel mit dem Höhenzug verbunden, über dessen jenseitigen Sattel in etwa 1,5 km Entfernung eine alte Handelsstraße, die Birkenhainer Straße, verläuft.
In die Nordseite der Kuppe des Hainkellers schneidet von Osten her eine steilgeböschte weite Mulde ein, die von der um die Kuppe verlaufenden, doppelten Wallanlage umschlossen wird. Der ungefähr ovale Verlauf des inneren Walles ist durch die Geländegegebenheiten bedingt, wobei er im Norden und Osten der gleichen Höhenlinie folgt, um dann zum Sattel im Westen anzusteigen und ihn zu überqueren. Er umfaßt eine Fläche von knapp 2,4 ha. Der äußere Wall ist dem inneren im Abstand von 20–30 m vorgelagert, im Bereich des Sattels beträgt die Distanz knapp 50 m. Eine Toranlage, vermutlich die einzige, liegt auf der Nordseite und war am äußeren Wall als Tangentialtor, d. h. mit gegeneinander versetzten Mauerenden gebaut. Allerdings ist gerade diese Stelle sowie der gesamte nördliche Außenwall durch Erosion und im starken Maße durch Windbruch infolge der Orkane des Frühjahrs 1990 und anschließende Forstarbeiten nur noch als sehr schwache Geländestufe sichtbar. Oberhalb des äußeren Tores war in der inneren Wehrmauer ein einfacher, 2–3 m breiter Durchlaß. Auch seine Umgebung ist zergraben und verändert und hat wie auch der weitere Verlauf des Innenwalles durch Steinentnahme, Schatzgräberei und Forstwege schwer gelitten. Nur an wenigen Abschnitten erreicht der Wall noch eine Höhe von etwa 1 m. Die beiden Wälle sind die spärlichen Reste von verstürzten Holz-Stein-Erde-Mauern mit

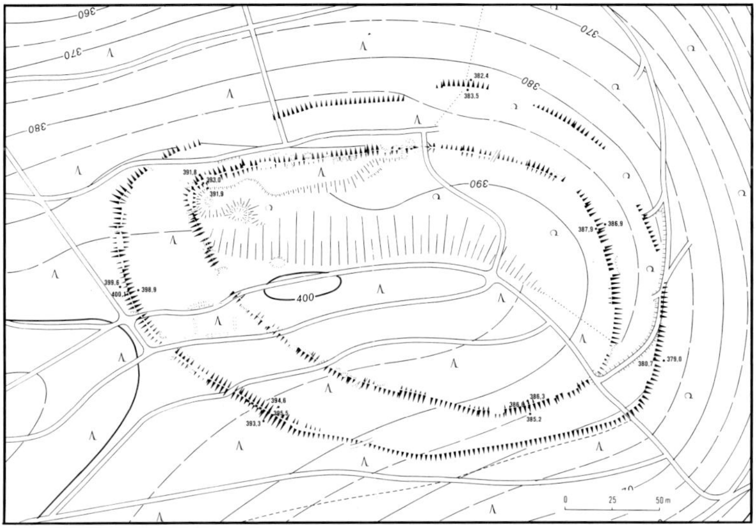

Abb. 70 Linsengericht-Großenhausen. Wallanlage Hainkeller bei Lützel (nach Herrmann 1993).

senkrechter Vorder- und Rückfront. Nach Form und Anlage dürfte die Befestigung in die Frühlatènezeit gehören. Wissenschaftliche Grabungen haben hier nicht stattgefunden, und Funde aus den umfangreichen Zerstörungen und Wühlereien sind nicht bekannt geworden. Eine der Eingrabungen im Nordwesten, im Innenbereich unterhalb der natürlichen Böschung, die schon C. L. Thomas bemerkte, hatte zu der Vermutung geführt, daß hier ein Turm gestanden habe. Auch hier handelt es sich wie auch an anderen Stellen um neuzeitliche Störungen, die durch Bergbauversuche oder Schatzgräberei verursacht sind.

Der Hainkeller war, um F.-R. Herrmann zu folgen, ein in keltischer Zeit befestigter und ständig bewohnter Mittelpunkt eines größeren Siedlungsgebietes, das vermutlich weit über das Biebertal hinausreichte.

Literatur:
C. Arnd, Geschichte der Provinz Hanau und der unteren Maingegend (1858) 6. – F.-R. Herrmann, Der Hainkeller bei Lützel Arch. Denkmäler Hessen 106 (1993) –

Herrmann, Jockenhövel 1990, 433. – G., R. Mende, Die Höhenburgen im Biebertal. In: 976 – 1976, 1000 Jahre Kassel und Wirtheim (1976) 37 ff. – M. Schäfer, Heimatbuch des Kreises Gelnhausen ([3]1950) 128. – C. L. Thomas, Die Ringwälle im Quellgebiet der Bieber im Spessart. Nass. Ann. 34, 1904, 179 ff., bes. 198 ff. – O. Uenze, Hainkeller. In: G. W. Sante (Hrsg.), Hessen. Handb. hist. Stätten Deutschlands 4 ([3]1976) 198.

Hans-Otto Schmitt

Maintal

Das Hügelgräberfeld im Enkheim-Bischofsheimer Wald, Stadt Frankfurt am Main, und Stadt Maintal

Die Stadt Frankfurt hat an ihrer Ostgrenze im Enkheim-Bischofsheimer (Bergener) Wald seit der Eingemeindung von Bergen-Enkheim (1977) an einem Hügelgräberfeld Anteil, bei dem es sich (heute) um die einzigen nordmainischen Hügelgräber des Stadtgebietes handelt.

Der dieses Hügelgräberfeld nordsüdlich teilende »Halweg«, der heutige Grenzweg zwischen Frankfurt-Enkheim und Maintal-Bischofsheim, trägt seinen Namen wohl nach dem nördlich aufsteigenden Berger Hang (»Halde«), mit dem der Horst der »Hohen Straße« (172 m NN) bei Bergen gegen das Maintal (100 m NN) bei Enkheim abfällt. Die Hügel der »Halweggruppe« liegen im Bereich eines nordöstlich streichenden Dünenzuges auf dem Talboden südlich eines alten Flußarmes, des Riedgrabens, und südlich der alten »Gelnhäuser Poststraße« (Sandweg). Die Halweggruppe wurde zuerst von Wolff 1913 kartiert. Grabungen fanden in den Jahren 1863–1920 statt. Auf Bischofsheimer Seite hat H. Birkner 1951–1953 anläßlich der damals erfolgten Abtragung der Düne weitere Gräber beobachtet. Das Hügelgräberfeld wurde 1979 vom Museum für Vor- und Frühgeschichte neu vermessen, womit die Aufnahme der Frankfurter Hügelgräber abgeschlossen war (Abb. 71).

Abb. 71 Maintal. Hügelgräber der Halweg-Gruppe im Enkheimer und Bischofsheimer Wald.

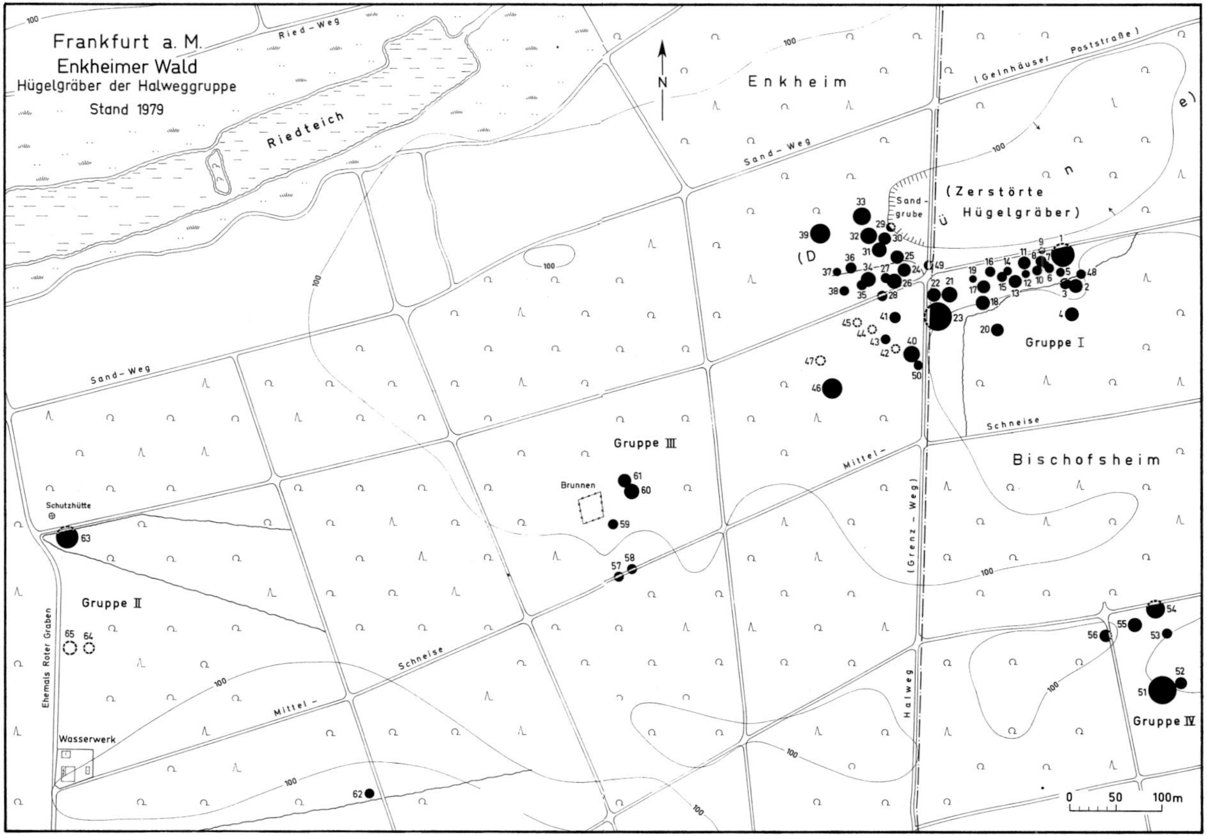
Frankfurt a. M.
Enkheimer Wald
Hügelgräber der Halweggruppe
Stand 1979
Ried-Weg
Riedteich
N
Enkheim
(Gelnhäuser Poststraße)
Sand-Weg
Sand-grube
(Zerstörte Hügelgräber)
Gruppe I
Schneise
Bischofsheim
Mittel-
(Grenz-Weg)
Gruppe III
Brunnen
Schutzhütte
Gruppe II
Ehemals Roter Graben
Wasserwerk
Halweg
Gruppe IV
0 50 100m

Die Halweggruppe zählte 1979 noch 63 Hügel, wozu auf Enkheimer Seite mindestens zwei, auf Bischofsheimer mindestens sechs zerstörte Hügel kommen. Das Feld gliedert sich in vier Untergruppen und ein isoliertes Monument, wobei das Gros von 50 Hügeln beiderseits des Halweges auf und am Südhang der Düne, die anderen auf ebenem Boden liegen oder lagen. Auf Bischofsheimer Seite wurden beim Abbau der Düne auch Flachgräber gefunden. Die Hügel sind zumeist um oder unter 1 m hoch und erreichen nur ausnahmsweise 1,50 m oder gar 2 m Höhe. Die großen Hügel liegen randlich, wie dies auch sonst beobachtet wird.
Die Ausgrabungen und Notbergungen ergaben aus Hügel- und Flachgräbern gut zwei Dutzend Brand- und Körperbestattungen der älteren Eisenzeit (Hallstattkultur, 7.–6. Jh. v. Chr.). Drei Eisenschwerter wurden gefunden. Außerdem enthielt der größte, 1863 geöffnete Hügel an der Südostecke des Feldes eine bronzene Pferdetrense; es handelt sich wohl um ein Kammergrab wie in dem großen Eichlehenhügel des Stadtwaldes. Mehrfach kamen Steinringe und Steinpackungen zum Vorschein. 1956 wurden nördlich des Sandweges, nahe der Halweggruppe, sieben Bronzeringe der jüngeren Eisenzeit (Frühlatènekultur, 5./4. Jh. v. Chr.) wohl aus einem Flachgrab geborgen. Eisenzeitliche Siedlungsreste sind weiter nördlich am Riedgraben beobachtet worden.

Literatur:
H. Birkner, Bericht über die Funde kulturgeschichtlicher Bodenaltertümer im Bezirk des Hanauer Geschichtsvereins für die Jahre 1951–1953 (5. Bericht). Neues Magazin Hanau. Gesch. 2, 1954, 41 ff.; 48 ff. Abb. 5. – K. Dielmann, Ein frühlatènezeitlicher Ringfund von Bergen-Enkheim, Kreis Hanau. Hanauer Geschichtsbl. 17, 1960, 9 ff. – U. Fischer, Hügelgräber im Bergener Wald, Stadt Frankfurt a. M. und Main-Kinzig-Kreis. Fundber. Hessen 22/23, 1982/83 (1994). – Kutsch 1926, 53; 57 f. – Schumacher 1972, 54; 1974, 141 ff. – Wolff 1913, 101; 103. Ders. 1921, 14 f. – Der Beitrag wurde übernommen aus Führer zu archäologischen Denkmälern in Deutschland 19: Frankfurt am Main und Umgebung (1989) 231 ff.

Ulrich Fischer

Grabhügel im Gemeindewald von Dörnigheim

Auf einem westöstlich ziehenden, langgestreckten Dünenrücken, der sich bis zu 5 m über die flache Tallandschaft zwischen Braubach und Main erhebt, liegt in Abteilung 16 des Dörnigheimer Waldes ein Grabhügelfeld mit 12 Hügeln. Sie befinden sich, rund 1750 m nordöstlich des alten Ortskerns, direkt südlich der Bahnlinie Frankfurt–Hanau und sind in dem als Erholungsgebiet erschlossenen Hochwald gut zu erkennen (Abb. 72.3). Bemerkenswert ist die

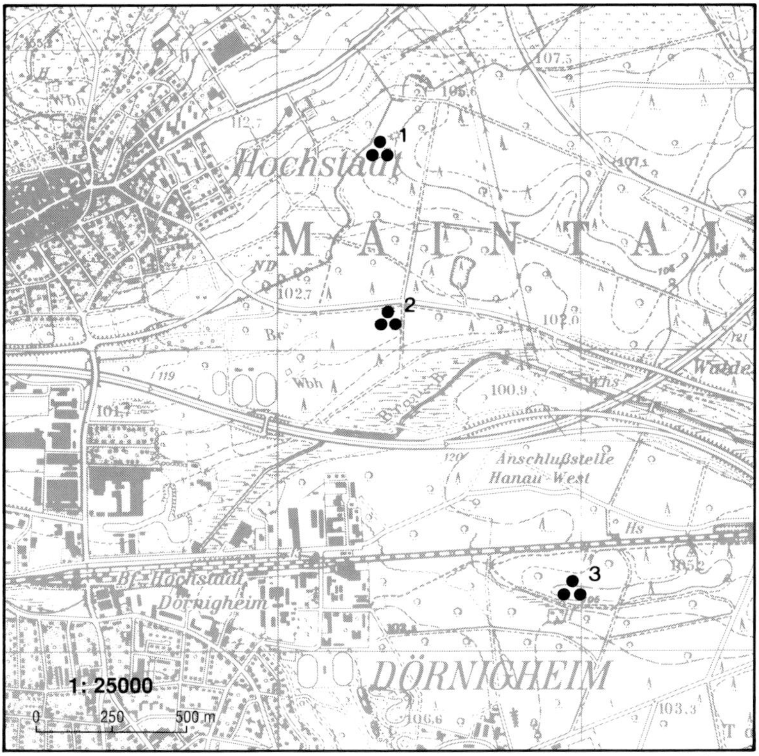

Abb. 72 Maintal-Dörnigheim. Grabhügel bei Maintal-Dörnigheim und -Hochstadt: 1 Hochstadt, Burghege; 2 Hochstadt, Töngeswald; 3 Dörnigheim, Gemeindewald.

auch sonst im Maingebiet zu beobachtende hervorragende Lage auf dem Dünenkamm, durch die die Grabmäler schon aus weiter Entfernung sichtbar waren.

Das Gräberfeld ist entsprechend dem Dünenzug West-Ost gerichtet mit einer Längsausdehnung von 350 m und einer Breite bis zu 120 m. Die Hügel haben Durchmesser von 16 bis 28 m und erreichen bis zu 2 m Höhe. Auf dem größten Hügel im Westen des Feldes stand als Grabstele ein großer Findlingsblock, der heute an seinem Fuß liegt. In ihm und dem westlichsten, kleinen Hügel hatten Grabungen des Hanauer Geschichtsvereins 1927, deren Spuren überdeutlich sind, kein Ergebnis. Dagegen fand sich im östlichsten Hügel, gestört durch das Ausroden von Baumwurzeln, bei einer Untersuchung im Herbst 1928 ein Grab der Hügelgräberbronzezeit mit einem reichverzierten bronzenen Absatzbeil und einem einfachen Armring mit D-förmigem Querschnitt, dazu drei untypische Scherben. Dies ist vorerst der einzige Anhalt für die Zeitstellung des Friedhofs, von dem wir nicht wissen, ob er damals erst angelegt und ob er auch in späteren Epochen noch belegt wurde.

Literatur:
H. Birkner, H. Ricken, Hanau. Magazin 8, 1929, 82f. Abb. 3 (Fundbericht). – Holste 1939, 164, Taf. 18,4. – K. Kibbert, Die Äxte und Beile im mittleren Westdeutschland I. PBF IX, 10 (1980) 227 Nr. 545. – Kutsch 1926, 53, Abb. 2 auf Beil. 8. – I. Richter, Der Arm- und Beinschmuck der Bronze- und Urnenfelderzeit in Hessen und Rheinhessen. PBF X, 1 (1970) 82f. Nr. 483. – Wolff 1913, 101. – Der Beitrag wurde übernommen aus Führer zu archäologischen Denkmälern in Deutschland 19: Frankfurt am Main und Umgebung (1989) 234f.

Fritz-Rudolf Herrmann

Grabhügel im »Töngeswald« bei Hochstadt

Am Rande des sumpfigen Braubachtales, im »Töngeswald« 1000–1200 m ostsüdöstlich der Hochstädter Kirche, liegt direkt südlich an der Straße von Hochstadt nach Hanau ein Grabhügelfeld von mindestens sieben Hügeln (Abb. 72.2). Sie sind in Ost-West-Richtung über eine Strecke von knapp 300 m aufgereiht und in

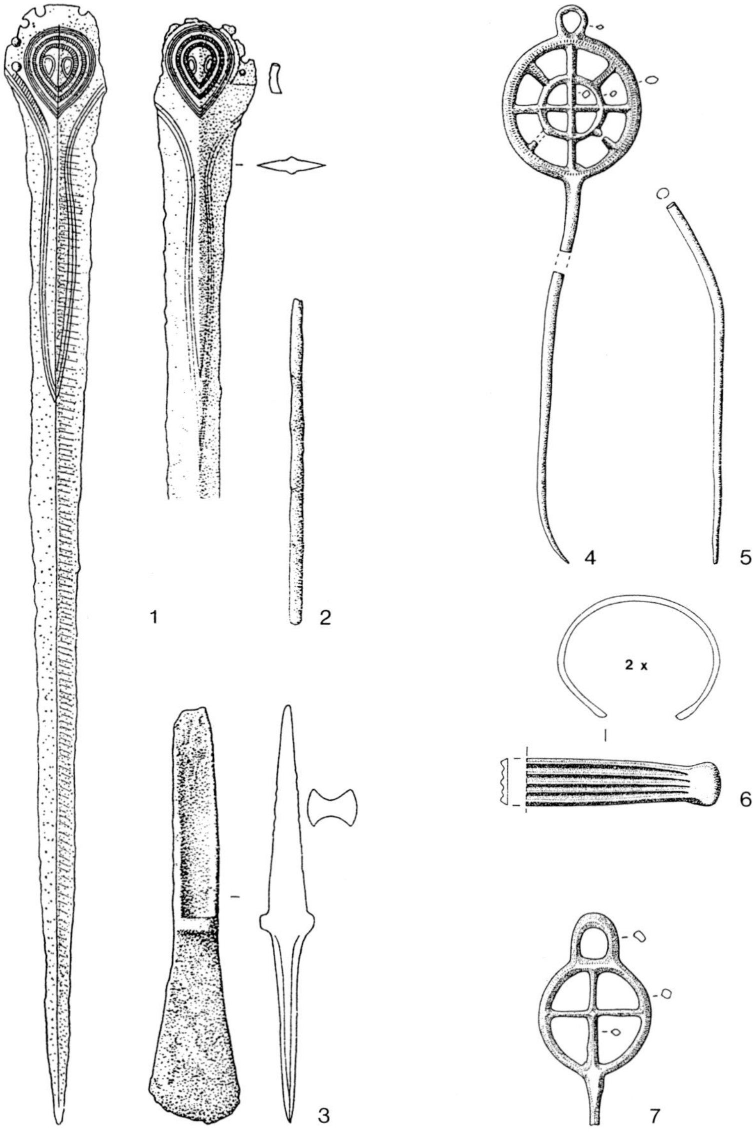

Abb. 73 Maintal-Hochstadt. Grabhügel im Töngeswald. Grabfunde der Hügelgräberbronzezeit. 1–3 Hügel 3, Zentralgrab (?); 4–6 Hügel 1, Brandgrab; 7 Hügel 3, am Hügelrand (nach Kibbert 1980, Kubach 1977, Müller-Karpe 1949, Richter 1970 u. Schauer 1971).

Auenwald und Tannenschonung nur schwer aufzufinden. Eine bedeutend größere Anzahl von Hügeln wird von Wolff 1913 genannt (»12 deutlich, zum Teil sehr stattlich, andere verwischt«), ist aber unwahrscheinlich, obwohl sich in dem sehr unruhigen, flach dünigen Gelände weitere Hügel verbergen könnten. Mit Ausnahme eines großen, noch über 1,50 m hohen Hügels im Ostteil des Feldes – offenbar der Hügel 1 der alten Berichte – sind sie flach, kaum über 0,50 m erhoben und durch Forstkultur beeinträchtigt.
Trotz zahlreicher Fundstücke, die aus zweien der Hügel stammen, bietet der Friedhof ein Musterbeispiel dafür, daß nur auf Funde ausgerichtete Grabungen, wenn auch hier schon im vergangenen Jahrhundert, mehr zerstören als zutage bringen, nicht einmal die Fragen zur Anlage der Gräber selbst beantworten und darüber hinaus durch mangelnde Beobachtung und Zusammenwerfen der Funde Verwirrung schaffen.
In nur drei Tagen und zusätzlich an einem Sonnabend, an dem die Ausgrabungen mit der »vollständigen Durchsuchung« eines Hügels beendigt wurden, hat man im April des Jahres 1884 »auf Kosten des Hanauer Bezirksvereins und unter Leitung mehrerer seiner Vorstandsmitglieder« drei der Hügel »durchforscht«. Soweit überhaupt Ergebnisse greifbar sind, gehört die Nekropole in die Hügelgräberbronzezeit (eine Auswahl der erhaltenen Funde Abb. 73), mit Bestattungen in den Hügelzentren und Nachbestattungen, darunter auch ein Brandgrab (Abb. 73.4–6), im Hügelmantel und an den Rändern (erwähnt sind auch Nachbestattungen der Hallstattzeit, ohne daß dafür Einzelbelege vorhanden sind). Eine Ausgestaltung der Hügel wurde nur bei Hügel 3, dem westlichsten des Feldes, beobachtet: Er war von einem aus Kalksteinen aufgesetzten, 0,7–0,8 m breiten Steinkranz von 13 m Durchmesser eingefaßt. Angeblich über der Hügelsohle enthielt er genau in seinem Mittelpunkt eine Männerbestattung mit Schwert, dessen hölzerne Scheide nebst dem Griff in inkohltem Zustand noch deutlich zu erkennen war, Beil und Nadel (Abb. 73.1–3).
Eine Anlage einzelner Hügel schon in der Jungsteinzeit ist trotz der (nur) bei Wolff erwähnten »neolithischen Scherben mit Schnurösen« unglaubhaft, wenn berichtet wird, daß die angeblich »in der

Mitte der Hügel auf dem natürlichen Boden« aufgestellten »Urnen mit Asche ... durch die Feuchtigkeit so vollkommen zerstört (waren), daß man ihr Vorhandensein an den meisten Stellen nur aus der Beschaffenheit und Farbe des Bodens ... erkannte«. Es ist davon auszugehen, daß die Hügel in der Bronzezeit auf natürlichen Dünenerhebungen erbaut wurden und somit die auf der alten Oberfläche angelegten Erstbestattungen schon höher lagen als das umgebende Gelände.

Literatur:

G. Hausmann, Westdt. Zeitschr. 4, 1885, 199 Nr. 52d Taf. 7. – Holste 1939, bes. 165 (mit weit. Lit.) Taf. 18. – K. Kibbert, Die Äxte und Beile im mittleren Westdeutschland I. PBF IX, 10 (1980) 229 Nr. 557. – W. Kubach, Die Nadeln in Hessen und Rheinhessen. PBF XIII, 3 (1977) 150 Nr. 194, 172 Nr. 305, 184 Nr. 329–330. – Kutsch 1926, 38f. Taf. 7, 8. – H. Müller-Karpe, Frühe südhessische Griffplattenschwerter. In: Ders., Hessische Funde von der Altsteinzeit bis zum frühen Mittelalter. Schr. zur Urgesch. 2 (1949) 24ff. – I. Richter, Der Arm- und Beinschmuck der Bronze- und Urnenfelderzeit in Hessen und Rheinhessen. PBF X, 1 (1970) 39 Nr. 232–233, 71 Nr. 378–379, Taf. 75 A. – P. Schauer, Die Schwerter in Süddeutschland, Österreich und der Schweiz I. PBF IV, 2 (1971) 22f. Nr. 17 Taf. 128 A. – G. Wolff, Hochstadt [Germanische Gräber]. Korrbl. Westdt. Zeitschr. 3, 1884, 57ff. Nr. 73. – Ders. 1913, 100. – Der Beitrag wurde übernommen aus Führer zu archäologischen Denkmälern in Deutschland 19: Frankfurt am Main und Umgebung (1989) 236f.

Fritz-Rudolf Herrmann

Grabhügel im Walddistrikt »Burghege« bei Hochstadt

Hochstadt liegt am Nordrand des weiteren Maintales. Östlich und südlich des Ortes beginnt das flache, sandige, von Dünen durchzogene und teilweise sumpfige Gebiet der Talebene, in der verschiedene Bäche ihr Wasser dem Main zuführen. Ein kleiner, von Wachenbuchen herkommender, heute großenteils begradigter Bachlauf bildet hier ein flaches Tal und begrenzt das fast ebene, sandige Gelände gegen Nordwesten.

Hier, rund 1 km östlich der Kirche von Hochstadt, findet sich in Tallage unweit des Baches eine Gruppe von (etwa) sechs Grabhügeln (Abb. 72.1); dichter Bewuchs mit Tannendickicht erschwert den Überblick über die kleine Nekropole. Die Hügel sind verflacht, die Hügelmäntel durch Waldwirtschaft zerrissen. Sie haben im Durchschnitt 10–15 m Durchmesser, zwei heben sich durch ihre Größe etwas heraus.
Einer der Hügel wurde 1878 von Mitgliedern des Hanauer Geschichtsvereins ausgegraben. Er barg eine Männerbestattung der Hallstattzeit mit eisernem Schwert von 1,06 m Länge, an dem noch Reste der Holzscheide erhalten waren, mit gebogenem eisernem Rasier(?)messer und Keramikbeigaben von mindestens acht Gefäßen, darunter ein großes, 0,50 m hohes Kegelhalsgefäß und ein Spitzbecher. Über den Grabbau ist nichts überliefert; das Gefäß und der Becher lagen unter einer »Steinpackung«, die übrigen Beigaben unweit davon. Die Funde, die in das Museum Hanau kamen, sind nicht erhalten.

Literatur:
Kutsch 1926, 60 Beil. 12, 9. – Schumacher 1974, 166. – Wolff 1913, 100 (mit weit. Lit.). – Der Beitrag wurde übernommen aus Führer zu archäologischen Denkmälern in Deutschland 19: Frankfurt am Main und Umgebung (1989) 238 f.

Fritz-Rudolf Herrmann

Maintal-Wachenbuchen

Römischer Grabhügel

Etwa 1 km südöstlich von Wachenbuchen liegt am heutigen Waldweg nach Wilhelmsbad ein einzelner Grabhügel. Er hatte vor seiner Ausgrabung in den Jahren 1875 und 1898 eine Höhe von rund 1,6 m bei ca. 22 m Durchmesser und nimmt Bezug auf die römische Militärstraße von Kesselstadt nach Friedberg, die mit einem etwa 5,5 m breiten Steinbelag und anschließenden Gräben unter dem heutigen Waldweg gefunden wurde.

Im gewachsenen Boden unter dem Zentrum des Hügels fand sich ein römisches Brandgrab aus dem 2. Jahrhundert, das außer den Ascheresten aus einer 43 cm großen, runden Sandsteinkiste mit Ansen, einer eisernen Lampe gewöhnlicher Form und einzelnen verbrannten Glas- und Tonscherben bestand.

Literatur:
Wolff 1913, 99; Kutsch 1926, 143.

Peter Jüngling

»Burg derer von Buchen«

Maintal-Wachenbuchen liegt ca. 4 km nördlich von Hanau in einem als »Büchertal« bezeichneten Landstrich zwischen den Mündungsbereichen von Kinzig und Nidder. Neben Wachenbuchen findet sich der »Buchen«-Name noch in der heute zu Hanau gehörenden Ortschaft Mittelbuchen sowie im wüst gewordenen Lützelbuchen wieder.
Die Ersterwähnung als »Buochon« anläßlich einer Schenkung an das Kloster Lorsch datiert in das Jahr 798. Die Entwicklung der

Abb. 74 Maintal-Wachenbuchen. »Burg derer von Buchen« von Südosten.

Ansiedlung ist in den folgenden Jahrhunderten anläßlich weiterer Besitzübertragungen in ihren Grundzügen zu verfolgen. Neben Besitz der großen Benediktinerabteien Lorsch und Fulda ist auch Königsbesitz in Buchen nachzuweisen. Heinrich IV. überließ im Jahre 1059 verschiedene Güter in Franken und Sachsen der erzbischöflichen Kirche in Mainz, die sie wiederum an das Stift St. Maria ad gradus weitergab.
Ab dem Jahre 1122 ist das Geschlecht deren von Buchen mit Dammo von Buchen und Hagenowe in den schriftlichen Quellen nachzuweisen; die Überlieferung endet 1168 mit Gerlach von Buchen. Eine genealogische Verbindung mit den später im selben Herrschaftsbereich begüterten Herren von Dorfelden bzw. von Hanau ist nicht erschließbar, kann aber vermutet werden.
Die Burg selbst ist in den überlieferten Quellen nicht erwähnt und wohl bereits im Mittelalter bedeutungslos und zur Wüstung geworden. Bis in die jüngste Zeit hinein war selbst ihr genauer Standort in der Forschung umstritten. Nach allen auswertbaren Indizien konkretisiert sich die Suche nach dem Standort auf ein Areal ca. 600 m südöstlich von Wachenbuchen, wo zwei flache, bewaldete Erdhügel auf das frühere Vorhandensein einer kleinen Burganlage hindeuten (Abb. 74). Auch der Verlauf eines flachen Grabens ist nachzuvollziehen. Wenn man vergleichbare Situationen betrachtet, ist davon auszugehen, daß es sich um eine Turmburg auf künstlich aufgeschüttetem Hügel mit danebenliegendem Wirtschaftshof handelte, einen Typus, der als Talburg im 11. und 12. Jahrhundert im mittel- und westeuropäischen Raum in verschiedenen Ausformungen weit verbreitet war und auch im Rhein-Main-Gebiet an mehreren Orten nachzuweisen ist. Beispiele in der Region sind u. a. Dreieichenhain, Eschborn, Bickenbach oder Arnsburg. Zeitgenössische Darstellungen sind auf dem im 11. Jahrhundert entstandenen Teppich von Bayeux zu finden.
Planmäßige wissenschaftliche Grabungen haben auf dem Gelände der »Burg derer von Buchen« nicht stattgefunden. Ein in den dreißiger Jahren angelegter Suchschnitt wurde nicht ausgewertet; verschiedene Kleinfunde geben keine konkreten Hinweise.

Literatur:

G. Callesen, Burg von Buchen. In: Frankfurt am Main und Umgebung. Führer zu archäolog. Denkmälern in Deutschland 1989, 239ff. – B. Worbs, Buchen – Dorfelden – Windecken. Frühe Burgen in der Grafschaft Hanau. Hanauer Geschichtsbl. 30, 1988, 347ff.

Bert Worbs

Nidderau-Eichen

Grabhügel im Eichener Gemeindewald

Im Eichener »Unterwald«, etwa 500–1000 m östlich des Ortes, liegt ein Grabhügelfeld (Abb. 75). Die 72 Grabhügel, drei davon liegen jenseits der Gemarkungsgrenze in Nidderau-Ostheim, sind meist mittelgroß und flach, der größte mißt 30 m im Durchmesser

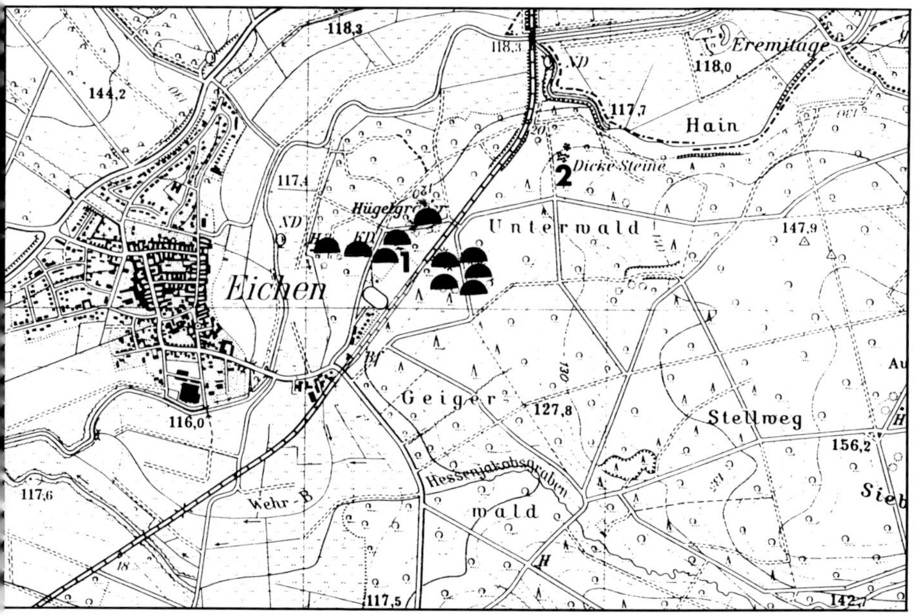

Abb. 75 Nidderau-Eichen. 1 Grabhügelfeld im Unterwald; 2 »Dicke Steine«.

bei einer erhaltenen Höhe von 1,60 m. In den Jahren 1903, 1904 und 1911 wurden ungefähr 22 Grabhügel untersucht, die, soweit Grabbau und Bestattungssitten dokumentiert wurden, Brand- und Körpergräber mit älter- und jüngerhallstattzeitlichen Beigaben enthielten. Eine frühlatènezeitliche Nachbestattung ist für Hügel 1903:1 nachgewiesen. – Außerdem kamen unter einigen Grabhügeln »Wetterauer Brandgräber« zutage.

Zum Komplex der älterhallstattzeitlichen Gräber sind solche mit großen Geschirrsätzen, Schwertbeigaben und offenen bzw. geschlossenen rippenverzierten Armringen, die im Hohl- oder Vollgußverfahren hergestellt wurden, zu zählen. Die jüngerhallstattzeitlichen Gräber zeichnen sich durch kleinere Geschirrsätze und schlichten geschlossenen Ringschmuck aus. Hier ragt das Körpergrab 1904:2 heraus, mit der für die Region seltenen Fibelbeigabe (Abb. 76). Obwohl mit einem für die ältere Hallstattzeit typischen Toilettenbesteck ausgestattet, wird das Grab durch die bronzene Schlangenfibel an den Beginn der jüngeren Hallstattzeit datiert.

Im Eichener Gemeindewald, etwa 500 m nordöstlich des Grabhügelfeldes, liegen die »Dicken Steine«. Dieses Naturdenkmal aus großen Quarzitblöckem hielt man früher für neolithische Stein-

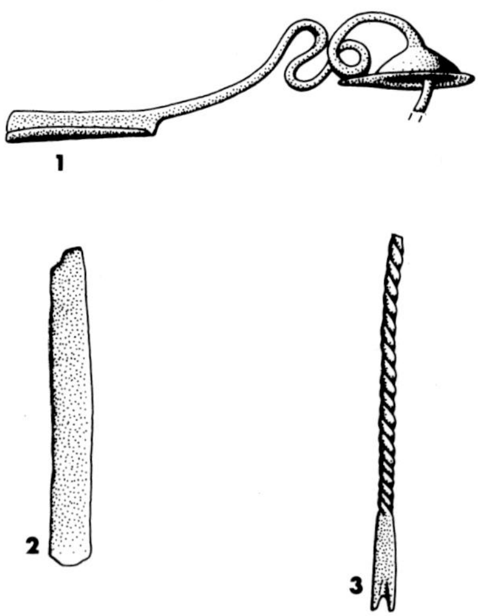

Abb. 76 Nidderau-Eichen. Grab 1904:2. 1 Schlangenfibel; 2, 3 Toilettenbesteck.

kammern. Hier wurde ein weiteres älterhallstattzeitliches Brandgrab gefunden, aber seine Fundsituation und die Nähe zu »Wetterauer Brandgräbern« in den »Steinkammern« lassen auch an seiner Echtheit zweifeln.

Literatur:
K. Dielmann, Zur Frage der Koberstadter Kultur. Ungedr. Diss. (1940). – Herrmann, Jockenhövel 1990, 453. – R. Heynowski, Eisenzeitlicher Trachtenschmuck der Mittelgebirgszone zwischen Rhein und Thüringer Becken. Archäolog. Schr. 1. (1992). – P. Jüngling, Aus Eichens Urgeschichte. Nidderauer H. 2, 1986, 15ff. – Kutsch 1926, 53ff. – Meier-Arendt 1966, 122. – H. Polenz, Zu den Grabfunden der Späthallstattzeit im Rhein-Main-Gebiet. Ber. RGK 54, 1973 (1974), 107ff. – Schumacher 1972/1974, (1974) 152ff. – Wolff 1913, 84ff.

Sabine Wolfram

Nidderau-Heldenbergen

Römische Kastelle und zivile Besiedlung

Heldenbergen, ein Stadtteil von Nidderau, liegt etwa in der Mitte der Achse Friedberg – Hanau. Die Erkenntnis, daß sich hier mehrere bedeutende römische Fernstraßen kreuzten, führte den Altmeister der Hanauer Vorgeschichtsforschung, Georg Wolff, schon vor der Jahrhundertwende dazu, hier einen römischen Militärstützpunkt zu suchen. Im Jahre 1896 entdeckte er schließlich zwei Gräben verschieden großer Kastelle. In den Jahren 1904/05 legte der Friedberger Gymnasiallehrer Paul Helmke an der Straße nach Okarben etwa 230 römische Brandgräber frei. Bis 1970 wurde ein Teil des Kastell- und Siedlungsbereiches überbaut, ohne daß es zu irgendwelchen Fundmeldungen gekommen wäre.
Die Ausweisung eines größeren Baugebietes Anfang der siebziger Jahre des 20. Jahrhunderts drohte nun innerhalb kurzer Zeit den Rest dessen zu zerstören, was bis dahin unversehrt im Boden geruht hatte. Wie notwendig eine archäologische Geländeuntersuchung vor Beginn der Baumaßnahmen gewesen wäre, zeigte sich gleich bei den ersten Erdbewegungen: Unzählige Funde kamen

zutage; Befunde konnten nach Lage der Dinge indes nicht gesichert werden. In einer breit angelegten Kampagne begann Heimatforscher Rolf Hohmann mit anderen ehrenamtlichen Helfern im August 1972, parallel zu den Bauarbeiten, zu retten, was noch zu retten war. Die – freilich hoffnungslos überforderten – Amateurarchäologen förderten schließlich ein reichhaltiges Fundmaterial und mit der Entdeckung von Töpferöfen, Brunnen, Kellern und Gebäuderesten auch so gut erhaltene Befunde zutage, daß im Sommer 1973 im Auftrag des Landesamtes für Denkmalpflege Hessen von Gerd Rupprecht eine Notgrabung durchgeführt wurde. Die Entdeckung eines dritten Kastelles unterstrich nun noch mehr die Bedeutung des Platzes für die Geschichte der Wetterau in römischer Zeit.

In Zusammenarbeit mit der entstandenen »Archäologischen Arbeitsgemeinschaft südliche Wetterau« führte zwischen 1975 und 1979 schließlich ein von der DFG finanziertes Grabungsprojekt unter der Leitung von Wolfgang Czysz zur Untersuchung großer Teile des zur Bebauung anstehenden Geländes. Die leider immer noch ausstehende Publikation der Ergebnisse bildet jedoch ein bedauerliches Desiderat der Forschung.

Die römischen Militäranlagen von Heldenbergen wurden auf einer Lößterrasse, etwa 10 m oberhalb eines Prallhanges, am rechten Ufer der Nidder angelegt. Die älteste bekannte Militäranlage, ein mindestens 8,5 ha großes Kastell in Holzbauweise, dürfte lediglich ein kurzfristig besetztes Lager aus der Zeit der Chattenkriege Domitians gewesen sein. Auch Kastell 2, eine fast quadratische Anlage mit etwa 1,5 ha Größe, war wohl nicht sehr lange belegt. Ihm folgte in raschem Abstand ein kleines, rechteckiges Holzkastell (Kastell 3) mit 0,8 ha Innenraum. Seine Umwehrung bestand wie auch bei den anderen beiden Anlagen aus einem umlaufenden Spitzgraben; der Erdwall dürfte aus aufgeschichteten Rasensoden bestanden haben. Auch dieses Kastell war nur mit wenigen Gebäuden in Holzbauweise bebaut. Mit dem zu Beginn des 2. Jahrhunderts n. Chr. etwa 8 km weiter östlich erfolgten Ausbau des Limes wurde die namentlich nicht bekannte Truppe aus Heldenbergen abgezogen.

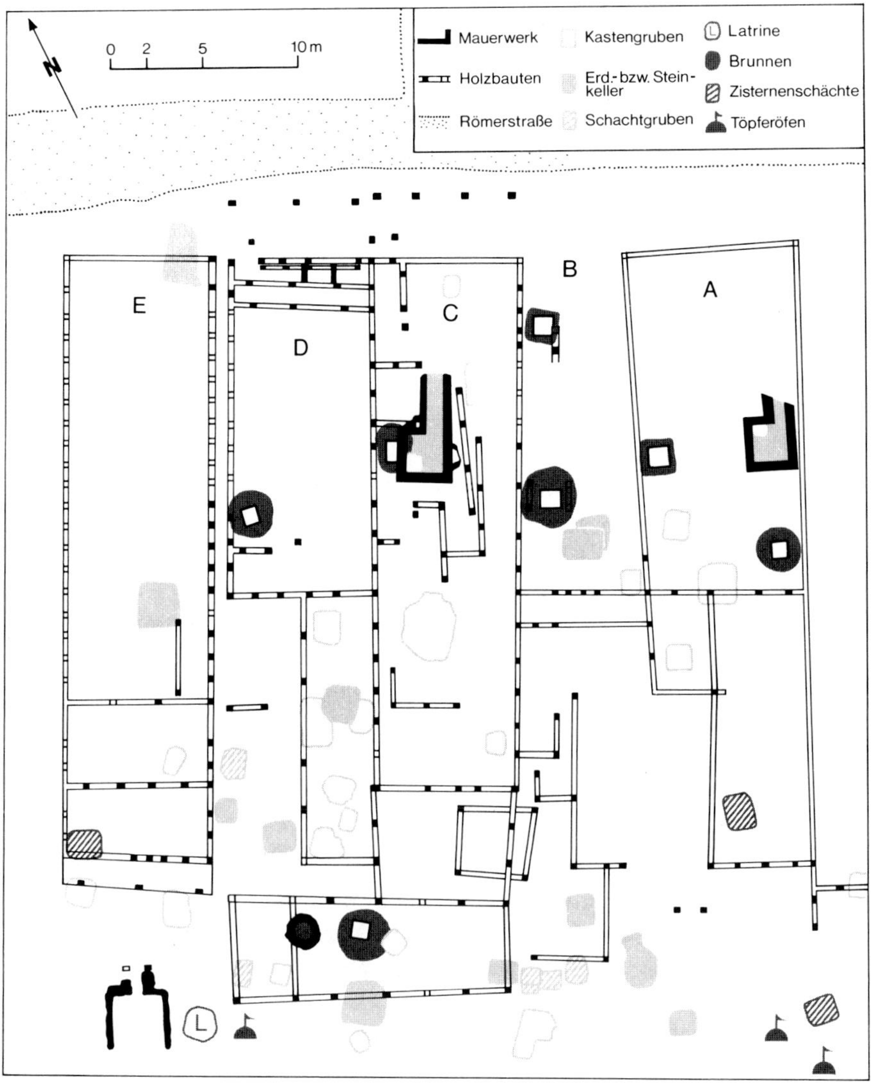

Abb. 77 Nidderau-Heldenbergen. Vereinfachte Grundrißrekonstruktion von Fachwerkbauten südöstlich der Büdesheimer Straße. Eingezeichnet ist ferner die Lage einiger Keller, Töpferöfen, Brunnen, Zisternen und von anderen Gruben (nach Czysz 1980).

Bestehen blieb ein Vicus, dessen Bewohner sich an der Straße von Okarben nach Marköbel inzwischen eine ausgedehnte Zivilsiedlung erbaut hatten (Abb. 77). Die typischen Langhäuser dieses Dorfes standen in geringem Abstand voneinander mit den Schmalseiten zur Straße. Ihr überwiegender Teil war in Holzfachwerk-Bauweise errichtet, nur wenige Gebäude hatten einen steingemauerten Keller oder waren ganz in Steinbauweise ausgeführt worden. Handel und handwerkliche Produktion waren wohl die Haupterwerbsquellen der Einwohner Heldenbergens, die ein größeres Umland mit zahlreichen Gutshöfen zu versorgen hatten.
Neben einem metallverarbeitenden Gewerbebetrieb mit Eisenerzverhüttung und einer kleinen Bronzegießerei, in der einfache Schmuck- und Gebrauchsgegenstände hergestellt wurden, war es vor allem die Heldenbergener Keramikproduktion, die eine gewichtige regionale Bedeutung besaß. Hergestellt wurden nahezu alle damals gebräuchlichen Gefäßformen von den kleinsten Öllampen bis hin zu großen Amphoren (Abb. 78). Von dieser Töpferei konnten neben einem reichhaltigen Material an Fehlbränden insgesamt 6 Öfen, Werkstätten, ein Trockenraum und einige Wasserbecken ausgegraben werden.
Das Ende des Vicus wurde durch ein für die Siedlung überraschendes Ereignis in der ersten Hälfte des 3. Jahrhunderts dokumentiert. Allenthalben angetroffene Brandspuren und die überwiegend tödliche Hieb- und Stichwunden aufweisenden Skelettreste von zahlreichen Männern deuten darauf hin, daß diese Kämpfe mit erbitterter Heftigkeit geführt wurden. Ihre Leichen haben über Monate oder sogar Jahre unbestattet zwischen den niedergebrannten Häusern gelegen. Anscheinend wurde der Vicus nach diesem Ereignis nicht wieder aufgebaut. Erst im 4. Jahrhundert finden wir im Bereich der Oberburg und am Schloßpark wieder Siedlungsreste der Alamannen, die hier die Keimzelle des späteren Dorfes Heldenbergen begründeten.

Abb. 78 Nidderau-Heldenbergen. Ausgrabung eines sog. »stehenden« Töpferofens 1973.

Literatur:
Baatz, Herrmann ²1989, 450ff. (Vorbericht mit ält. Lit.). – W. Czysz, Heldenbergen, Gde. Nidderau, Main-Kinzig-Kreis. Ausgrabungen in einem Kastell in der östlichen Wetterau 1973–1979. Arch. Denkmäler Hessen 13 (1980). – Zum Kastell: ORL Abt. B II,3 Nr. 25, (1900) (G. Wolff).

Peter Jüngling

Grabhügelfelder im »Windecker Stadtwald«

Im »Windecker Stadtwald« und in seiner unmittelbaren Nähe liegen mehrere Grabhügelfelder mit Bestattungen der Urnenfelder-, der Hallstatt- und der Latènezeit (Abb. 79).

Die stattlichste Grabhügelgruppe liegt im Waldbezirk »Siebenküppel« bzw. »Aurora«. 17 Grabhügel wurden hier im 19. Jahrhundert gezählt, von denen mehr als ein Dutzend 1845/46 sowie 1903/04 vom Hanauer Geschichtsverein untersucht wurden. Fünf Grabhügel wurden 1845/46 ausgegraben, aber bereits in den zwanziger Jahren, z.Z. der Bestandsaufnahme im Museum Hanau durch F. Kutsch, konnten einzelne Gräber nicht mehr unterschieden werden. Die Funde aus den Grabhügeln datieren in die Urnenfelder- (z.B. Griffdornmesser, zwei Rollennadeln), die ältere Hallstatt- (Schwerter und Toilettenbesteck) und die Latènezeit (z.B. frühlatènezeitlicher Halsring).

Insgesamt zehn Grabhügel wurden 1903/04 geöffnet, jedoch handelt es sich hier zumindest in einem Fall um eine Nachuntersuchung (Hügel 1). Das Interesse galt, gemäß den Methoden der Zeit, den Zentralbestattungen, bei denen es sich hier wohl ausnahmslos um Bestattungen der älteren Hallstattzeit handelt. Dokumentiert sind die für jene Epoche für die Hanauer Region typischen Körper- und Brandgräber mit z.T. zwei und mehr Kegelhalsgefäßen, Kleingefäßen, Schwertern, Toilettenbesteck und/oder Armringen. Aufgrund ihres Fundreichtums ragen die Körperbestattung in Hügel 10, das Brandgrab in Hügel 16 sowie ganz besonders das Brandflächengrab in Hügel 1 heraus. Hügel 1 maß 15 bzw. 22 m im Durchmesser (hier sind die Angaben in der Literatur unterschiedlich) bei einer erhaltenen Höhe von 2,5 m. Im Zentrum des Hügels in 2,3 m Tiefe trafen die Ausgräber unter einem Stein auf das Brandflächengrab. Zwei Kegelhalsgefäße, eine kleinere Urne »wohl gleicher Art«, drei Schalen und einen Schrägrandbecher wies das Grab auf. Außerdem enthielt es ein Eisenschwert mit Resten der Holzscheide sowie Bronzetoilettengerät (Pinzette und

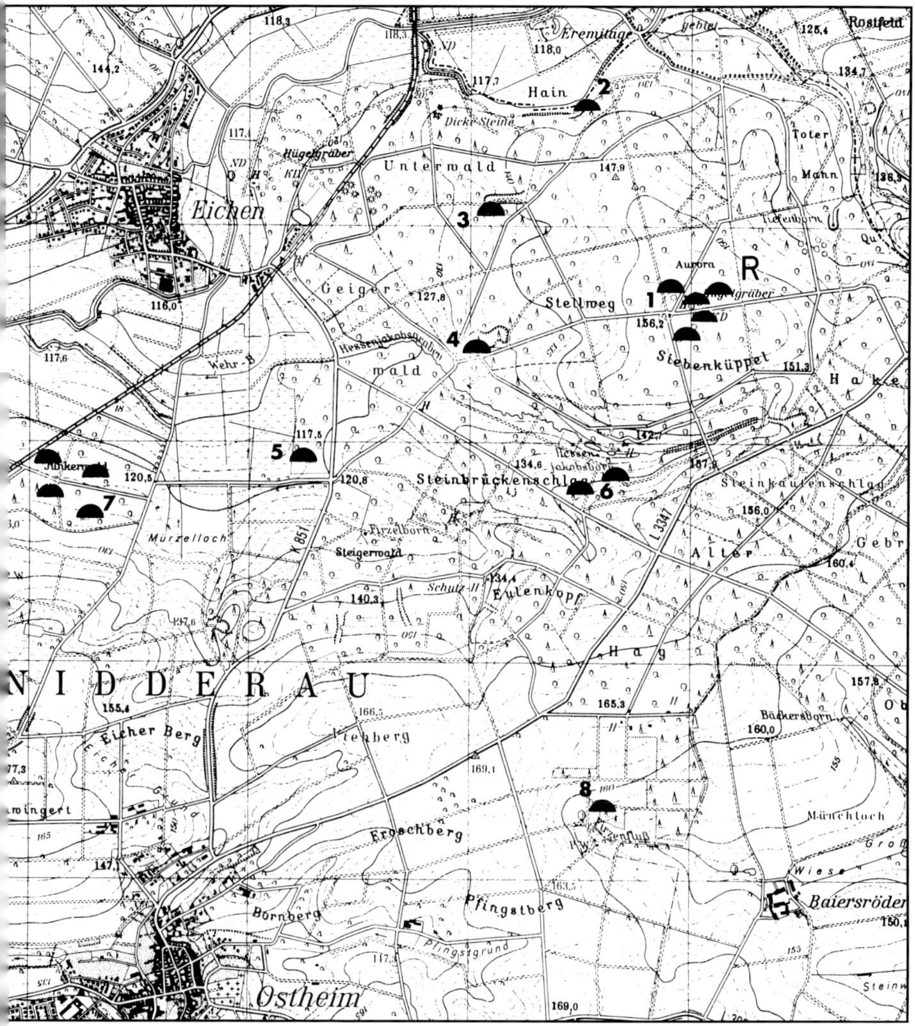

Abb. 79 Nidderau-Ostheim. Grabhügelfelder im »Windecker Stadtwald«. 1 Siebenküppel (»Aurora«), 2 »An der Hölle«, 3 An der sog. »Eichener Sandgrube« (Distr. 23), 4 An der sog. »Windecker Sandgrube« (Distr. 15), 5 Westlich der Straße nach Eichen, 6 »Hessenjakobsborn«, 7 »Herrenwald«, 8 »Alter Haag«.

Kratzer). In Hügel 1 wurde schließlich auch die einzige Nachbestattung beobachtet. Sie datiert in die Spätlatènezeit und weist sich insbesondere durch eine feingliedrige bronzene Gürtelkette aus. Sie gehört zu den wenigen Funden des gesamten Komplexes »Windekker Stadtwald«, die nicht durch den Zweiten Weltkrieg vernichtet wurden.

Die weiteren Grabhügelgruppen stehen in Quantität und Qualität der Aufnahme, Ausgrabung und der heutigen Erhaltung weit hinter derjenigen im »Siebenküppel/Aurora« zurück.

»An der Hölle« wurden drei Hügelgräber gezählt, von denen eines 1908 untersucht und eine urnenfelderzeitliche Kugelkopfnadel geborgen wurde.

»Einige Hügel« wurden für die Fundstelle »An der sog. Eichener Sandgrube« dokumentiert und hallstattzeit- sowie latènezeitliche Funde aufgenommen.

1 km westlich von der Grabhügelgruppe »Siebenküppel/Aurora« sind »An der sog. Windecker Sandgrube« 1903 und 1904 vier oder fünf Grabhügel untersucht worden. Der am 21. 10. 1903 ausgegrabene Hügel enthielt Funde der älteren Hallstattzeit.

»Westlich der Straße nach Eichen« liegt eine unbekannte Zahl verschleifter Grabhügel, neben welchen angeblich latènezeitliche Scherben entdeckt wurden. Ähnlich verhält sich die Situation »Am Hessenjacobsborn«, wo 1909 mehrere verflachte Hügel erkannt wurden. In einem kamen latènezeitliche Scherben zutage.

1903/04 untersuchte der Hanauer Geschichtsverein im »Herrenwald« mehrere Grabhügel mit älter- und jüngerhallstattzeitlichen sowie frühlatènezeitlichen(?) Gräbern.

Schließlich kamen 1909 an der Stelle der verschleiften Grabhügel »Alter Haag«, heute außerhalb des Waldes an der Ortsgrenze zu Hammersbach gelegen, frühlatènezeitliche Funde zutage.

Auch wenn die einzelnen Fundstellen, mit Ausnahme derer im »Siebenküppel/Aurora«, wenig Anhaltspunkte über die Belegungsdauer der Gräberareale, die Anzahl der Bestattungen und Bestattungssitten liefern, so läßt sich für die Grabhügelfelder im »Windecker Stadtwald« insgesamt doch ein Dominieren hallstattzeitlicher, bes. älterhallstattzeitlicher Bestattungen festhalten.

Literatur:
K. Dielmann, Zur Frage der Koberstadter Kultur. Ungedr. Diss. (1940). – Herrmann 1966, 69. – R. Haynowski, Eisenzeitlicher Trachtschmuck der Mittelgebirgszone zwischen Rhein und Thüringen. Archäolog. Schr. 1 (1992). – Kutsch 1926, 63ff. – Müller-Karpe 1948, 72. – Schumacher 1972/1974, (1974) 175ff. – Wolff 1913, 80f.; 90ff.

Sabine Wolfram

Nidderau-Windecken

Burg und Stadt Windecken

Die Stadt Windecken (heute Stadtteil von Nidderau) liegt ca. 10 km nordwestlich von Hanau.
850 wurde Tezelnheim, das spätere Windecken, erstmals erwähnt. Zu dieser Zeit und in den Jahrhunderten danach spielte die kleine Ansiedlung keine aus Quellen erschließbare bedeutendere Rolle. Im hohen und späten Mittelalter entwickelte sich die um die Mitte des 13. Jahrhunderts durch die Herren von Hanau in beherrschender Lage über einer Nidderfurt errichtete Burganlage gemeinsam mit der Ansiedlung Tezelnheim zum repräsentativen Herrschaftsmittelpunkt bis hin zur Stadterhebung durch König Rudolf von Habsburg im Jahre 1288. Der Name Windecken (Wunnecken) für die Siedlung wird erstmals im Jahre 1277 greifbar. Die Entwicklung von Burg und Stadt verlief parallel und in gegenseitiger Abhängigkeit.
Über den Bau der Burg selbst, über eventuelle Um- und Ausbaumaßnahmen sagen die Quellen nichts. Erst Berichte über Umbaumaßnahmen im 15. und 16. Jahrhundert konkretisieren unser Bild von der Windecker Burg.
Auch nachdem im Jahre 1436 die Burg Hanau Mittelpunkt der inzwischen umfangreichen Herrschaft geworden war, behielt Windecken Funktionen, die nicht nur den Erhalt der Anlage sicherten, sondern auch weitere Aus- und Umbaumaßnahmen bedingten. Als Witwen- und Amtssitz war die Windecker Burg sowohl im rechtlichen als auch im fiskalischen Sinne weiterhin von relativer

Abb. 80 Nidderau-Windecken. Burg Windecken. Eingangssituation der Kernburg mit Torbau aus der ersten Hälfte des 16. Jh.

Wichtigkeit. Die Umgestaltung zur damals modernen Schloßanlage unter Berücksichtigung der neuen Anforderungen an Wohnlichkeit und Fortifikation brachten umfangreiche Veränderungen an der Bausubstanz.
Im 15. Jahrhundert wurden Teilbereiche der im Westen gelegenen Vorburg umgestaltet; in der ersten Hälfte des 16. Jahrhunderts entstand der heute die Eingangssituation beherrschende innere Torbau mit seinen markanten Rennaissance-Erkern. Zu Beginn des 17. Jahrhunderts plante man nochmals größere Um- und Ausbaumaßnahmen, die jedoch durch die Ereignisse des Dreißigjährigen Kriegs nur Stückwerk geblieben sein dürften.
Die Umbaupläne des Architekten Rumpf aus dem Jahre 1627, die im Staatsarchiv Marburg überliefert sind, waren und sind seit jeher Objekt von Forschung und Spekulation. In Umzeichnungen und Schaubildern wurde versucht, das Aussehen des Windecker Schlosses im 17. Jahrhundert darzustellen. So fragwürdig derartige Versuche sind, geben sie dennoch ein ungefähres Bild der Schloßanlage wieder. Der annähernd rechteckige Grundriß der durch einen Halsgraben gesicherten Kernburg enthielt somit im letzten zu erschließenden bzw. angestrebten Bauzustand eine Vierflügelanlage mit dem erwähnten Torbau im Westen und einem Bergfried im Osten. Die weitläufige Vorburg war mit Wirtschaftsgebäuden bebaut. Der Standort der Burgkapelle ist aus den vorliegenden Quellen nicht zu ermitteln.
Der Dreißigjährige Krieg, in dessen Verlauf auch Schloß und Stadt Windecken wiederholt in Kampfhandlungen einbezogen wurden, hinterließ das Schloß nach Plünderungen und Zerstörungen in den Jahren 1635 und 1646 als Ruine.
In der wüsten Schloßanlage wurde über einem erhaltenen mittelalterlichen Tonnengewölbe in der ersten Hälfte des 18. Jahrhunderts ein langgestrecktes Gebäude mit Mansarddach errichtet, das bis weit in das 20. Jahrhundert hinein das Amtsgericht beherbergte und heute zu Wohnzwecken genutzt wird. Dieses Gebäude dominiert gemeinsam mit dem Rennaissance-Torbau (Abb. 80) und dem zum Bereich der ehem. Vorburg gehörenden sog. »Hexenturm« die heutige Silhouette der Burg.

Literatur:
Magistrat der Stadt Nidderau (Hrsg.), Stadt Windecken 1288–1988. Historische Festschrift zur 700-Jahr-Feier der Stadterhebung (1988) (= Nidderauer H. 4, 1988). – B. Worbs, Buchen – Dorfelden – Windecken. Frühe Burgen in der Grafschaft Hanau. Hanauer Geschichtsbl. 30, 1988, S. 347.

Bert Worbs

Niederdorfelden

Frühlatènezeitliche Grabfunde

Bisweilen ist der Zufall ein tatkräftiger Förderer bei der Entdekkung archäologischer Funde. So beschloß im Jahre 1985 ein Bürger der kleinen Gemeinde Niederdorfelden, zwischen Bad Vilbel und Hanau an der Nidder gelegen, mit dem Bau eines Gartenteiches sein Anwesen zu verschönern. Dabei stieß er plötzlich auf die Überreste eines menschlichen Skelettes. Die rasch herbeigerufene Polizei ließ die entdeckten Knochen zur Begutachtung dem fachmännischen Blick mehrerer Spezialisten vorlegen, die einhellig eine nur wenige Jahre währende Liegezeit feststellten. Damit war der Startschuß für umfangreiche Ermittlungen gefallen, die auch vor der Mitarbeit wahrhaftiger Fachleute, den Beamten Interpols, nicht zurückschreckte. Vielleicht hätte man den Fall sogar mit der rechtskräftigen Verurteilung des Täters abschließen können, hätte man bei dem Verstorbenen nicht einen grün oxidierten Halsring gefunden, der, wiederum von Expertenhand, als »auf alt getrimmter Modeschmuck aus der Dritten Welt« gedeutet wurde. Der Halsring weckte, eher zufällig, das Interesse eines archäologisch engagierten Polizeibeamten. Dieser erst erkannte die tatsächliche Bedeutung des wichtigen Beweisstücks, es handelte sich zweifelsfrei um einen frühlatènezeitlichen Halsring.
Eine daraufhin eingeleitete Nachgrabung förderte drei weitere latènezeitliche Bestattungen ans Tageslicht (Abb. 81), und somit konnte dieser »Kriminalfall« als geklärt betrachtet werden.
Wenige Jahre später, 1990, sollte ein unmittelbar benachbart lie-

Abb. 81 Niederdorfelden. Frühlatènezeitliche Funde aus einem Kindergrab.

gendes Areal bebaut werden. Eine hierauf durchgeführte Untersuchung des Landesamtes für Denkmalpflege barg drei weitere Gräber, so daß die Gesamtzahl der entdeckten Bestattungen bei nunmehr sieben liegt. Nur die Südostgrenze der Nekropole konnte erfaßt werden. Zweifellos ist ein Gutteil des Friedhofes noch in den angrenzenden Grundstücken zu lokalisieren.
Die Gräber sind, soweit bekannt, West-Ost bzw. Südwest-Nordost orientiert, in ihrem Inneren fanden sich stets Reste hölzerner

Einbauten. Zwei Bestattungen lassen sich Kleinkindern zuweisen, ein weiteres Grab enthielt die Überreste eines jugendlichen Individuums. Bei den übrigen Verstorbenen handelt es sich um Erwachsene. Mit Ausnahme des ersten Grabes, dessen Halsring eine zeitliche Einordnung innerhalb der gesamten Frühlatènezeit ermöglicht, sind alle weiteren Bestattungen während der jüngeren Frühlatènezeit (Latène B) angelegt worden. Zwischen den einzelnen Gräbern liegen größere Abstände, wie dies auch in anderen Nekropolen der gleichen Zeit zu beobachten ist. Für eine ehemalige Überhügelung gibt es keinerlei Anzeichen. Dies wäre auch für die hiesige Gegend während der Stufe Latène B ungewöhnlich.
Einige der Toten wurden nach ihrer Beerdigung in ihrer Ruhe gestört. Daß dabei nicht zwingend profaner Metallraub zu unterstellen ist, zeigt eine Kinderbestattung, deren reiche Schmuckbeigaben, u. a. ein Halsring, 2 Armringe und Fibeln, von den Grabfrevlern nicht entwendet wurden.
Mit einer Ausnahme fand sich in jedem der Gräber, neben Resten von Metall- und bisweilen auch Glasschmuck, ein Keramikgefäß, das man meist unterhalb der Füße deponierte.

Literatur:
Herrmann, Jockenhövel 1990, Abb. 143. – P. Jüngling, Ein keltischer Friedhof im Industriegebiet Niederdorfeldens. Neues Magazin Hanau. Gesch. 9, 1, 1987, 39 ff.

Claus Bergmann

Burg Niederdorfelden

Niederdorfelden wurde im Jahre 767 als Villa Turinfelde erstmals erwähnt. Eine gewachsene Bedeutung der Ansiedlung wird für das Jahr 1166 greifbar, als mit Reinhard I. und Konrad die ersten Mitglieder des Geschlechtes von Dorfelden urkundlich erwähnt werden, in einem Machtbereich, in dem vorher die Herren von Buchen mit Rechten und Besitz ausgestattet waren. Eine genealogische Verbindung ist jedoch nicht nachzuweisen.
Es ist anzunehmen, daß zur Zeit der Ersterwähnung der Herren von Dorfelden die Burg auf einem von der Nidder umflossenen

Abb. 82 Niederdorfelden. Burg Dorfelden. Reste des Turmes mit Buckelquadermauerwerk.

künstlichen Hügel schon bestanden hat. In die zweite Hälfte des 12. Jahrhunderts sind auch die ältesten erhaltenen und erschließbaren Bauteile, die Buckelquader an einem der beiden Türme, zu datieren. Die Burg selbst wird erstmals im Jahre 1234 anläßlich der Erbteilung zwischen Reinhard III. von Dorfelden und seinem Bruder Heinrich erwähnt. Reinhard III. führt im übrigen als letzter seines Geschlechtes den Namen von Dorfelden; der nominelle Übergang zur Herrschaft Hanau, die bis zum Tode Johann Reinhards III. von Hanau-Lichtenberg den Raum der südöstlichen Wetterau beherrschen sollte, ist damit vollzogen.
Es wird deutlich, daß die Funktion der Niederdorfelder Burg bereits in der zweiten Hälfte des 13. Jahrhunderts reduziert wurde. Es kam zu Besitzübertragungen und Verpfändungen, an denen u. a. die Falkensteiner, die Weinsberger und die Herrschaft Rieneck beteiligt waren; die Zeit der uneingeschränkten Verfügungsgewalt durch die Herrschaft Hanau war vorbei. Ein interessanter Vorgang ist für das Jahr 1333 überliefert. Ulrich II. von Hanau übertrug die Burg Dorfelden Herzog Rudolf von Sachsen zu Lehen. Die Übertragung an Kursachsen hing wahrscheinlich mit der Hanauer Ver-

antwortung für das Geleit der sächsischen Kurfürsten auf deren Weg zu den Königskrönungen nach Frankfurt zusammen und sollte den Sachsen einen Stützpunkt in der Nähe des Krönungsortes verschaffen. Über eventuelle Um- und Ausbaumaßnahmen ist jedoch nichts bekannt.

Für die folgenden Jahrhunderte ist aus den Quellen ein steter Niedergang in der Bedeutung der Burg zu erschließen. Sie tritt im Verhältnis zum danebenliegenden Wirtschaftshof (sog. Junkernhof) immer mehr in den Hintergrund und wird faktisch nur noch als dessen Zubehör erwähnt. Ein fortschreitender Verfall der Bausubstanz ist anzunehmen. Die Besitzer des Hofes, im 18. Jahrhundert die Familie von Edelsheim, später die in die Erbfolge der Hanauer eingetretenen Landgrafen bzw. Kurfürsten von Hessen-Kassel hatten an dem zerfallenden Gemäuer nur noch geringes Interesse. Die Reste der Burg dienten zur Gewinnung von Baumaterialien, der Burghügel und seine Umgebung wurden zur Weidefläche. Erst in jüngster Zeit kam es zu Sicherungsarbeiten am Baubestand.

Die Reste der Burg stellen sich heute als unregelmäßig gebrochene Ringmauer mit den Resten zweier Türme dar. Während das Mauerwerk eines Turmes verstürzt ist, sind im aufgehenden Mauerwerk des zweiten Turmes Buckelquader zu erkennen, die eine Datierung dieser Bauteile in die zweite Hälfte des 12. Jahrhunderts ermöglichen (Abb. 82). Die Standortsituation mit dem künstlich aufgeschütteten Hügel und der als Wassergraben fungierenden Nidder-Ableitung ist gut zu erkennen.

Literatur:
K. Dielmann, Zur Geschichte des Junkernhofs in Niederdorfelden, Kreis Hanau. Hanauer Geschichtsbl. 24, 1973, S. 45. – B. Worbs, Buchen Dorfelden – Windekken. Frühe Burgen in der Grafschaft Hanau. Hanauer Geschichtsbl. 30, 1988, S. 347.

Bert Worbs

Die Ronneburg

Die Ronneburg, auf einem exponierten Basaltkegel des sog. Ronneburger Hügellandes, wurde wahrscheinlich von Gerlach II. von Büdingen am Anfang des 13. Jahrhunderts erbaut. Der Zugang zur damaligen Burg erfolgte über eine Zugbrücke durch ein äußeres Tor neben dem Brunnenhaus in einen Vorzwinger und von dort durch ein inneres Tor in den Burghof, an dessen östlichem Ende der heute noch erhaltene Bergfried steht. Innerhalb der etwa 4 m hohen Ringmauer standen Palas und Wirtschaftsgebäude. Wohl schon in dieser Frühzeit wurde der 96 m tiefe Brunnen mit besonders sorgfältiger Sandsteinauskleidung ausgeführt.
1313 gelangte die Burg über die Herren von Hohenlohe-Brauneck durch Kauf an den Erzbischof von Mainz, der sie mehrmals verpfändete. Zwischen 1317 und 1330 wurde der Palas und der westlich vorgelagerte Zwinger gebaut; gegen Ende des 14. Jahrhunderts im zweiten Obergeschoß die Burgkapelle mit ihrem zierlichen gotischen Erker fertiggestellt. Der vorgelagerte Treppenturm und die Hofstube sind nach 1476 entstanden. 1476 bekam Graf Ludwig II. von Ysenburg die Burg als Lehen, der daraufhin mehrere Erweiterungen vornahm. Durch ihn erhielt der Bergfried eine Wendeltreppe und einen Treppenhausanbau, und auf der Nordseite des Burghofes wurde der sog. »Alte Bau« errichtet. Nach 1517 erneuerte Graf Philipp zu Ysenburg-Ronneburg das äußere Tor zur Kernburg, und dessen Sohn Anton umgab nach 1538 die Kernburg im Süden und im Westen mit einer Vorburg, die Marstall- und Wirtschaftsgebäude aufnahm. Sein Sohn Graf Heinrich erbaute 1570/71 über dem inneren Tor der Kernburg eine neue Kirche, den später sog. Zinzendorfbau und bebaute die Nordseite des Burghofes u. a. mit dem prächtigen, mehrstöckigen Kemenatenbau aus. 1581 erhielt der Bergfried seine heute noch erhaltene Bekrönung mit 4 Erkern und Steinkuppel. Mit dem Aussterben der Ysenburg-Ronneburger Linie im Jahre 1601 kamen die Bautätigkeiten zum Erliegen. 1621 brannte ein großer Teil der Burg ab, darunter Teile

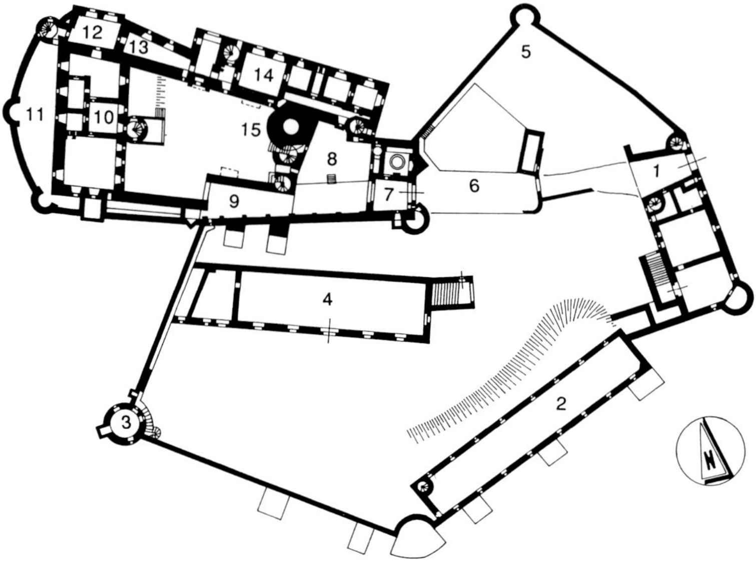

Abb. 83 Die Ronneburg. Grundriß. 1 Vorderer Torbau, 2 Marstall (heute Burgrestaurant), 3 Rondel, 4 Bandhaus, 5 Zyngel, 6 Halsgraben mit Brücke, 7 Torbau mit Brunnenhaus, 8 ehem. Vorburgbereich, 9 Oberer Torbau, 10 Palas, 11 Zwingerbereich mit Schalentürmen, 12 Backhaus, 13 Alter Bau, 14 Kemenatenbau, 15 Bergfried (nach Kling 1993).

des Kemenatenbaus, des Brunnenhauses und des Bandhauses. 1634 folgte eine Plünderung durch Kroaten. Nach häufigem Pächterwechsel und nach Besitzwechsel innerhalb der verschiedenen Linien des Hauses Ysenburg vermieteten die Grafen von Ysenburg-Wächtersbach die Burg an die Inspirierten-Gemeinde, die, angelockt durch die Garantie der Glaubensfreiheit, eine Woll- und Tuchmanufaktur errichtete. Auf deren Veranlassung kam Graf Zinzendorf, der Gründer der Herrnhuter Brüdergemeine, 1736 auf die Burg. Die Inspirierten-Gemeinde bestand noch bis in das 19. Jahrhundert fort. Die Burg zerfiel zusehends, wurde aber gegen Ende des 19. Jahrhunderts mit der aufkommenden Burgenbegeisterung zu einem beliebten Ausflugsziel, was verschiedene Instandsetzungsarbeiten bewirkte. Seit den achtziger Jahren dieses Jahrhunderts wurden verstärkt Sanierungsarbeiten in Angriff genommen.

Literatur:
G. Dehio, Handbuch der Deutschen Kunstdenkmäler, Hessen (1962) 703ff. – G.-W. Hanna, Burgen und Schlösser im Kinzigtal (1992) 59ff. – B. Kling, Die Ronneburg. Große Baudenkmäler, Heft 471 (1993). – Th. Ludwig, in: Tour de Burg, Burgen und Schlösser, Villen und Landsitze im Main-Kinzig-Kreis (1993) 225ff. – P. Nieß, Die Ronneburg. Eine Fürstlich Ysenburgische Burg und ihre Baugeschichte (1936). – Ders., 700 Jahre Ronneburg. Büdinger Geschichtsbl. III, 1954.

Hans-Otto Schmitt

Schlüchtern

Benediktinerabtei

Folgt man von Gelnhausen aus entlang der Kinzig dem Verlauf der alten Handelsstraße vom Rhein-Main-Gebiet nach Thüringen, so öffnet sich hinter Niederzell das enge Flußtal letztmals zu einem weiträumigen Becken, in dessen Mitte die Stadt Schlüchtern liegt (Abb. 84). Diese Landschaft war vor dem Mittelalter weitgehend unbesiedelt oder wurde höchstens als Durchgangsland genutzt. Die Anfänge der Siedlung Schlüchtern bleiben uns weitgehend verborgen, da eine Gründungsurkunde oder historische Nachrichten aus frühmittelalterlicher Zeit fehlen. Ebensowenig verfügen wir über Grabungsergebnisse, die uns Aufschluß über die Entwicklung des Ortes am Zusammenfluß von Elm und Kinzig geben könnten. Erstmals wird im Jahre 1278 ein centurio Witego in der Siedlung Schlüchtern genannt. Da sich aber schon in der Mitte des 12. Jahrhunderts ein Ministerialengeschlecht nach Schlüchtern nannte, muß der Ort älter sein.
Weitgehend im dunkeln liegt auch die ältere Geschichte des Benediktinerklosters Schlüchtern. Nach einer – allerdings im Mittelalter gefälschten – Urkunde soll Karl der Große die »cellula« Schlüch-

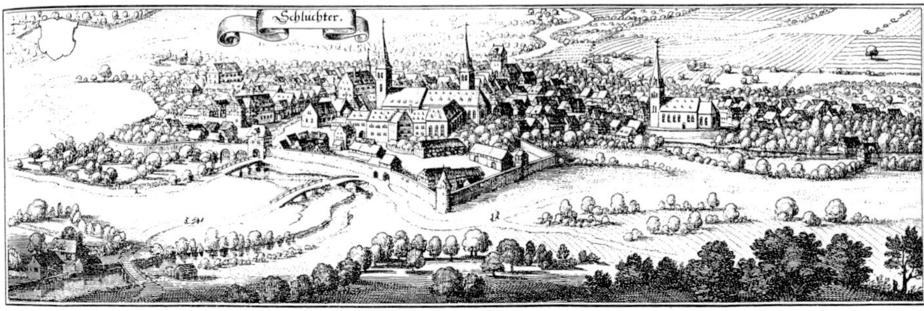

Abb. 84 Stadt und Kloster Schlüchtern. Stich von Merian (um 1633).

tern 788 dem Bistum Würzburg übertragen haben. Aus dem Jahre 819 könnte die erste Erwähnung des Klosters stammen, wenn man das in der *Notitia de servitio monasteriorum* aufgeführte »monasterium sculturbura ultra Rhenum« zweifelsfrei in Schlüchtern lokalisieren könnte. Die älteste, unumstritten auf Schlüchtern zu beziehende Urkunde wurde aber erst kurz vor der Jahrtausendwende geschrieben: Im Jahre 993 sprach König Otto III »sluohderin« dem Bistum Würzburg zu, das ältere Besitzrechte reklamiert hatte.
Die Anfänge des Klosters am Zusammenfluß von Elm und Kinzig waren freilich bescheiden. Der erste, vermutlich schon im 8. Jahrhundert entstandene Kirchenbau dürfte kaum über die Größe einer heutigen Dorfkirche hinausgegangen sein. In dem abgelegenen Bergwinkel zwischen Rhön, Spessart und Vogelsberg gelegen, scheint die Abtei seit ihrer Anfangszeit als königliches Eigenkloster entscheidend am regionalen Landesausbau beteiligt gewesen zu sein. Die im Hochmittelalter einsetzende Blütezeit des einstmals mächtigen Klosters, mit einem erheblichen, weit über das obere Kinzigtal hinausgehenden Grundbesitz, ging im späten Mittelalter allmählich zu Ende. Bauernaufstand und die Auswirkungen der Reformation beschleunigten den Niedergang des Klosters ebenso wie die Einflußnahme fremder Territorialherren, die seinen großen Grundbesitz lediglich als reiche Einnahmequelle verstanden. Die offizielle Geschichte der einstmals so bedeutenden Abtei Schlüchtern endet mit dem Ableben des letzten reformierten Abtes Johan-

nes Wankel am 22. April 1609. Beendet ist sie damit jedoch keineswegs, denn noch heutzutage bildet das alte Kinzigtalkloster als Gymnasium und musikalische Fortbildungsstätte der Ev. Landeskirche von Kurhessen-Waldeck ein bedeutendes Schul- und Kulturzentrum.

Historische Untersuchungen und schriftliche Quellen ermöglichen uns vielfältige Einblicke in den geschichtlichen Werdegang der Abtei. Erst verhältnismäßig spät nutzte man auch die Möglichkeiten der archäologischen Bodenforschung, zur Ergänzung der Urkunden und baugeschichtlicher Relikte beizutragen. Noch kurz vor Beginn des Ersten Weltkrieges führte der Tübinger Georg Weise in Schlüchtern archäologische Untersuchungen durch, die in mehreren Publikationen ihren Niederschlag fanden. Weise erkannte bereits damals, daß viele unserer alten Klöster und Kirchen unter ihren Fußböden Zeugnisse bergen, die als unersetzliche Ergänzungen schriftlicher Überlieferungen und Bindeglieder zu dem vorhandenen Denkmälerbestand angesehen werden müssen.

In der Nachkriegszeit bemühte sich vor allem Architekt Karl-Heinz Doll, Fragen der Klostergeschichte nachzugehen. Zwischen 1951 und 1957 führte er im Kloster zahlreiche Grabungen durch, deren Publikation jedoch noch aussteht. Die für ihre Zeit beachtlichen Ausgrabungen konnten jedoch nicht darüber hinwegtäuschen, daß durch die Grabungsmethode bedingt viele Fragen offen bleiben mußten. Seit 1983 konnte der Hanauer Geschichtsverein anläßlich von Bauarbeiten zusammen mit Uwe Kretschmann aus Schlüchtern mehrere Grabungen im Kloster durchführen. Ein ausführlicher Bericht wird zur Zeit vorbereitet.

Die karolingisch-romanische Baugeschichte des Klosters stellt sich nach derzeitigem Forschungsstand wie folgt dar: Die frühmittelalterliche Kirche, von der lediglich die Krypta und vielleicht noch Teile des Hochchores erhalten sind, war vermutlich ein Saalbau mit fast quadratischem Chor. Baugeschichtliche Merkmale der Krypta und einige Spolien werden dem 8. und 9. Jahrhundert zugewiesen. Ein Grabfund nordöstlich des Chores ist durch die Beigabe eines Christiana-Religio-Denars Ludwigs des Frommen (814–840) wahrscheinlich noch als karolingisch zu datieren. Nach vorausge-

Abb. 85 Schlüchtern. Blick in die spätromanische Andreaskapelle im Norden des Hochchores. Von den beiden übereinanderliegenden Räumen der Kapelle ist heute nur noch das Untergeschoß erhalten.

gangenen Umbauarbeiten mit einer offenbar erheblichen Erweiterung der spätestens jetzt dreischiffigen Kirche wurde das Kloster um 1018 von Bischof Heinrich von Würzburg neu geweiht. Um 1100 wurde die Kirche nach Westen verlängert und ein Mittelturm gebaut.

Noch in romanischer Zeit wurde ein Teil des südlichen Seitenschiffes niedergelegt und an den Chor eine kleine Kapelle mit halbrund gespannter Apsis angebaut. Da Konstruktion und Profilierung einer am Hochchor befindlichen Lisene die gleichzeitige Errichtung der romanischen Chorverlängerung voraussetzen, ergibt sich mit der von Doll vor einigen Jahren festgestellten Hauptapsis am weit nach Osten vorgeschobenen Chor eine Zweiapsidenanlage, der eine dritte Apsis als entsprechendes Pendant auf der Nordseite fehlte. Erst später (um 1200) wurde mit der Errichtung der »Andreaskapelle« auch auf der Nordseite ein vergleichbares Bauwerk errichtet, eine Apsis erhielt diese aber nicht mehr (Abb. 85). Die Architekturmerkmale Schlüchterns weisen so erhebliche Abweichungen von den geläufigen Dreiapsidenkirchen auf, daß sich weitere Vergleiche von selbst verbieten. Der entscheidende Unterschied besteht darin, daß man – unter Einbeziehung älterer Bauelemente – keine einheitliche Raumwirkung beabsichtigte, sondern sich dem noch bis in die heutige Zeit wirksamen Wesen Schlüchterns nach mit An-, Um- und Ausbauten zufrieden gab.

Die weitere Baugeschichte ist kurz umrissen. Noch zu Beginn des 12. Jahrhunderts wurde die Katharinenkapelle südlich des Westturmes errichtet. Sie hat man 1354–1356 um ein Joch erweitert und gleichzeitig die Huttenkapelle nördlich des Turmes angebaut. Im 14.–15. Jahrhundert Bau eines weiteren Turmes nördlich vom romanischen Chor. 1446 Weihe eines hallenförmigen Neubaus. 1835/36 tiefgreifender Umbau zu einem Lehrerseminar. Die vorgesehene Publikation der Funde, darunter ein ungewöhnlich reichhaltiges Fundmaterial aus der Zeit des Bauernaufstandes (1525) und der damit verbundenen Zerstörungen, wird sicher noch manche für die Klostergeschichte überraschende Einzelheiten enthalten.

Literatur:
R. Dietrich, Archäologische Untersuchung der Andreaskapelle des Klosters Schlüchtern. Hanauer Geschbl. 30, 1988, 327ff. (Vorbericht, mit ält. Lit.) – W. Praesent, Ein Gang durch das Kloster Schlüchtern (1970).

Peter Jüngling

Die Burg- und Befestigungsanlagen bei Schlüchtern-Vollmerz

Auf dem basaltbedeckten Höhenrücken, der als »Altenburg« bezeichnet wird und ein Ausläufer des Bergrückens der »Breiten First«, der Wasserscheide zwischen Kinzig und Sinn ist, liegen drei Befestigungsanlagen (Abb. 86). Die älteste, nordostwärts von Ramholz, wurde erst 1969 entdeckt. Es ist eine kleine Wallanlage mit einer Größe von 0,38 ha, die den Rand eines flachgeneigten, fast plateaumäßigen Geländes einnimmt. Über den flachen Sattel nach Osten verläuft leicht gekrümmt der Wall, dem hier ein teilweise nur sehr flach in den felsigen Untergrund eingetiefter Graben vorgelagert ist. In gleicher leichter Krümmung setzt sich der Wall an der nördlichen Steilkante fort, während er im Süden am Plateaurand scharfwinklig umbiegt und einen Durchgang markiert. Der Beginn des Walles an der südlichen Steilkante ist hier nicht mehr vollständig erhalten, muß aber wohl parallel zum rückspringenden Ende in einem Abstand von etwa 3 m begonnen haben. Ein zweites Tor liegt im Westen. Auch hier greifen die Wallenden leicht übereinander, wobei aber die Bauart der Toranlage im einzelnen nicht zu erkennen ist. Die zum Wall zerfallene Befestigungsmauer war aus dem anstehenden Basaltgestein errichtet und hatte vermutlich stützende Holzeinbauten. Nicht zur Anlage gehört ein späterer Grenzwall, der im Westteil über die Anlage hinweg läuft. Die Befestigung gehört sicher in das frühe Mittelalter. Ob sie schon im 8. Jahrhundert als Herrensitz angelegt worden ist, oder dem Schutz der über die »Breite First« verlaufenden Weinstraße diente, läßt sich nicht sagen.

Abb. 86 Die Befestigungsanlagen bei Schlüchtern-Vollmerz (nach Herrmann 1993).

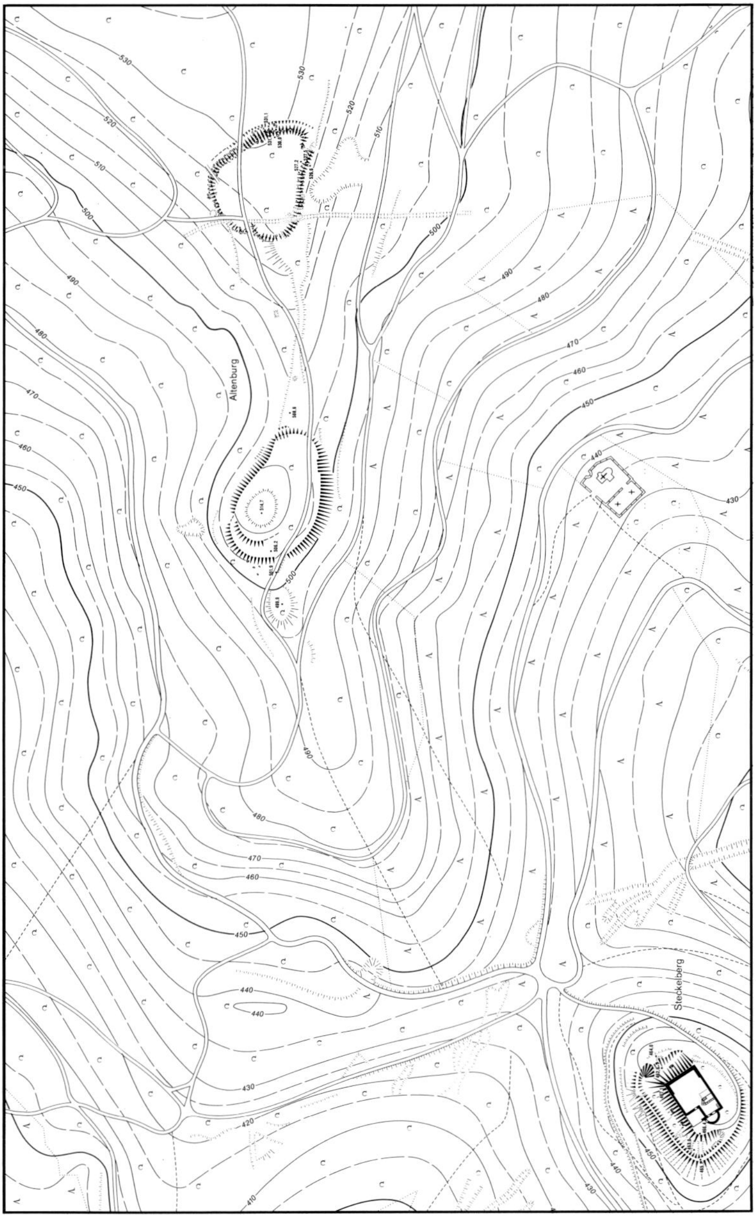

Altenburg
Steckelberg

Nur etwa 200 m westlich, unterhalb der Wallanlage, liegt die alte Burg Steckelberg. Sie hat einen ungefähr ovalen Umfang von knapp 100 m Länge und gut 50 m Breite. Mit einer Größe von 0,4 ha ist sie nur unwesentlich umfangreicher als die ältere Befestigung. Im Nordwestbereich umschließt sie ein höheres, rundliches Plateau von 20–25 m Durchmesser. Außer steilen Böschungen und einem kürzeren Grabenstück sind kaum mehr Reste im Gelände erhalten. Ihr Zugang lag wahrscheinlich auf der Ostseite. Die Burg Steckelberg wird 1121 erstmals genannt, war aber schon 1273 nicht mehr im Besitz der Herren von Steckelberg, sondern wurde vom Hochstift Würzburg an die Herren von Hanau verpfändet. 1276 zerstörte Reinhard von Hanau die Burg gründlich, nachdem sie von buchischen Rittern besetzt und zu einem Räubernest verkommen war.

Ungefähr 100 Jahre später, vor 1388, erbaute Ulrich I. von Hutten die neue Burg Steckelberg auf dem gleichen Bergrücken nur etwa 500 m südwestlich unterhalb der Altenburg. Diese besteht aus einer kleinen Rechteckanlage mit einem Innenraum von nur 24×32 m, auf drei Seiten von einem Graben umgeben, der im Osten in den Fels eingehauen und im Norden und Westen durch Absteilen des Berges und Auswurf eines mächtigen Außenwalles angelegt worden ist. Um 1500 nahm Ulrich III. von Hutten, der Vater des hier 1488 geborenen Humanisten und Dichters Ulrich IV. von Hutten, Umbauten vor. Unter anderem setzte er den unterkellerten Geschützturm vor die Eingangsseite.

Seit dem 17. Jahrhundert verfiel die Burg, nachdem die Herren von Hutten in das zum Schloß umgebaute Erbgut Ramholz am Fuße des Burgberges umgezogen waren.

1738 kam die Ruine an die Grafen von Degenfeld, die schon seit 1677 Besitzer der Herrschaft Ramholz waren. 1883 erwarb Hugo von Stumm die Herrschaft Ramholz und ließ 1893–1895 das Schloß im aufwendigen Neurenaissancestil ausbauen. Die Ruine der Burg Steckelberg wurde dabei in die großräumige englische Parkanlage einbezogen.

Literatur:
R.-H. Behrends, Fundber. Hessen 13, 1973 (1975) 360 (Fundnotiz zur frühmittelalterlichen Anlage oberhalb des Steckelberges). – C. Cramer, in: G. W. Sante (Hrsg.), Hessen. Handb. hist. Stätten Deutschlands 4 (1960; [3]1976) 367 f. (Ramholz); 423 f. (Steckelberg). – U. Dahmlos, Archäologische Funde des 4. bis 9. Jahrhunderts in Hessen. Unters. u. Mat. z. Verfassungs- u. Landesgesch. 7 (1979) 200. – F.-R. Herrmann, Ruine Steckelberg und ihre Vorgänger bei Schlüchtern-Vollmerz, Main-Kinzig-Kreis. Arch. Denkmäler Hessen 105 (1993). – C. Krollmann, Beiträge zur Geschichte der Burg Steckelberg. Der Burgwart 1, 1899/1900, 20 ff.; 34 ff.; 59 f. – Ders., Burg Steckelberg, die Stammburg Ulrichs von Hutten (1901). – G. Landau, Die hessischen Ritterburgen und ihre Besitzer. Bd. 3 (1836) 189 ff. – Th. Ludwig, Burg Steckelberg; Chr. Enders, Schloß Ramholz. In: Tour de Burg. Burgen und Schlösser, Villen und Landsitze im Main-Kinzig-Kreis (1993) 254 ff. – E. Paetzold, Burg Steckelberg. Geburtsstätte Ulrichs von Hutten 1488–1523 (o. J., etwa 1988). – W. Praesent, Bergwinkel Chronik. Zeittafel und Bildband zur Geschichte des Kreises Schlüchtern (1929; [2]1968) 220. – L. Steinfeld, Die Ritter von Hutten. Burgen, Schlösser, Grabstätten in Hessen und Franken (1988; [2]1989).

Hans-Otto Schmitt

Steinau an der Straße

Schloß

Die 1986 im Schloßhof durchgeführte Untersuchung diente der Ermittlung von bauhistorischen Grundlagen zur Erarbeitung eines Sanierungskonzeptes. Es wurde ein tonnengewölbter Keller mit einer Grundfläche von 8 × 12,25 m und einer lichten Höhe von 4,50 m angetroffen, der mit seiner Südostecke an die Grundmauer der den Hof im Süden abschließenden Mauer angebaut war (Abb. 87). Das in Nord-Süd-Richtung verlaufende Gewölbe ist im Scheitelbereich größtenteils eingeschlagen, der Keller mit Abbruchmaterial des 16. Jahrhunderts aufgefüllt (Abb. 88). Der unter dem Hofpflaster liegende Keller ist Rest eines Hauptgebäudes der mittelalterlichen Burg, das nach dem Abschluß des groß angelegten Umbaus im 16. Jahrhundert niedergelegt wurde. In den Aussenmauern des heutigen inneren Gebäuderings hat sich in gro-

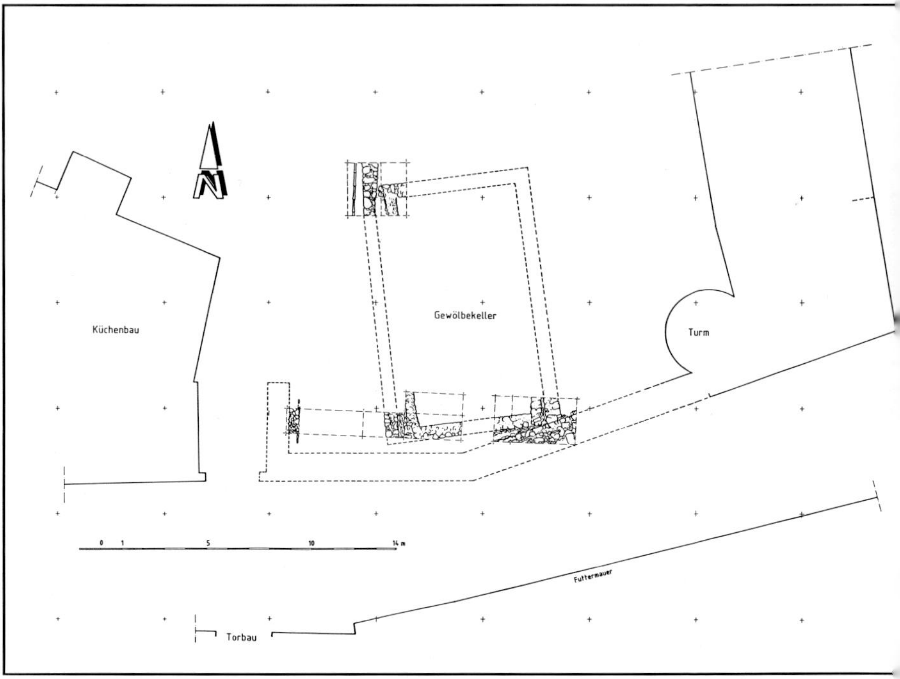

Abb. 87 Steinau an der Straße. Ergrabener Gebäudegrundriß und Keller im südlichen Schloßhof 1986.

Abb. 88 Steinau an der Straße. Metallbeschlag, Kellerverfüllung 16. Jh.

ßem Umfang Substanz der älteren Burganlage erhalten. Diese bildete zusammen mit der nicht mehr vorhandenen südlichen Wehrmauer, deren Abbruchkrone im Hofpflaster noch ablesbar ist, einen geschlossenen Mauerring, der, an der Stelle des heutigen Umgangs, von einem Graben umgeben war. Die Wehrmauer schloß im Westen an einen mehrgeschossigen Schalenturm an, dessen Geschoßteilung noch heute an der Ostseite des sog. Küchenbaus ablesbar ist. Der äußere Gebäudering, bestehend aus vier Eckpavillons und zwei Torbauten, ist im 16. Jahrhundert vermutlich in den älteren Burggraben hineingebaut und anschließend der heutige Hirschgraben angelegt worden.

Katharinenkirche

1977 erfolgten im Rahmen von Modernisierungsmaßnahmen umfangreiche Freilegungen im Schiff der Katharinenkirche. Dabei wurden zwei, möglicherweise sogar drei Bauten erschlossen, die der bestehenden Kirche vorausgingen (Abb. 89). Der erhaltene Bau ist seinerseits Ergebnis mehrerer Erweiterungen. Im Zentrum des Schiffes wurde, etwas nach Osten versetzt, eine rechteckige Bodenbegrenzung als Grundfläche einer ersten Kirche des 9. Jahrhunderts erkannt, der wenige Reste eines Fundaments zugeordnet wurden. Ein zweiter Bau, dem ebenfalls Grundmauern zugeordnet werden, erweiterte den älteren Bau vor allem im Westen. Er wird um 1100 datiert, hatte einen rechteckigen Grundriß von 16×8 m und an der Ostseite möglicherweise eine Bauerweiterung (Chor?). Der nachfolgende, noch in das 12. Jahrhundert datierte Kirchenbau schafft durch das Verlegen der Nordseite um 1 bis 2 Mauerstärken nach Norden nur geringe räumliche Erweiterung. Die West- und Südseite wird etwa an gleicher Stelle ersetzt. Der Ostabschluß ist unsicher, wird aber an der Stelle der Triumphbogenwand vermutet.

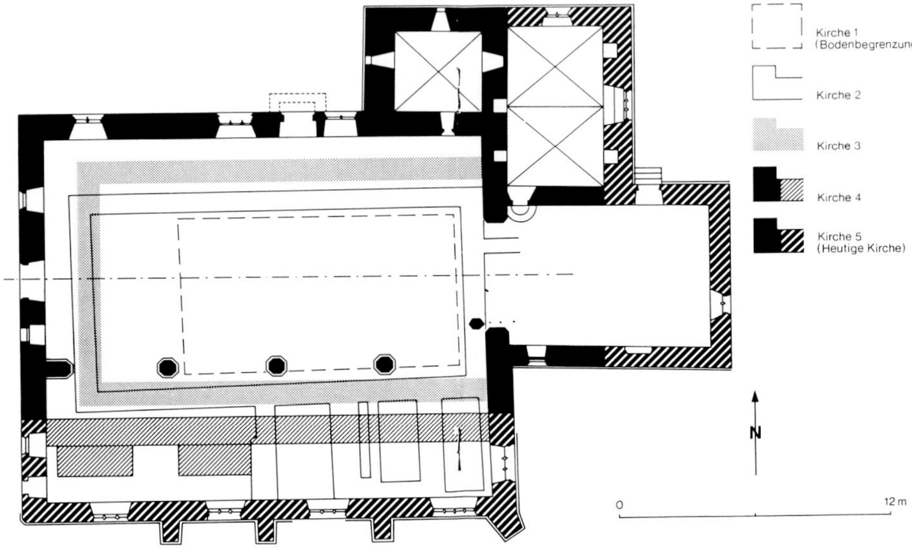

Abb. 89 Steinau an der Straße. Grundriß der Katharinenkirche nach der Grabung von 1977/78 (nach Doll 1986).

Die Landwehr

Reste der spätmittelalterlichen Stadtbefestigung haben sich in drei von ehemals vier Warten und den sie verbindenden Landwehren erhalten. Wall und Graben zeichnen sich im Gelände, insbesondere westlich der Bellingser Warte bis heute ab. Die südöstlich gelegene Bellingser Warte wurde wiederaufgebaut, die südwestliche Seidenröther Warte ist spätestens im 19. Jahrhundert abgerissen worden. Im Nordwesten liegt die Marborner, im Nordosten die Ohlwarte.

Wüstungen

Weder für die Ringwälle auf dem Happel südwestlich, noch für das genannte Hügelgräberfeld auf dem Ausspann nördlich des Ortes sind Geländebefunde auszumachen. Ebenso hat sich das auf der

TK 5622 (Angegeben sind die Rechts- und Hochwerte der TK 5622, 5722) auf dem Bergschlag verzeichnete Hügelgrab als natürliche Erhebung erwiesen. In der Gemarkung der Stadt Steinau liegen zahlreiche Wüstungen: Auersbach 3 km wsw (28/74), 14.–17. Jh.; Bremenfeld, 2 km sö (34/73). 10.–15. Jh., im Mittelalter möglicherweise Eisenverhüttung und Keramikherstellung, im 18. Jh. Krugproduktion; Dierez 1,5 km nö (34/77); Hundsrück, 0,6 km n (32/76), 12.–16. Jh., Burgsitz; Kienrod, 4 km nnw (31/79), 14.–16. Jh.; Neuendorf, 4 km sö (42/70), 12.–14. Jh. Das Dorf lag an der Stelle der heute unter Naturschutz stehenden Wiesen. An ihrer Westseite erheben sich drei dünn überwachsene Eisenschlakkenhügel, die von mittelalterlicher Eisengewinnung herrühren sollen. An einem Wasseraustritt an einem der Hügel sind mittelalterliche Scherben gefunden worden. Sachsen, 2 km nö (34/76), 12.–16. Jh., Adelshöfe; Siegfriedshain, 4 km nw (28/78) (bis 1620).

Literatur:
K. Dielmann, Amtmann Otto Friedrich Zaunschliffer, der Schwalheimer Sauerbrunnen und der Krugbau bei Steinau. Hanauer Geschbl. 24, 1973, 157 ff. – (Nachdruck: Ders., Der Krugbau bei Steinau. Bergwinkel-Bote 28, 1977, 63 ff.) – K. H. Doll, Die Katharinenkirche zu Steinau an der Straße. Baugeschichtliche Untersuchungen und Grabungen in den Jahren 1977/78. Arch. Denkmäler Hessen 62 (1986). – E. Hartmann, Geschichte der Stadt und des Amtes Steinau a. d. Straße. Bd. 1, Frühzeit und Mittelalter (1971). – K. Schmerbach, Die Steinauer Warten. Bergwinkel-Bote 30, 1979, 72 ff.

Frank-Michael Saltenberger

Museen

Erlensee-Rückingen

Heimatmuseum in der Wasserburg, An der Wasserburg
April–November: Jeder 1. Sonntag im Monat 10–12 und 14–17 Uhr
Das Heimatmuseum der Gemeinde Erlensee (Langendiebach, Rückingen) befindet sich in der 1248 erstmals erwähnten Wasserburg im Ortskern von Rückingen. Neben zu Haus und Hof gehörendem volkskundlichem Gut, sämtlich von Erlenseer Bürgern gespendet, wird in der Wasserburg Rückingen das Leben in römischer Zeit ausgestellt. Der römische Limes und das Rückinger Kastell, das Mithräum und die Gräberfelder werden, begleitet von Funden aus dem militärischen und zivilen Bereich, vorgestellt.

Gelnhausen

Heimatmuseum, Am Obermarkt (frühere Augustaschule)
Mo–Fr 8–12, 14.00–16.30 Uhr; Sa. 9.00–12.00 und 14.00–16.30, So. 14.00–16.00 Uhr
Im Gelnhäuser Museum, seit 1989 am historischen Obermarkt zu Hause, wird die Geschichte der staufischen Kaiserpfalz und der Freien Reichsstadt Gelnhausen ausführlich behandelt. Wirtschafts- und technikgeschichtlich interessant sind die Ausführungen über den örtlichen Weinbau (bes. 19. Jh.–frühes 20. Jh.) und über Johann Philipp Reis, den Wegbereiter des Telefons. Dagegen spielt die lokale Vor- und Frühgeschichte eine geringe Bedeutung. Unter den ausgestellten Objekten ragen die Beigaben des spätjungsteinzeitlichen Grabes von Freigericht-Neuses, der bronzezeitlichen Be-

stattungen in einem Grabhügel in Gelnhausen-Haitz und ein Terra Nigra Gefäß (4. Jh.) von der Alteburg bei Biebergemünd-Kassel besonders heraus.

Gelnhausen-Meerholz

Heimatmuseum Meerholz, Altes Rathaus
Jeder 1. Sonntag im Monat 15–17 Uhr und nach Vereinbarung
Das 1965 im alten Rathaus eröffnete Heimatmuseum Meerholz befaßt sich im wesentlichen mit der Geschichte des Ortes seit seiner ersten Nennung 1173. Die kleine Auswahl von Bodenfunden aus der Gemarkung belegt aber deren Besiedlung seit dem Neolithikum (altsteinzeitliche Funde sind nicht ausgestellt). Ein schnurkeramischer Becher mit Band- und Rautenzier sowie Griffen ist das herausragende Stück der Sammlung, er wurde 1988 »Am Sandbornsfeld« gefunden.

Großkrotzenburg

Museum der Gemeinde Großkrotzenburg, Breite Straße 20
Di 19–21 Uhr, am 2. Sonntag im Monat 10–12 und 14–16 Uhr sowie nach Vereinbarung
Neben der Darstellung der Geschichte des bäuerlichen und bürgerlichen Lebens sowie des Handwerks (u. a. Bürstenmacherei) in Großkrotzenburg vom 18. bis 20. Jahrhundert liegt das Hauptgewicht in diesem Museum, das auf dem Areal des römischen Kastells steht, auf der Präsentation der lokalen Vor- und Frühgeschichte. Einzelne Funde belegen eine Begehung bzw. Besiedlung Großkrotzenburgs seit dem Paläolithikum, Ausgrabungsergebnisse und eine Fülle von Funden vermitteln ein Bild vom Leben im römischen Kastell und Lagerdorf. Besonders anregend sind hier die Dioramen mit Szenen im Kastell, am Limes und in den Ziegeleibetrieben sowie die bemalte Kopie eines in Großkrotzenburg gefundenen Mithraskultbildes (Original Kriegsverlust, Museum Ha-

nau). Unter den römischen Originalfunden treten besonders die Weihealtäre der Benefiziarier Claudius Pompejanus und Marcus Cassius hervor.

Hanau-Kesselstadt

Außenstelle Museum Hanau
Kastellthermen, Baumweg (im Kesselstädter Friedhof)
Mo–So, bis zur Dämmerung
1913 wurden bei Friedhofserweiterungen die Thermen des Kastells auf dem Salisberg entdeckt (s. S. 174ff.). Die Grundmauern eines älteren Badegebäudes, das um 92 n. Chr. erbaut wurde, sowie die des jüngeren und großzügigeren Neubaus, welcher zwischen 96 und 100 n. Chr. erfolgte, können im Kesselstädter Friedhof besichtigt werden. Text- und Abbildungstafeln im Umfeld des kürzlich sanierten Denkmals erläutern neben der Baugeschichte der Thermen außerdem ihre Nutzung und gesellschaftliche Bedeutung, das antike Heizsystem sowie die Wasserversorgung und -zubereitung.

Hanau-Steinheim

Museum Schloß Steinheim, Schloßstraße
Do–So 10–12 und 14–17 Uhr
Das Museum im 1222 erstmals erwähnten Schloß Steinheim (S. 189ff.) präsentiert in teils historisch gestalteten Räumen die Ortsgeschichte Steinheims vom Mittelalter bis in die Gegenwart sowie die regionale Vor- und Frühgeschichte.
Der Rundgang durch das Museum führt zunächst durch die vor- und frühgeschichtliche Abteilung der Hanauer Region zwischen Frankfurt und Gelnhausen, Nidderau und Steinheim. Den ersten thematischen Schwerpunkt in der chronologisch aufgebauten Ausstellung stellt die Gegenüberstellung alt- und mittelsteinzeitlicher jägerisch-sammlerischer Lebens- und Wirtschaftsweise mit der bäuerlichen der Jungsteinzeit dar. Didaktisch unterstützt wird diese

Thematik durch den Film »Woher stammen Adam und Eva?« und das Modell einer linienbandkeramischen Siedlung (um ca. 5000 v. Chr.).
Für die Bronzezeit stehen neben der Präsentation der technischen Entwicklung die Bestattungssitten und ihr Wandel im Mittelpunkt. Ihrer Dokumentation dienen u. a. die Grabfunde aus dem »Töngeswald«, Maintal-Hochstadt, das Gräberfeld in der »Galgentanne, Galgenbruch und Buchhecke« in Steinheim sowie die maßstabsgetreue Rekonstruktion des urnenfelderzeitlichen Steinkammergrabes vom »Bruchköbeler Wald«. Die späturnenfelderzeitlichen Depotfunde von Hanau-Dunlop und Maintal-Hochstadt, für die die Interpretation als »Materiallager eines Bronzegießers« nahegelegt wird, leiten schließlich über zur technischen und sozialen Entwicklung in der Eisenzeit. Diese Präsentation stellt derzeit aber noch ein Provisorium dar.
Kelten oder Germanen? Wie reagierten die Einheimischen auf die römische Besetzung? Diesen Fragen geht der Film »Unter römischer Herrschaft« nach, der die Museumsbesucher in die zukünftige römische Abteilung einführen soll. Das Leben der Menschen am Ostwetteraulimes, seien es Soldaten, Handwerker oder Bauern, wird des weiteren thematisiert, wobei in der Betrachtung der römischen Religion und Kulte der Mithras-Kult im Vordergrund steht, da aus Erlensee-Rückingen ein Kultbild vorliegt, welches im Museum in die Rekonstruktion eines Mithräums integriert wurde (Abb. Titelbild).
Anhand von Grabfunden, darunter das sog. »Reitergrab« von Windecken (7. Jh.) sowie eine reiche Bestattung des 8. Jahrhunderts aus Dörnigheim, werden am Ende des Rundgangs durch die vor- und frühgeschichtliche Abteilung Lebens- und Wirtschaftsweise, Handwerk, Ernährung, Tracht sowie Glaube und Aberglaube im Frühmittelalter dargestellt.
In der ortsgeschichtlichen Abteilung des Museums nimmt natürlich die Baugeschichte des Schlosses (S. 189 ff.) sowie die Geschichte der Stadt seit 1320 großen Raum ein. Ein Modell, das die Stadt um 1560 zeigt, vermittelt im Zusammenhang mit Ortsansichten der Gegenwart einen Einblick in die Topographie der Steinheimer

Altstadt. Kleineren Raum nehmen hingegen die Kirchengeschichte sowie die Industriegeschichte des 19. Jahrhunderts (Tabak- und Druckindustrie) ein. Ein Ausbau ist geplant.

Nidderau-Windecken

Museum im Hospital, Hospitalgasse 1
An Windecker Festtagen geöffnet, zukünftig einmal im Monat
Das im März 1993 eröffnete Museum im Hospital der Stadt Nidderau befindet sich in einem Fachwerkbau des 18. Jahrhunderts in der Altstadt Windeckens. Im Mittelpunkt steht die Geschichte der Nidderauer Stadtteile Heldenbergen, Windecken, Eichen und Ostheim seit dem Mittelalter. Die Windecker Revolutionsfahne von 1848 sowie die Thorarolle aus der Synagoge der jüdischen Gemeinde Heldenbergens (Mitte 19. Jh.) sind die herausragenden Objekte der Ausstellung. Die Darstellung der römischen und frühmittelalterlichen Zeit ist hingegen weniger ausführlich. Funde aus dem Vicus Heldenbergen geben einen knappen Einblick in den römischen Alltag am Limes und Nachbildungen des Trachtschmucks aus dem Grab eines wohlhabenden Franken in Windecken werfen ein Schlaglicht auf die frühmittelalterliche Gesellschaft.

Schlüchtern

Bergwinkelmuseum, Schloßstraße 15
1. 4.–30. 9. Di–Sa 14–16 Uhr, So 10–12 Uhr
1. 10.–31. 3. Mi 14–16 Uhr, So 10–12 Uhr
Das im Lauterschen Schlößchen, einem 1675 wiederaufgebauten Adelssitz der Familie von Lautern, beheimatete Bergwinkelmuseum befaßt sich mit der Naturgeschichte und Geschichte des Schlüchternen Raumes, dabei wird die Vor- und Frühgeschichte des oberen Kinzigtales gestreift. Einzelne Funde (Altsteinzeit – Eisenzeit) belegen die Besiedlung der Region, fehlende Fundortbeschreibungen schränken den Aussagewert der Objekte jedoch er-

heblich ein. Für den archäologisch Interessierten von Bedeutung ist die Abteilung »Keramik im Schlüchterner Raum« mit den Haupttöpferorten Steinau und Marjoß (ab 1391 belegt). Gefäßkeramik und Ofenkacheln dokumentieren die Produktion vom 16. bis ins 20. Jahrhundert.

Sabine Wolfram

Abkürzungsverzeichnis Literatur

Baatz, Herrmann 1982	D. Baatz, F.-R. Herrmann (Hrsg.), Die Römer in Hessen (1982) (^{2}1989).
Herrmann 1966	F.-R. Herrmann, Die Funde der Urnenfelderkultur in Mittel- und Südhessen. Röm.-Germ. Forsch. 27 (1966).
Herrmann, Jockenhövel 1990	F.-R. Herrmann, A. Jockenhövel (Hrsg.), Die Vorgeschichte Hessens (1990).
Holste 1939	Die Bronzezeit im nordmainischen Hessen. Vorgesch. Forsch. 12 (1939).
Kutsch 1926	F. Kutsch, Hanau. Kat. west- u. süddt. Altslg. 5 (1926).
Meier-Arendt 1966	W. Meier-Arendt, Die bandkeramische Kultur im Untermaingebiet. Veröff. des Amtes für Denkmalpflege im Reg. Bez. Darmstadt 23 (1966).
Müller-Karpe 1948	H. Müller-Karpe, Die Urnenfelderkultur im Hanauer Land. Schr. zur Urgesch. 1 (1948).
ORL	E. Fabricius, F. Hettner, O. v. Sarway, Der obergermanisch-raetische Limes des Römerreiches. Abteilung A Streckenbeschreibung. Abteilung B Beschreibung der Kastelle.
Sangmeister 1951	E. Sangmeister, Die Jungsteinzeit im nordmainischen Hessen. Die Glockenbecherkultur und die Becherkulturen. Schr. zur Urgesch. 3 (1951).
Schumacher 1972/74	A. Schumacher, Die Hallstattzeit im südlichen Hessen, Bonner H. zur Vorgesch. 5–6 (1972/1974).
Wolff 1913	G. Wolff, Die südliche Wetterau in vor- und frühgeschichtlicher Zeit mit einer archäologischen Fundkarte (1913); dazu Nachtrag: Neue Funde und Fundstätten in der südlichen Wetterau. Nachträge zur archäologischen Fundkarte (1921).

Ortsregister

Bildnachweis

Sofern an dieser Stelle kein Abbildungsnachweis gegeben und in den Bildlegenden nicht zitiert wird, liegen die Rechte bei den Autoren der jeweiligen Beiträge.

Landesamt für Denkmalpflege Hessen: Abb. 43, 66, 72
Museum Hanau/Hanauer Geschichtsverein e. V.: Titelbild;
Abb. 6, 11, 12, 14, 15, 16, 19, 20, 29, 45, 52, 62, 81
Museum für Vor- und Frühgeschichte der Stadt Frankfurt am Main: Abb. 71
Stadtbildstelle Hanau: Abb. 10
Trnka, Geschichtsverein Meerholz: Abb. 23